KB069569

마켓 5.0 시대 마케터를 위한 디지털 마케팅 인사이트

MARKETING WAVE

마케팅 웨이브

마케팅도 디지털 전환이 필요하다

김유나 저

학지사비즈

마케팅 웨이브

마케팅도 디지털 전환이 필요하다

차례

제2부 | 마케팅 환경의 변화
기존에 없던 시장이 열렸다

제4부 | 마케팅 작동 원리의 변화
디지털 웨이브를 만들어라

제5부 | 뉴노멀 마케팅 전략과 실행
하이테크와 하이터치의 결합

당신은 '디지털'이라는
지렛대를 잘 쓰고 있는가

『이솝우화』에 해님과 바람의 이야기가 나온다. '누가 나그네의 옷을 벗길 수 있을까?'라는 과제에 도전하는 해님과 바람의 내기 이야기이다. 바람은 입김을 세게 불어 옷깃을 더욱 여미게 했고, 해님은 뜨거운 태양을 내리쬐어 스스로 옷을 벗게 만들었다. 결론은 알다시피 해님의 승리이다. 이 짧은 이야기에도 우리가 배울 점이 있다. 상대를 움직여서 내가 원하는 것을 얻기 위해서는 내 의욕부터 앞세우기 전에 상대의 마음을 읽어야 한다는 교훈이다.

비슷한 이야기가 우리 일상에도 존재한다. 서핑을 잘하는 사람들은 어떻게 파도 위에 서서 장시간 물살을 탈 수 있을까? 서핑을 즐기는 사람에게 필요한 능력은 파도를 '만드는' 능력이 아니라 파도의 '흐름을 타는' 능력이다. 세상에는 힘만으로 되지 않는 것들이 많다. 똑똑한 사람은 흐름을 만들려고 하지만 지혜로운 사람은 흐름을 탄다. 그것만큼 가장 효과적이고 빠른 길은 없기 때문이다. 목적을 이루기 위한 역설적 접근이다.

마케팅의 세계에서는 어떨까? 모든 마케터가 궁극적으로 원하는 것은 소비자의 지갑을 여는 것이다. 어떻게 하면 소비자가 기꺼이 지갑을 열어서 내 브랜드를 구매하게 할 것인가? 지갑을 열기 위

해 많은 마케터가 일차원적으로 시도하는 것은 우리 제품이 좋다고 강조하면서 제품을 들이미는 방식이다. 바람이 했던 접근과 다르지 않다. 해님처럼 나그네 스스로 옷을 벗게 만들려면 어떻게 해야 할까? TV가 우위였던 매스 마케팅 시대에는 소비자가 스스로 우리 제품에 찾아오게 만들기 어려웠지만, 디지털 우위인 마켓 5.0 시대에는 충분히 가능한 일이다.

디지털에서 마케팅을 하려는 사람들은 부족한 예산으로 어떻게 마케팅을 할 수 있을지를 고민한다. 하지만 적은 예산으로 반짝 효과에만 집중하다 수치가 떨어지면 이내 의욕이 꺾인다. 외주업체에 맡길 돈이 없어서 자체 페이지를 활용해 뭔가를 해 보려다가도, 그럴싸한 콘텐츠를 계속 만들어 낼 밑천이 바닥나 금세 지치는 경우도 많다. 더 심한 것은 디지털 마케팅을 어디서부터 어떻게 시작할지 몰라 걸음조차 떼기 어려운 경우이다. 해 본 사람도, 안 해 본 사람도 디지털 마케팅은 여전히 어렵다. 이는 모두 디지털을 제대로 이해하지 못하기 때문이다.

디지털 마케팅은 왜 어려울까? 많은 사람이 디지털 마케팅하면 퍼포먼스 마케팅을 하는 것으로 여기거나 SNS 콘텐츠를 만드는 것으로 치부한다. 디지털을 '기술'로 보는 순간, 빅데이터, 인공지능, 개인화, 자동화, 가상현실 등을 떠올리며, 기술이 없으면 시도조차 해 보기 어려운 일이라고 생각한다. 한편, 디지털을 '창작'으로 보는 순간, 어디서 듣도 보도 못한 참신한 콘텐츠 혹은 보자마자 웃음이 나오는 병맛 콘텐츠를 계속 만들어야 할 것 같은 부담감에 손사래를 친다.

디지털은 '기술'이 아니다. 디지털은 '생태계'이다. 더 나아가 디지털은 우리가 살고 있는 '생활' 그 자체이다. 여기서 '디지털'과 '디지털 기술'을 구분해야 한다. 디지털 기술은 생활의 편리를 위해 도입한 도구이지, 우리 삶 자체는 아니기 때문이다. 디지털로 인해 삶의 방식이 달라지고 있는 것처럼 마케터는 디지털로 인해 마케팅 작동 원리가 달라지고 있는 것에 주목해야 한다. 도구의 도입도 중요하지만, 도구의 활용법을 제대로 터득하는 것이 더욱 중요하다. 디지털 마케팅이 어려운 이유는 우리가 새로운 도구를 가지고 과거의 방식으로 마케팅을 수행하기 때문이다. 아직도 많은 마케터들이 과거의 마케팅 이론과 새로운 마케팅 생태계 사이에서 갈팡질팡하고 있다.

지구에 지각변동이 생기면 많은 자연 과학자들이 하는 것은 '생태계 연구'이다. 우리의 환경이 어떻게 달라지고 있으며, 이것이 우리의 생활에 어떤 영향을 주는지를 면밀히 관찰한다. 이처럼 뉴노멀 시대의 디지털 마케팅 역시 일단 마케팅 생태계의 지각변동부터 읽어야 한다. 제조업이 핵심 역량이었던 3차 산업혁명 시대가 아닌 정보통신기술(Information and Communication Technologies: ICT)이 핵심 역량인 4차 산업혁명 시대를 살고 있는 만큼, 디지털의 생리를 이해하고 접근하는 일이 우선되어야 한다.

디지털은 더 이상 오프라인을 대체하는 광고 · 유통 채널이 아니라, 새로운 라이프스타일을 견인하고 있는 뉴노멀 마케팅 환경이다. 해님의 접근처럼 소비자의 행동을 관찰하고 그 안에 숨은 소비자의 마음을 읽을 수 있어야 소비자가 디지털에서 어떻게 생활을 영위하고 싶어 하는지를 알 수 있다. 고객의 어려움과 욕구를 이해하면 그들의 마음을 얻어 지갑을 열게 할 수 있다. 마케터의 궁극적인 목적은 수익 창출이다. 그러기 위해 디지털에서 통하는 가치를 제공해서 소비자와 기업이 서로 윈-윈 하는 가치 교환을 만들어 내야 한다.

원리를 파악하고 이를 이용하는 사람들은 표면 아래 작동하는 '보이지 않는 흐름'을 읽는다. 마이크로소프트, 메타, 애플 같은 IT 공룡들이 지금의 시류를 만들기까지 그들의 성공 요인은 비즈니스의 맥을 짚는 통찰적 혁신에 있었다. 잘 들여다보자. 마이크로소프트가 제공한 것은 'MS 오피스 판매'가 아닌 '업무 자동화'였고, 메타가 가져온 변화는 'SNS 서비스'가 아닌 '관계의 확장'이었으며, 애플이 추구한 것은 '휴대 전화의 대중화'가 아닌 '일상의 스마트 혁신'이었다. 이처럼 디지털 마케팅을 제대로 활용하려면 디지털이 가져온 마케팅의 변화가 무엇인지, 마케팅의 패러다임이 어떻게 바뀌고 있는지 그 본질을 꿰뚫어야 한다.

생태계는 눈에 잘 보이지 않는다. 생태계의 모습은 그 안에서 숨 쉬는 유기체의 움직임에 의해 생기고 없어지고 진화해 나가는 것이기 때문이다. 디지털 마케팅도 마찬가지이다. 디지털은 기술로 구현되는 것이지만, 그 안에서 생활하는 무수한 사람들의 존재를 간과해서는 안 된다. 끝없는 네트워크로 연결된 거대한 소비자 집단이 개인과 함께 움직이는 가운데 우리의 하루 24시간이 돌아간다는 사실을 잊지 말아야 한다. 디지털을 구성하는 기술적인 요소에 집착해서 본질을 놓치는 우를 범하지 말고, 이제는 디지털 생태계의 본질과 원리를 파악하는 집요함으로 시선을 돌려 보자. 아이러니하게도 기술이 고도화될수록 '기계를 중심으로 한 디지털 마케팅'이 아니라, '인간을 중심으로 한 디지털 마케팅'이 보인다.

마케팅은 지식도 아니고 기술도 아니다. 마케팅은 비즈니스 철학이다. 과거에는 유수의 이론들로 무장한 마케터가 시장의 승기를 잡았지만, 이제는 현상에 대한 감각적 기민함으로 변화무쌍하게 움직이는 마케터가 시장의 흐름을 이끌 수 있다. 디지털에서는 특히 새로운 트렌드가 주목받는 만큼 그동안 통용되어 왔던 공식들은 점차 힘을 잃어 가고 있다. 중요한 것은 시장을 대하는 마케터의 자세이다. 마케터들은 마케팅의 지형이 어떻게 바뀌고 있으며, 달라지는 판에서 어떻게 우리의 고객을 창출할 것인지의 관점으로 마케팅을 다시 볼 수 있어야 한다.

이 책은 하루가 다르게 급변하는 기술에 허덕이는 마케터들, 디지털 기술은 손에 쥐고 있지만 마케팅이 무엇인지 몰라 답답해하는 기술자들, 디지털을 일상으로 사용하고 있지만 세포분열처럼 다각화되는 디지털 마케팅 업계의 변화에서 진로를 찾지 못해 방황하는 예비 마케터들에게 올바른 내비게이션이 되고 싶은 마음으로 집필한 것이다. 저자는 디지털의 허들을 낮추기 위해, 업계와 학계를 통틀어 전문가들과 함께 공부하고 논의하며 터득한 인사이트를 가급적 쉽게 담으려고 노력했다. 이 책이 마켓 5.0 시대를 살아가는 마케터들에게 디지털에 대응하는 바른 자세를 잡아 주는 뉴노멀 마케팅의 교과서로 쓰이길 바란다. 자, 이제 이 책의 가이드에 따라 마케팅의 디지털 전환을 시작해 보자.

2023년 12월
저자 김유나

보이는 것에 현혹되지 말고
가려진 본질을 볼 수 있어야 한다.

제1부

마케팅의 본질

마케팅은 가치를 주고받는 일

MARKETING
WAVE

1장

본질은
사라지지 않는다

———

마케팅은 '기브앤테이크'에서 출발한다
마케터는 '가치'의 시선으로 세상을 본다
마케터의 핵심 업무는 '수요'의 관리이다

MARKETING
WAVE

마케팅은 '기브앤테이크'에서 출발한다

디지털 마케터가 되려고 한다면 보통 퍼포먼스 마케팅을 떠올리거나 SNS에 이미지나 영상을 올리고 관리하는 일을 생각한다. 이는 '마케팅'보다 '디지털'에 방점이 많이 간 생각이다. 디지털 마케팅도 마케팅이다. 디지털 마케팅을 어떻게 풀어야 할지 고민이 된다면 마케팅의 본질에서 시작하는 자세가 필요하다.

그 출발점으로 마케팅의 정의부터 살펴보자. 미국 마케팅학회에서는 마케팅을 "고객, 클라이언트, 파트너 및 사회 전반에 가치가 있는 상품을 만들고, 전달하고, 교환하기 위한 활동 그리고 일련의 프로세스"라고 규정한다. 한마디로 마케팅은 '주고받음'을 통해서 수익을 만들어 내는 일이다. 보통 마케터를 상품을 파는 사람으로 오해하곤 하는데, 정확히 말하면 마케터는 시장 논리로 상품을 판매하는 사람이다. 여기서의 핵심은 '시장 논리'이다.

시장의 논리란 무엇인가? 시장(market)이란 물건을 생산한 사람과 물건을 필요로 하는 사람이 만나, 서로 원하는 것을 교환하는 곳이다. 생산자는 상품을 제공한 대가로 금전적 이익을 얻고, 구매자는 돈을 지불한 결과로 원하는 상품을 갖게 된다. 이렇게 서로의 필요, 즉 가치를 교환하는 모든 과정을 관리하는 것이 마케팅이다.

따라서 마케터는 소비자가 무엇을 원하는지 살펴, 이것을 유형과 무형의 가치로 만들어 이를 제공하는 데 집중해야 한다. 소비자가 원하는 것을 줌으로써 내가 원하는 것을 받는 것이다. 일찍이 경영학 석학인 피터 드러커(Peter Drucker)가 이르길 "마케팅의 목적은 영업을 불필요하게 만드는 것"이라고 했다. '팔려고' 하지 말고 '팔리게 해라'가 정확한 해석일 것이다. 당신이 마케팅을 하는 매 순간 잊지 말아야 할 것은 마케팅은 '기브앤테이크(give and take)'에서 출발해야 한다는 마음이다.

1장 본질은 사라지지 않는다 /

마케터는 '가치'의 시선으로 시장을 본다

마케터가 시장에 가치 있는 상품을 공급하려면 어떤 일들을 해야 할까? 신제품 런칭부터 고객 관리까지 마케터가 하는 일들을 짚어 보며 마케팅의 핵심 역량을 살펴보자.

마케터가 신제품을 개발해야 한다면 일단 **시장 분석과 수요 조사**부터 실시한다. 고객의 니즈가 있으면서 시장 수요가 있을 법할 영역에서 **상품을 기획**한다. 상품이 만들어진 이후에는 **유통점**을 선정해서 상품을 소비자의 구매 접점으로 이동시킨다. 그리고 **광고**를 통해서 사람들에게 신제품의 존재를 알리고 매장으로 유인해서 구매하도록 촉진한다. 구매가 일어난 이후에는 고객이 구매한 제품에 만족하는지 불만족하는지 살펴 지속적으로 우리와 관계를 이어 나가도록 고객을 관리한다. 이처럼 마케팅은 다양한 관리 포인트를 거치기 때문에 마케팅의 핵심을 한 단어로 규정하기는 참 어렵다.

그래서 보통 많은 사람들은 마케팅을 '광고'나 '영업'이라고 생각한다. 판매나 판매 직전의 단계에 한정해서 마케팅을 보는 것이다. 하지만 마케팅을 지칭하는 데 있어 이는 빙산의 일각에 불과하다. 실제 수면 아래에는 마케팅의 심층적인 면모들이 자리 잡고 있음을 잊어서는 안 된다.

대체로 수면 아래 있는 부분은 소비자 차원의 것들이다. 구매 행태를 파악하는 것도 중요하지만, 구매 전후에 일어나는 소비자의 움직임과 내면의 심리를 캐치할 수 있어야 마케팅을 전략적으로 기획할 수 있다. 앞서 마케터는 상대가 원하는 것을 줌으로써 목표하는 바를 얻는 사람이라고 했다. 마케터는 고객 가치 창출을 통해 수익을 만들어 내는 사람이니, 마케팅의 전 과정을 고객 가치 관점으로 재정립할 수 있어야 한다.

그렇다면 이런 관점에서 마케팅 프로세스를 다시 살펴보자. 먼저 ① 시장과 고객의 욕구를 이해하고, ② 고객 지향적인 마케팅 전략을 설계한 후에, ③ 고객 가치를 전달하기 위한 통합적 마케팅 프로그램을 개발하여, 이를 통해 ④ 수익성 있는 고객 관계를 구축하고 고객 만족을 창출해야 한다. 마케터는 이러한 과정들을 거치며 고객으로부터 기업 가치를 획득하는 것이다. 마케팅의 정의를 고객 관점에서 다시 내리게 되면 다음과 같다. 마케팅은 '고객을 위한 가치 창출과 가치 교환을 통해 강력한 고객 관계를 구축하여 그 대가로 고객으로부터 상응하는 가치를 얻는 과정'이다.

이처럼 마케터는 일반인에게는 없는 '제3의 눈'이 있어야 한다. 이는 매출을 이끌어 내기 위해 현상 이면에 숨어 있는 고객 가치를 통찰할 수 있는 감각이다. 많은 기업인이 '제품을 어떻게 팔아야 할까'를 고민하면서 마케팅이 어렵다고 말한다. 어떤 점이 잘못되었는지 알겠는가? 마케팅은 '내 상품을 어떻게 팔까'가 아니라 '고객은 무엇 때문에 내 제품을 살까'로 사고를 전환해야 하는 것이다. 고민의 시작은 제품이 아니다. 언제나 고객이다.

마케팅 개념 및 프로그램 이해

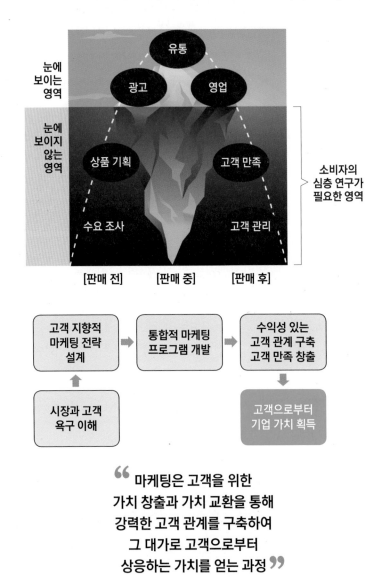

마케팅은 고객을 위한
가치 창출과 가치 교환을 통해
강력한 고객 관계를 구축하여
그 대가로 고객으로부터
상응하는 가치를 얻는 과정

지구를 살리는 기업, 파타고니아

"우리는 지구상의 모든 생명체가 위태로운 시기를
맞고 있다는 전제에서 사업을 시작했습니다.
우리 회사의 근본적인 목표는 이러한 상황을
온전히 인식하여 기업의 가치관을 다시 정립하고
인간과 환경 모두에 이로운 제품을 생산하는 것입니다.
우리는 우리의 터전, 지구를 되살리기 위해 사업을 합니다."

출처: 파타고니아코리아

마케터의 핵심 업무는 '수요'의 관리이다

마케팅의 골자는 '고객을 위한 가치 창출과 교환'이다. 소비자와 가치를 교환하게 되면 무슨 일이 발생할까? 이들이 고객으로 전환된다. 고객을 위한 일을 했으니 고객을 얻는 것은 당연지사다.

여기서 마케터의 핵심 업무는 '고객을 창출하는 일'임을 알 수 있다. 고객의 창출, 다시 말해 '수요의 창출'이다. 피터 드러커는 '고객의 수요를 모든 기업활동의 중심이자 출발점'으로 짚으며 마케팅의 본질을 역설했다. 마케팅의 아버지로 불리는 필립 코틀러(Philip Kotler) 역시 '수요 창출'을 마케터의 핵심 역할로 언급했다.

기업이 상품을 생산, 판매, 홍보하는 최종 목적은 고객의 선택을 받기 위함이다. 이러한 관점에서 보면, 마케터는 판매가 아닌 수요의 관점에서 시장을 바라봐야 하며, 수요 관리를 통해 수익을 만들어내는 '시장을 다루는 기술'을 가지고 있어야 한다. 이것이 마케팅을 마켓(market) + 팅(ing)로 부르는 이유이다.

수요를 관리한다는 것은 어떤 의미일까? 수요는 마케팅 전략에 따라 늘어날 수도 있고 줄어들 수도 있다. 수요가 없다면 욕구를 자극해서 수요를 만들어야 하고, 수요가 잠재되어 구매로 연결되지 않는다면 구매를 촉진시켜 수요를 키워야 하며, 인기가 시들어져 쇠퇴하는 시장이 있다면 수요를 부활시켜야 한다.

수요는 계절이나 시간에 따라 들쭉날쭉하게 나타날 수 있으므로 일정한 매출을 확보하기 위해서는 수요를 고르게 관리해야 한다. 또한 부정적인 태도를 가진 소비자가 있다면 이들의 태도를 긍정적으로 바꿔서 부정적인 수요를 긍정적으로 전환해야 한다. 반대로 수요가 넘쳐서 공급이 어려운 경우에는 적당한 수준으로 수요를 낮춰서 매출을 안정화해야 한다. 때론 갑작스럽게 인기를 한 몸에 받는 경우가 생기는데 이때는 일시적인 판매에 그치지 않게 수요를 유지시킬 수도 있어야 한다. 그 외, 바람직하지 않은 수요가 발생했다면 구매가 억제되도록 수요를 줄이는 전략도 고려해야 한다.

이렇게 시장의 수요는 소비자 트렌드 변화와 경쟁사의 움직임에 따라 변화무쌍하게 움직인다. 마케터는 제품을 필요로 하는 잠재 고객을 찾든, 가치를 덧붙여서 제품을 갖고 싶게 만들든 시장의 수요를 조정할 수 있어야 한다. 이처럼 마케터는 수요 관리를 통해 수익을 창출하는 사람이다.

그럼, 마케터는 어떻게 수요를 적정한 선으로 관리할 수 있을까? 현재의 수요가 넘치고 있는지, 부족한지, 들쭉날쭉한지 어떻게 알수 있을까? 이러한 질문에 답을 얻기 위해서는 매출 숫자 이면에 숨겨진 고객 욕구의 움직임을 읽을 수 있어야 한다. 현재 고객의 욕구가 충족되어 있는지(needs), 혹시 고객이 드러내지 않는 불만은 없는지(unmet needs), 더 나아가 기업이 대응하지 못하고 있는 숨겨진 욕구는 없는지(latent needs) 등 시장을 움직이는 욕구의 뿌리를 잘 살펴야 한다. 마케터가 시장 트렌드에 대해 민감하게 반응하는 이유가여기에 있다.

수요를 관리하려면 제품 지향적인 마인드가 아니라 고객 지향적인 마인드가 필요하다. '고객 지향'이란 조직의 모든 사고와 행동의 중심을 고객에게 둔다는 말이다. 좋은 마케터는 '판매 마인드'가 아니라 '수요 마인드', 그리고 '제조사 마인드'가 아니라 '소비자 마인드'를 장착하고 있다.

"마케팅의 핵심은 판촉이 아니다.
판촉은 마케팅의 빙산의 일각에 불과하다.
판촉은 마케팅의 여러 기능 중 하나일 뿐이며,
가장 중요한 기능은 더더욱 아니다.
중요한 것은 소비자 수요를 정확히 알아차리는 일이다.
소비자 기호에 알맞은 상품을 개발하고
합리적인 가격을 책정해서 효과적인 영업활동을 더한다면
상품은 알아서 팔려 나갈 것이다"

필립 코틀러(Philip Kotler)

2장

마케터가 놓치지 말아야 할
포인트, '고객 가치'

———

마케팅은 '고객'을 창출하는 일
마케터는 고객을 도와 비즈니스를 영위하는 사람
어떻게 가치를 만들 수 있을까
가치 창출의 함정, 마케팅 근시안

MARKETING
WAVE

마케팅은 '고객'을 창출하는 일

이쯤 되니 매출을 만들기 위한 마케터의 스타트라인은 '고객'이라는 것을 알 수 있다. 앞서 언급했듯이 마케팅은 고객을 창출하는 일이다. 고객을 창출한다는 말은, 다시 말해 고객의 지갑을 열게 하는 일과 같다. 고객의 지갑을 열기 위한 방법으로 마케터는 보통 다음의 두 가지 접근을 활용한다. 하나는 '제품 혁신(Innovation)'이고, 다른 하나는 '마케팅 커뮤니케이션(Marketing Communication)'이다.

제품 혁신은 기존 제품·서비스를 개선하여 더 나은 가치를 제공하거나, 기존 제품·서비스와는 전혀 다른 새로운 아이디어로 소비자의 요구나 기대를 초월하는 방법이다. 마케터는 제품 혁신을 통해 고객의 관심을 끌고 더 많은 사람을 유인할 수 있다. 애플이 아이폰을 개발하여 기존의 휴대폰과 차별화된 제품과 서비스를 제공함으로써 많은 고객을 창출할 수 있었던 사례가 이에 해당한다.

반면, 마케팅 커뮤니테이션에서는 어떻게 고객의 지갑을 열게 할까? 마케팅 커뮤니케이션은 제품을 고객에게 알리고, 관심을 유발하여 구매로 이어지게 하는 전략과 활동으로 이루어진다. 이를 위해 마케터는 광고, 홍보, 판매 촉진, 고객 관리 등의 다양한 방법을 동원한다. 마케팅 커뮤니케이션은 잠재 고객에게 제품이나 서비스를 알리고 구매를 유도할 뿐만 아니라 고객과의 관계를 구축하여 지속적인 매출이 일어나게 한다.

이상에서 보듯, 마케터는 고객 창출을 위해 제품 혁신과 마케팅 커뮤니케이션을 상호 보완적으로 잘 활용해야 한다. 제품 혁신은 새로운 고객을 창출하는 데 도움이 되고, 마케팅 커뮤니케이션은 기존 고객을 유지하면서도 새로운 고객을 창출하는 데 도움이 된다. 해를 거듭할수록 마케터에게 요구되는 과업은 더 많은 고객의 창출과 이에 따른 매출 증대이다.

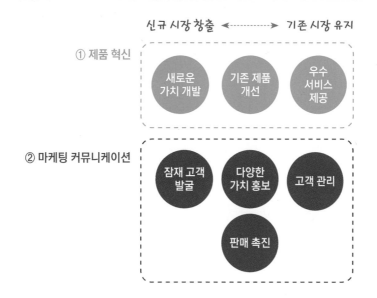

고객 창출의 길: 고객의 지갑을 열게 하는 두 가지 방법

신규 시장 창출 ◄┄┄┄► 기존 시장 유지

① 제품 혁신

- 새로운 가치 개발
- 기존 제품 개선
- 우수 서비스 제공

② 마케팅 커뮤니케이션

- 잠재 고객 발굴
- 다양한 가치 홍보
- 고객 관리
- 판매 촉진

마케터는 고객을 도와 비즈니스를 영위하는 사람

　고객 창출을 업으로 삼는 마케터는 기브앤테이크의 논리에 따라 소비자가 가치롭게 느끼는 것을 주며 이들을 고객으로 전환시킨다. 아주 쉬운 이치인데 정작 마케터들은 이것을 종종 잊어버리는 듯하다.

　만일 어떤 기업의 제안에 대해 소비자가 느끼는 가치가 0이라면 어떻게 될까? 거래가 이루어지지 않을 것이다. 아니, 거래가 생기기도 전에 어느 누구에게도 관심을 받지 못할 것이다. 이처럼 가치가 무엇인지 규정하는 것은 마케터에게 중요한 문제이다. 어떤 것도 아닌 '소비자 가치' 말이다.

　그럼, 소비자는 무엇을 가치롭다고 느낄까? 보통 우리는 내가 원하는 것을 채워 주는 대상을 '가치 있다'고 느낀다. 가치는 개인적이다. 그렇기에 가치는 제품으로 얻을 수 있는 '주관적 만족감'과 관련된다. 마케터가 고객 가치를 창출하려면, 일단 '소비자가 우리 제품을 구매해서 사용했을 때 만족을 느끼게' 해 주어야 한다.

　하지만 제품이 만족스럽다고 꼭 가치 있게 느껴지는 것은 아니다. 가치는 지불한 가격의 영향을 받기 때문이다. 소비자가 제품을 구매할 때, 지불 가격에 비해 만족감이 클 때만 제품을 가치 있다고 느낀다. 우리가 가격 대비 가치가 높을 때 '가성비'라는 말을 쓰는 것과 같은 이치다. 반면, 가격에 비해 제품이 만족스럽지 못할 경우에는 제품이 가치가 없다고, 더 정확히는 구매할 가치가 없다고 느낀다. 그렇게 되면 교환은 일어나지 않는다.

　이처럼 소비자는 작은 구매에 대해서도 머릿속에서 빠르게 심리적인 이해타산을 거친다. 저마다 본인에게 중요한 기준, 즉 구매결정요인(Key Buying Factor: KBF)을 참고해서 가격 대비 만족을 최대화할 수 있는 제품과 서비스를 고르는 것이다.

그렇다면 심리적인 만족감을 주려면 어떻게 해야 할까? 소비자가 구매에 대해 만족을 느끼거나 불만족을 느끼는 것은 제품에 대해 구매 전에 가진 '기대'와 제품 사용 후 '지각된 성과' 간의 차이에 달려 있다. 이때 지각된 성과에는 이전 소비를 통해 얻은 직접 경험이나 고객 리뷰를 통해 간접적으로 얻은 정보에 근거해서 결정된다. 만약 제품이 기대에 미치지 못하면 실망할 것이고, 제품이 기대를 충족시키면 만족스러워할 것이다. 나아가 제품이 기대 이상이면 고객은 매우 기뻐할 것이다. 기대와 지각된 성과 간의 차이가 크면 클수록 고객의 만족 및 불만족 지수는 올라간다. 높은 수준의 만족은 고객 감동을 넘어 고객 충성을 불러온다.

고객의 심리 상태를 정리해 보자. 제품이 고객의 기대만큼의 성과를 보이면 만족감이 들고, 그 만족감이 지불 가격에 부합하다고 느끼면 가치를 느낀다. 제품이 가치 있게 느껴지는 경우에만 재구매율이 높아지고 브랜드 충성도가 형성된다. 결국 고객이 가치를 느끼면 기업은 매출과 이익을 얻을 수 있고, 고객의 충성도를 높여 장기적인 비즈니스 성장을 이룰 수 있다. 따라서 마케터는 고객이 가치를 느끼도록 마케팅 활동을 설계해야 한다. 이는 단지 제품의 성능에 그치는 것이 아닌 구매나 사용하는 동안의 심리적 만족을 설계하는 일이며, 곧 고객을 돕는 일과도 같다.

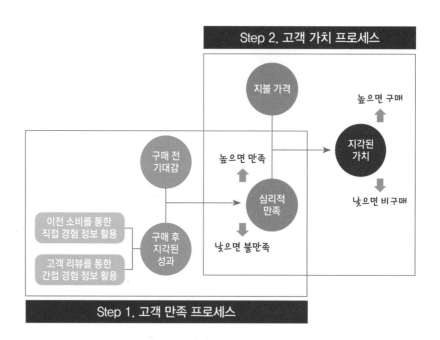

> **마케팅은 소비자에게 가치 있는 것을 제공해서
> 비즈니스를 영위하게 해 주는 일**

가격과 밀당하는
소비자의 심리 이야기

가성비, 가심비, 나심비

가성비

**가격에 비해 제품 성능이
큰 효용을 주는지를 중시**

가심비

**가성비에 心을 더하여 심리적인
만족감까지 주는지를 중시**

나심비

**가격과 상관없이 개인의 만족과
행복을 충족시켜 주는지를 중시**

출처: 한화생명 블로그 Life & Talk

어떻게 가치를 만들 수 있을까

고객을 도우려면 실질적으로 어떤 가치를 제공할지를 고민해야 한다. 가치를 개발하려면 고객의 문제를 들여다봐야 한다. 가치는 고객이 원하거나 고민하는 문제를 해결해 주는 데서 생기기 때문이다. 그렇다면 어떻게 고객의 문제에 접근할 수 있을까?

마케팅에서는 고객의 '니즈(needs)'와 '원츠(wants)'에 주목한다. 니즈는 소비자가 결핍을 느끼는 상태로 '본연적 욕구'에 해당한다. 반면, 원츠는 니즈를 채워 줄 구체적인 대상을 원하는 상태, 즉 '수단적 욕구'를 말한다. 이것이 어떻게 다른지 예를 들어 보자. 우리가 갈증이 나면 물을 먹듯이 '갈증 해소'는 본연적 욕구인 니즈에 해당한다. 그리고 '물'은 본연적 욕구를 해결하기 위해 선택한 수단적 욕구인 원츠가 된다. 이런 예는 일상에서 무궁무진하게 많다. 고픈 배를 채우기 위해 비빔밥을 먹을 수도 있고 짜장면을 먹을 수도 있다. 직장생활로 쌓인 스트레스를 풀기 위해 영화를 볼 수도 있고 여행을 갈 수도 있다.

소비자가 무언가를 원하는 상태는 제품 형태로 구현된 원츠이거나 더 근본적인 니즈로 존재하기 때문에 마케터는 이들에 집중해야 한다. 니즈는 인간이 생명을 유지하고 삶을 영위하기 위해 추동되는 것이므로 문제의 출발을 의미한다. 반면에 원츠는 필수적으로 충족되어야 하는 필요 이상의 것이므로, 개인이나 상황의 영향을 받는다. 따라서 원츠는 각 개인의 취향, 가치관, 사회적 영향 등에 따라 다양한 형태로 나타난다. 제품이 부족했던 20세기에는 니즈가 마케팅의 중요한 이슈였지만, 제품이 넘쳐 나는 21세기에는 원츠가 마케팅 솔루션의 실체가 된다. 하지만 지금은 웬만한 물건으로 소비자를 만족시킬 수 있으므로 소비자가 진실로 원하는 것이 원츠인지, 근원에는 다른 니즈가 숨겨져 있지 않는지를 파악하는 것이 훨씬 더 중요하다(보통 니즈라는 말로 통칭해서 사용하는 경향이 있지만, 마케팅 전략을 짜기 위해서는 니즈와 원츠의 개념을 구분해서 활용할 수 있어야 한다).

따라서 마케터는 고객의 요구, 문제, 동기, 욕구 등을 이해하기 위한 심층적인 통찰력을 갖춰야 한다. 왜냐하면 사람들은 물건을 산다기보다 본인의 욕구를 해결할 수 있는 문제해결의 방법으로 상품을 사는 것이기 때문이다. 마케터가 소비자 문제의 근원을 해소해 주는 상품을 제안한다면 소비자가 이를 가치롭게 느끼는 것은 불 보듯 뻔한 일이다.

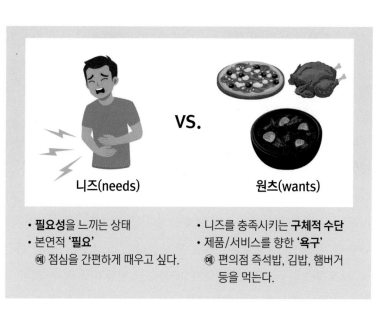

니즈(needs)   **VS.**   **원츠(wants)**

- **필요성**을 느끼는 상태
- 본연적 **'필요'**
  ㉖ 점심을 간편하게 때우고 싶다.

- 니즈를 충족시키는 **구체적 수단**
- 제품/서비스를 향한 **'욕구'**
  ㉖ 편의점 즉석밥, 김밥, 햄버거 등을 먹는다.

가치 창출의 함정, 마케팅 근시안

기업이 만든 제품이 소비자에게 잘 어필되고 있지 않다면, 혹여 마케팅 근시안에 빠져 있는 건 아닌지 살펴봐야 한다. 보통의 제조업자들은 자신이 만든 제품에 심취하는 경향이 있다. 그래서 제품의 장점에만 집중하고 고객이 얻는 편익과 경험의 중요성은 간과해서 고객을 놓치는 실수를 저지른다. 이들의 문제는 제품에 대한 집착으로 인해 구매 주체인 고객의 본원적인 욕구를 보지 못한다는 데 있다.

마케터마저도 제품 위주의 편협한 사고로 인해, 이런 함정에 종종 빠진다. 전 하버드대학교 테오도르 레빗(Theodore Levitt) 교수는 이러한 현상을 가르켜 '마케팅 근시안(Marketing Myopia)'이라고 언급했다. 소비자가 원하는 것은 드릴을 사용함으로써 얻게 되는 '구멍'이지 '드릴'이 아니라는 그의 말에는 마케터의 편협한 시각에 대한 일침이 담겨 있다.

마케팅 근시안은 소비자의 니즈가 아닌 원츠에 집중하는 협소한 시각으로 인해 발생한다. 마케팅 근시안은 시장의 '수요'가 아니라 '상품'에만 집중해서 나타나는 증상이다. 자기 상품에 과도하게 집중하면서 정작 가장 중요한 시장 수요의 변화를 놓치는 것이다. 이는 마케팅을 단순히 '파는 일'로 생각하기 때문에 나타난다. 고객들로 하여금 물건을 '사게 하는 일'이라고 생각한다면 마케팅 근시안을 피해 갈 수 있다. 비로소 소비자의 상황에 집중하면서 고객 지향적 마인드를 갖추게 되었을 때, 이 증상에서 벗어날 수 있게 된다.

이는 영업과는 다른 마케팅의 본질을 드러내 준다. 마케팅을 제대로 하기 위해서는 '제품 품목'이 아니라 '제품이 포함된 업종'에 대한 콘셉트를 가지고 있어야 한다. 내가 제공하는 것이 '자동차'인지 '운송업'인지에 따라, '커피'인지 '안락한 공간'인지에 따라, '간편식'인지, '바로 먹는 엄마의 정성'인지에 따라 비즈니스를 풀어 가는 방식이 달라진다. 사람들은 화장품을 사는 것이 아니라 '아름다움에 대한 꿈'을 사는 것이고, 책장을 사는 것이 아니라 '지적으로 보이고 싶은 욕망'을 사는 것이며, 침대를 사는 것이 아니라 '편안한 잠자리'를 사는 것이다.

마케팅 근시안에 빠져 비즈니스에 실패한 사례도, 이를 극복하고 비즈니스에 성공한 사례도 우리 주변에서 많이 볼 수 있다. 마케팅을 제대로 하기 위해서는 사람들이 어떤 문제를 해결하고 싶어 하는지, 즉 어떤 필요와 욕구를 가지고 있는지 소비자의 숨은 의도를 알아내는 '마케팅 상상력'이 필요하다. 잊지 말자. 소비자가 원하는 것은 제품이 아니라 제품을 통해 얻은 효익이고 가치라는 것을.

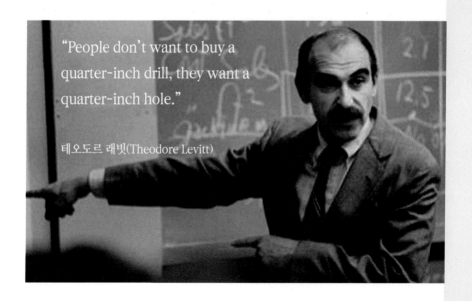

"People don't want to buy a quarter-inch drill, they want a quarter-inch hole."

테오도르 래빗(Theodore Levitt)

나이키의 라이벌은 누구일까요?

1990년대 후반 나이키는
스포츠 브랜드로서 급성장을 한 브랜드입니다.

2000년대 들어 성장 속도가 둔화된 원인에 대해
이들은 경쟁사인 아디다스나 리복으로의 고객 이탈이 아닌,
야외에서 공놀이를 하지 않고 실내에서 게임을 하면서
여가를 보내는 소비자의 라이프스타일 변화에 주목했습니다.

이들이 찾은 인사이트는 마켓쉐어의 경쟁이 아닌
타임쉐어의 경쟁이 중요해지고 있다는 포인트였습니다.

결국 나이키는 경쟁사를 '닌텐도'로 규정하고 나이키플러스를 출시합니다.
신발에 GPS 센서를 부착해 스마트폰과 연동하여 운동을 기록하게 해 주고,
SNS에 올려 친구들에게 자랑하거나 경쟁하는 즐거움을 주기도 했습니다.
당시 이들의 목표는 '운동도 게임처럼 만들자'였습니다.

이후 나이키는 '애플'을 새로운 경쟁자로 지목하게 됩니다.
그리고 이제 나이키는 제조를 넘어 소프트웨어 경쟁으로
소비자의 운동 라이프스타일을 바꾸는 일을 합니다.

이렇게 시장을 읽는 현안을 갖추면
마케팅 근시안을 멋지게 이겨낼 수 있습니다.

그림 출처: wallhere

3장

시장은 가치 순환 구조로
작동된다

———

시장을 형성하는 마케팅 시나리오
가치 중심의 선순환 구조를 만들어라
가치 구현을 위해 4P를 활용해라

MARKETING
WAVE

시장을 형성하는 마케팅 시나리오

마케터의 일은 어디서부터 시작될까? 마케팅이 가치 창출로부터 수요를 관리하는 일인 만큼 일단 시장부터 형성해야 한다. 그렇다면 어떻게 시장을 만들 수 있을까? 시장을 형성하기 위해 참고해야 할 마케팅 시나리오가 있다. 그럼, 고객에서 출발한 마케팅 시나리오에 따라 시장을 형성해 보자.

먼저, 소비자의 ① 욕구를 이해한다. 소비자가 원하는 것이 충족되지 못할 경우에는 니즈나 원츠가 생기는데, 이것이 소비자를 움직이는 원천적인 힘이 된다. 이때 원츠보다 니즈를 이해할 수 있는 통찰 있는 마케터에 의해 시장이 창조된다. 그렇기에 마케터는 소비자의 니즈와 원츠의 구조를 파악해서 이를 수요로 전환시킬 수 있어야 한다.

다음으로 이런 소비자의 욕구에서 출발한 수요의 씨드를 가지고 ② 상품을 만든다. 상품은 반드시 매력적인 요소를 가지고 소비자의 욕망을 충족시켜 주어야 하는데, 이는 제품, 서비스, 경험 등의 다양한 형태로 소비자에게 전달된다.

이때 상품은 반드시 ③ 가치를 담고 있어야 한다. 그래야 소비자와 교환을 시도해 볼 수 있기 때문이다. 앞서 언급했던 대로 소비자가 원하는 심리적 만족을 주는 상품만이 지불 비용으로서의 가치를 갖는다.

가치를 획득한 상품에게 ④ 교환의 기회가 온다. 소비자는 합당한 비용을 치러 원하는 상품을 손에 얻게 되고, 기업은 가치 있는 상품을 제공한 대가로 이에 합당한 수익을 얻는다. 이렇게 기업과 소비자의 관계가 시작된다.

점점 그 제품을 원하는 소비자가 많아지게 되면 자연스럽게 ⑤ 시장이 형성된다. 수요와 공급의 원리로 시장의 크기는 커지기도 하고, 줄어들기도 하며, 소멸되기도 한다. 시장은 고정된 것이 아니고, 소비자의 니즈 트렌드와 마케팅 환경 변화에 대응하는 마케터의 시나리오에 따라 움직이는 생물과도 같은 것이다.

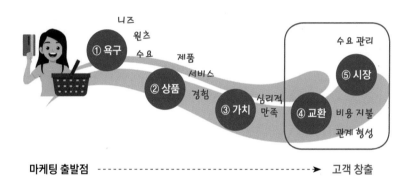

가치 중심의 선순환 구조를 만들어라

마케팅은 가치에서 출발해서 가치로 끝난다. 판매자와 구매자 사이에 가치 있는 것들이 지속적으로 교환되는 과정이 곧 마케팅 관리이다. 마케팅은 판매에서 끝나는 것이 아니다. 고객이 가치 교환에 대한 만족을 느끼고 우리와 긍정적인 관계를 유지시켜 반복적으로 가치 교환이 이루어지도록 선순환 구조를 만드는 것, 이것이 마케팅과 영업의 다른 지점이다. 영업의 성과는 단기적인 매출 실적으로 나타나는 반면, 마케팅의 성과는 지속적인 관계를 기준으로 평가되어야 한다.

많은 마케팅 전문가들이 지속 가능한 비즈니스를 위해 제안하는 솔루션은 '고객 지향적인 회사'가 되는 것이다. 아래의 가이드에 따르게 되면, 고객 지향적인 회사가 되는 길은 자명하다. 이는 기업이 '고객 가치 창출→ 가치 전달→ 가치 교환→ 고객 만족→ 고객 관계'의 선순환 구조로 돌아가는 유기체가 되는 길이다. 마케팅은 '제품을 파는 일'이 아니라 '고객을 사는 일'임을 되새기며, 피터 드러커의 마케팅의 목적에 대해 상기해 보자.

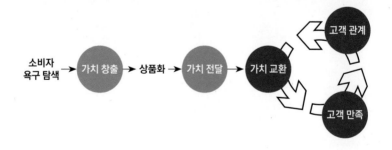

"마케팅의 목적은
소비자들의 충족되지 못한 욕구를 발견하고,
그것을 충족시킬 방법을 마련하여
판매를 불필요하게 하는 것이다.
고객의 니즈를 충분히 이해하여 그에 부합하는
상품과 서비스가 저절로 팔리도록 해야 한다."

피터 드러커(Peter Drucker)

가치 구현을 위해 4P를 활용해라

마케터는 가치 창출과 가치 전달을 위해 기본적으로 마케팅믹스 (marketing mix)를 활용한다. 마케팅믹스는 '제품(Product)' '가격(Price)' '유통(Place)' '촉진(Promotion)'의 4P를 말한다.

목표 고객에게 가치를 제안하기 위해 마케터는 먼저 욕구를 충족 시켜 주는 '상품'을 생산해야 한다. 그리고 그 상품의 적정 '가격'을 책정하고, 어떤 '유통 경로'를 통해 목표 고객에게 다가갈지 결정해 야 하며, '광고'를 통해 목표 고객에게 상품의 존재를 알리고 구입의 이유를 설득해야 한다.

최근에는 플랫폼으로 비즈니스 구조가 진화하면서, 데이터를 기 반으로 하는 디지털 시스템상에서 4P가 결합되는 일이 잦아지고 있 다. 따라서 마케터는 4P를 잘 결합하여, 목표 고객에게 기업이 의도하는 가치를 알리고 전달하는 통합적 마케팅 프로그램을 개발해야 한다.

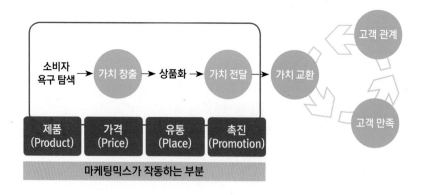

4장

시장에 접근하는
마케팅 핵심 전략

———

시장은 쪼개서 접근해야 한다
STP 전략의 핵심은 '차별화'이다
차별화에 이르는 방법

MARKETING
WAVE

시장은 쪼개서 접근해야 한다

마케터가 가치를 창출했으면 고객에게 접근해서 이를 알려야 한다. 소비자들에게 어떻게 우리 제품의 존재와 가치를 알릴 수 있을까? 『포지셔닝』이라는 유명한 책을 쓴 알리스(Al Ries)와 잭 트라우트(Jack Trout)의 말을 기억하는가? 마케팅은 '제품'의 싸움이 아니라 '인식'의 싸움이라는 것을.

시장은 수요의 집합체이지만, 면밀히 들여다 보면 개인 소비자의 욕구가 원자처럼 모여 있는 곳이다. 공급이 수요를 능가했던 과거에는 제품을 일단 시장에 내다 놓아도 팔렸기 때문에, 개인 소비자의 욕구 하나하나를 들여다볼 생각조차 하지 않았다. 하지만 경쟁이 심화되면서 시장은 유사한 집단으로 쪼개서 접근해야 한다는 분위기가 조성되기 시작했다. 이러한 콘셉트가 가시화된 것이 1960년대 등장한 STP(Segmentation, Targeting, Positioning) 전략이다. STP는 시장을 세분화해서 자신에게 적합하고 유리한 시장에 집중함으로써 수익을 만들어 내는 전통 마케팅의 시장공략법이다.

마케팅은 목표 시장 관리를 통해 기업이 수익을 창출하도록 움직인다. 따라서 성공적인 마케팅 전략을 짜기 위해서는 어떤 고객을 타깃으로 할 것인지, 선정된 고객에게 어떻게 최고의 가치를 제안할 것인지를 충분히 고려해야 한다. 또한 목표 시장에서 경쟁 우위를 점할 수 있는 강력한 가치를 도출해서, 왜 경쟁 브랜드가 아닌 자사 브랜드를 구매해야 하는지를 타깃에게 강력히 소구해야 한다.

이러한 내용을 담고 있는 것이 대표적인 마케팅 전략의 의사결정 도구인 STP이다. STP는 시장을 어떻게 의미 있는 고객 집단으로 나눌 건지(시장세분화, Segmentation), 그중 어떤 고객을 공략할 것인지(타기팅, Targeting), 타깃을 만족시킬 수 있는 차별화된 가치 제안을 어떻게 고객의 마음속에 자리매김할 건지(포지셔닝, Positioning)에 대한 의사결정 가이드를 제공한다.

STP 전략의 의의는 자사 브랜드에 잘 맞고 성장 가능성이 높은 잠재 시장에 마케팅 자원을 집중함으로써, 불필요한 낭비를 막고 한정된 자원을 정확하고 효율적으로 사용한다는 데 있다.

STP를 잘 활용하려면 각 단계별로 주요 의사결정의 질문들을 던질 수 있어야 한다. 시장세분화를 진행하기 위해서 시장을 나누는 기준은 무엇이 되어야 하는가? 목표 시장을 선정하는 기준은 무엇이 되어야 하는가? 포지셔닝을 위해서는 어떤 가치를 강력한 USP(Unique Selling Point)로 삼아 고객에게 어필해야 하는가? 등의 질문에 대한 명확한 답이 필요하다.

STP는 '시장은 쪼개서 관리해야 한다'는 인사이트를 제공한다. 따라서 마케터는 쪼개진 시장을 관리하기 위해 전체 시장을 공략할 것인지(대량화, Mass Marketing), 쪼개진 시장별로 각기 다른 대응책을 마련해야 할 것인지(세분화, Segmented Marketing), 그중 특정 시장만 선정해서 집중공략 할 것인지(집중화, Niche Marketing), 아니면 개별 소비자의 파편화된 니즈에 각각 대응할 것인지(개인화, Personalized Marketing)를 기업의 비즈니스 목표와 시장 경쟁 상황, 그리고 마케팅 예산을 잘 고려해서 결정해야 한다.

오늘날에는 모바일과 디지털 기술에 힘입어 개인 소비자를 추적할 수 있게 되었기 때문에, 거시적으로는 차별화나 집중화 전략을 고려하고, 미시적으로는 개인화 전략을 적용하는 방식을 적절히 병행해서 마케팅을 진행하는 것이 효과적이다.

전통 마케팅의 시장 접근법: STP 전략

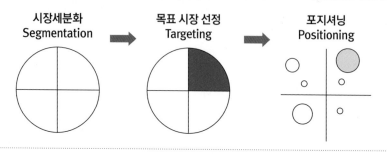

시장세분화 Segmentation	목표 시장 선정 Targeting	포지셔닝 Positioning

전체 시장을 **서로 다른 욕구를 갖는 세분 시장**으로 나누는 것

각 세분 시장의 매력도를 평가하여 **주력할 목표 시장을 선정**하는 것 (대량화/차별화/집중화/개인화)

목표 고객의 마음 속에 경쟁 제품과 구별되는 **차별화된 위치를 자리매김**하는 것 (경쟁우위 확보)

Q. 어떤 기준으로 시장을 나눌 것인가?
나이, 성별, 지역, 직업, 소득수준, 라이프스타일, 성격, 취향 등

Q. 무엇을 기준으로 주력 시장을 선정할 것인가?
시장 규모, 성장 잠재력, 경쟁 수준, 자사 역량 등

Q. 우리는 과연 고객에게 무엇이 될 것인가?
USP로 가치 제안

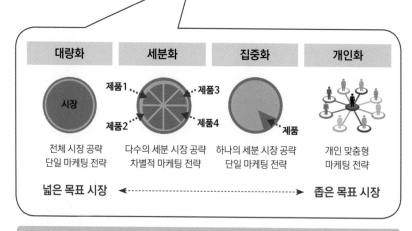

대량화	세분화	집중화	개인화
전체 시장 공략 단일 마케팅 전략	다수의 세분 시장 공략 차별적 마케팅 전략	하나의 세분 시장 공략 단일 마케팅 전략	개인 맞춤형 마케팅 전략

넓은 목표 시장 ◄-------► 좁은 목표 시장

목표 시장 선정 전략

그림 출처: 티스토리 '모든 경영의 답' 내용 일부 참고

포지션
(POSITIONING)

사람들의 마인드에 들어가는 가장 손쉬운 방법은 '첫 번째'가 되는 것이다.
이 원칙의 타당성은 몇 가지 간단한 질문을 통해 입증이 가능하다.

북대서양을 처음으로 단독 비행한 사람은?
찰스 린드버그(Charles Lindbergh)이다.
그러면 북대서양을 두 번째로 단독 비행한 사람은? 쉽게 대답할 수 없다.

달 표면을 최초로 걸은 사람은 누구인가?
물론 닐 암스트롱(Neil Armstrong)이다.
그러면 두 번째로 달에 착륙한 사람은?

세계에서 가장 높은 산의 이름은?
히말라야 산맥의 에베레스트이다. 그러면 두 번째로 높은 산은?
마인드에 좋은 포지션을 차지한 첫 번째를 쫓아내기란 정말 어려운 일이다.

'메시지를 확실하게 마인드에 고착시키기' 위해 가장 필요한 것은
메시지 그 자체가 아니라 마인드다.
순수한 마인드, 즉 다른 브랜드에 물들지 않고 비어 있는 마인드인 것이다.

출처: 『포지셔닝』(2002) 원문 中

STP 전략의 핵심은 '차별화'이다

마케터가 시장을 쪼개는 이유가 뭘까? 그야 시장의 니즈가 하나가 아니기 때문이다. 그럼 다양해진 소비자 니즈를 쪼개서 접근하면 될까? 아니다. 그 시장에 다른 경쟁자도 함께 들어와 접전을 벌이고 있으므로 경쟁에서 이기기 위한 전략이 필요하다. 이것이 마케터들이 '차별화'에 집착하는 이유이다.

'누구를 대상으로 팔 것인가?'라는 질문에 '시장을 쪼개서 접근해라'가 답이라면, '어떻게 그들의 마음을 얻을 것인가?'라는 질문에는 '경쟁사보다 돋보여라'가 답이라고 할 수 있다. 소비자는 물건을 구입할 때 항시 대안을 고려하기 때문에, 고객의 선택을 받기 위해서는 강력한 경쟁 우위가 필요하다. 이는 실제 제품의 실상과는 조금 다른 이야기이다. 어떤 상품이 가장 경쟁력이 있을지는 제품의 실체보다 소비자 머릿속에서 정해지기 때문이다. 따라서 마케터들에게 소비자의 머릿속과 마음속을 들여다보는 일은 무엇보다 중요하다.

경쟁 우위를 확보하기 위해 마케터는 경쟁사보다 고객의 욕구를 더 잘 이해하고 차별화된 고객 가치를 제시할 수 있어야 한다. 소비자 머릿속에 차별적 우위를 점하기 위해 주로 쓰는 것이 '포지셔닝 전략(Positioning strategy)'이다. 포지셔닝은 특정 브랜드가 어떻게 차별적인 가치로 소비자 머릿속에 자리매김해야 하는지의 심리전에 대한 것이다.

그럼, 어떻게 차별적 가치를 발굴할 수 있을까? 다음의 세 단계 접근을 활용해 보자. 첫째는 우리가 공략하는 목표 시장에서의 우리의 '포지션'을 파악하는 것이다. 이를 위해서는 일단 우리와 대체 관계에 있는 경쟁자가 누구인지 확인한 뒤, 경쟁자와 우리가 소비자 머릿속에서 어떤 위치로 자리 잡고 있는지를 포지셔닝맵으로 살펴본다.

둘째는 차별적 경쟁 우위를 결정하는 것이다. 'USP(Unique Selling Point)'라고 불리는 '고유 판매 제안'은 제품 카테고리에서 기본적으로 갖춰야 하는 것 중에서 우리만이 가지고 있는 차별적 속성을 말한다. 이때 차별적 가치는 제품, 서비스, 유통, 사람, 이미지 등의 유형으로 다양하게 제시될 수 있다.

셋째는 USP가 도출되었으면 이를 고객이 선택하고 싶은 '가치'로 전환하여 제안하는 것이다. 가치 제안은 '소비자가 왜 그 브랜드를 구매해야 하는가'에 대한 기업의 대답이다. 가치는 단순한 키워드로 전달되는 것이 아니라, 기업의 모든 마케팅믹스 노력을 통해 소비자 경험으로 전달되어야 한다. 이상의 과정을 잘 마치게 되면 확실한 경쟁 우위의 포지션을 갖게 된다.

차별화에서 가장 중요한 부분은 USP에 대한 명확한 이해이다. USP 선정 시 고려할 점은 '동등점(Point-Of-Parity: POP)'과 '차별점(Point-Of-Difference: POD)'의 개념이다. POP는 특정 제품군의 전형적인 특징을 나타내는 것이다. 커피를 예로 든다면 기본적으로 '맛이 깊어야' 한다. 따라서 커피 브랜드들은 기본적으로 POP를 충족해야 소비자의 1차 니즈를 만족시킬 수 있다.

이와 달리 POD는 경쟁사에는 없는 우리만의 차별적인 특성을 말한다. '맛이 깊은' 커피일 뿐 아니라 '거품(crema)이 풍부한' 커피라는 속성을 추가로 가지고 있을 때, 다른 경쟁 브랜드와는 구분되는 우위를 획득하게 된다. POP는 카테고리의 공통 속성이고, POD는 브랜드의 차별 속성이다. 따라서, 차별적 우위를 가지고 싶은 브랜드는 POP가 충족된 상태에서 POD를 개발하는 노력을 해야 한다.

목표 시장에서 차별적 포지션 구축하기

목표 시장 내에서 포지션 파악
- 경쟁 브랜드 파악
- 포지셔닝 맵상의 위치 확인

올바른 경쟁 우위 선정
- USP 도출(POP와 POD 고려)
- 차별적 가치 유형 결정
  (제품, 서비스, 유통, 사람, 이미지 등)

포지셔닝 전략 선정
- 가치 제안(구입할 이유 제시)
- 4P로 가치 구체화

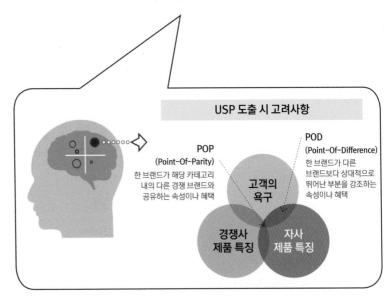

USP 도출 시 고려사항

POP
(Point-Of-Parity)
한 브랜드가 해당 카테고리
내의 다른 경쟁 브랜드와
공유하는 속성이나 혜택

POD
(Point-Of-Difference)
한 브랜드가 다른
브랜드보다 상대적으로
뛰어난 부분을 강조하는
속성이나 혜택

고객의
욕구

경쟁사
제품 특징

자사
제품 특징

시장은 쪼개지고
분화되고 진화한다

시장 경쟁을 분석하기 위한 2가지 요소

Point Of Parity	Point Of Difference
기본적으로 충족되어야 할 필수 요소	경쟁 우위 창출을 위한 차별적 요소

기술이 발전할수록
과거의 POD가 미래의 POP가 되는 경우가 있다.

화장품 초기 시장에서는 브랜드 도입을 통한 이미지 차별화를,
중기 시장에서는 '코스메슈티컬'이라는 새로운 장르를 열며 기술 차별화를,
현재 시장에서는 비건 니즈를 충족하며 원료 차별화를
추구하며 진화를 보이고 있다.

지금의 화장품은 이미지와 기술과 원료의 3박자를
모두 갖춘 차원에서 차세대 경쟁 축을 개발하는 중이다.

이처럼 시대의 흐름을 잘 읽으며
POP와 POD를 개발하는 것이 중요하다.

차별화에 이르는 방법

차별화는 실질적이어야 한다. 그렇기에 차별적 가치 제안은 4P를 통해서 구현된다. 4P 중에 고객의 본질적인 가치를 담고 있는 요소는 제품(product)이다. 마케터가 제품을 어떻게 규정하느냐에 따라 생각지도 못한 가치 제안이 가능해진다. 그동안 마케터들은 제품 속성 외에도 다양한 제품 구성, 소량 거래, 신속한 배달 등 제품을 둘러싼 다른 요소들을 활용하여 제품을 확장해 왔다. 제품을 차별화하는 데 있어 제품 확장의 프레임을 알고 있으면 상당히 유리하다.

제품은 유형인 것도 있고, 무형인 것도 있으며, 더 나아가 유무형의 복합적인 것도 있다. 제품의 관점에서 차별적인 혁신을 꾀하기 위해 다음의 4가지 제품 혁신 레이어(layer)를 고려해 보자.

첫 번째 레이어는 우리가 기본적으로 떠올리는 '본원적 제품(generic product)'이다. 이는 물리적 재료로써 유형의 제품을 말하며, 제품 속성이나 혜택, 디자인 등의 요소를 포함한다. 자동차라면 자동차의 크기, 디자인, 색상 등 눈에 보이는 차체를 의미하고, 패스트푸드라면 햄버거나 콜라를 떠올리는 것을 말한다.

두 번째 레이어는 기본 제품 외에 추가적으로 고객이 요구하는 조건들을 충족시킨 '기대 제품(expected product)'으로, 지불 조건, 배송 서비스, 기술적 지원 등의 서비스 요소를 담고 있다.

세 번째 레이어는 시장 경쟁력을 추가하기 위해 만든 '확장 제품(augmented product)'이다. 이는 해당 카테고리의 범주를 넘어 고객의 기대 이상으로 제품 카테고리를 확장하는 것을 의미하며, 화장품 판매업자가 뷰티 케어 전문샵을 운영하는 경우가 이에 해당한다.

네 번째 레이어는 고객의 관심을 끌 수 있는 모든 것을 포함하는 '잠재적 제품(potential product)'이다. 보통 제품을 소비하는 과정에서 소비자가 느끼는 오감의 즐거움, 이를 바탕으로 한 경험적 혜택이 잠재적 제품을 기획하는 중요한 요소가 된다. 이는 제품의 물리적 속성을 넘어 다양한 고객 경험을 제공하는 가이드가 된다.

이렇게 다양한 제품 혁신의 레이어를 잘 이해하고 있으면 다채로운 관점에서 차별화를 만들어 낼 수 있다. 본원적 제품 → 기대 제품 → 확장 제품 → 잠재적 제품으로 혁신의 레이어가 더해질수록 제품에서 브랜드로 고객 가치를 담는 그릇이 커진다. 요즘같이 상품이 넘쳐 나고 소비자의 욕구가 다변화되는 원츠의 시대에 차별화는 더 이상 제품의 정형화된 모양으로만 시도되지 않는다. 오히려 본원적인 제품에서 얼마나 멀리까지 확장되어 나가는지가 소비자의 새로운 수요를 만들어 내는 차별화의 길일 것이다. 그리고 이는 위대한 기업들이 스스로 시장을 창조해서 이끌어 가는 방법이기도 하다.

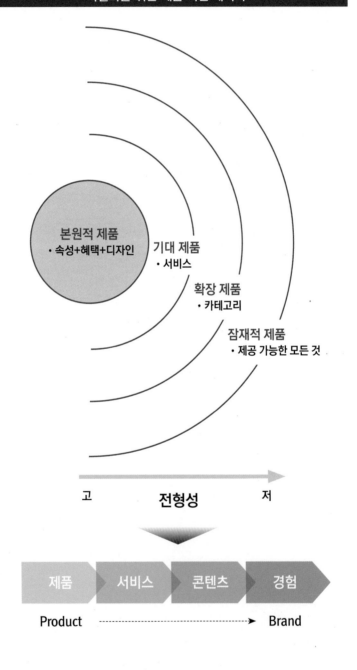

차별화를 위한 제품 혁신 레이어

본원적 제품
• 속성+혜택+디자인

기대 제품
• 서비스

확장 제품
• 카테고리

잠재적 제품
• 제공 가능한 모든 것

고　　　전형성　　　저

제품　서비스　콘텐츠　경험

Product ------------------------> Brand

MARKETING
WAVE

고객과 상호의존 관계를 형성해라

　이제 마케터가 해야 할 일은 자사 제품이 소비자의 눈에 띄게 하고, 소비자 마음에 들게 하며, 소비자에게 의미 있는 무언가가 되어 우리와 지속적인 관계를 맺게 하는 일이다. 즉, 제품을 판매한다는 것은 고객과 깊은 관계를 맺는 일이자, 이를 강력하게 유지시키는 일을 말한다.

　마케터가 매출을 만드는 사람이라고 생각한다면 '관계'라는 말에 다소 거부감이 들 수 있다. 당장 매출을 일으키기에도 바쁜데, 언제 관계를 맺고 이들을 사이트로 유도한단 말인가. 마케터는 언제나 근시안적인 성과를 만들어 내도록 요구받는다. 하지만 잘 생각해 보라. 마케팅의 본질이 가치 교환을 통한 수익 창출이거늘, 관계가 기반이 되지 않고서 안정적인 교환이 일어날 수 있는가를 말이다.

　여기서 우리는 관계에 대해서 생각해 보아야 한다. 관계란 무엇이고, 관계는 어떻게 유지되는가? 주고받음이 있어야 관계가 형성된다. 물건이든, 시간이든, 마음이든 무엇인가가 나와 상대방과의 사이에 오고 간다. 마주할 상대가 없으면 관계는 일어나지도 않는다. 여기서 관계란 '상호의존성(interdependence)'에 근거한다는 것을 알 수 있다. 상호의존이란 무엇인가? 앞서 말했듯이 그가 필요한 것을 내가 채워 주면 그는 나에게 의존하게 된다. 즉, 소비자를 도우면 소비자가 나에게 의존하게 되는 것이다.

　마케팅에서도 동일한 일이 일어난다. 고객은 그들이 원하는 문제를 해결해 주는 판매자를 원한다. 여기서 판매자와 구매자의 관계는 상호의존성에 근거함을 알 수 있다. 즉, 마케터가 관리해야 하는 고객 관계는 서로 간에 주고받음이 있어야 오래 유지될 수 있다. 그러기 위해서는 일단 고객이 내게 기대게 해야 한다. 판매자는 판매가 일어나면 끝이지만, 구매자는 그때부터 시작이다. 단순히 구매 버튼을 누르게 했다고 끝난 일이 아니다. 구매 이후의 관계도 상호의존성으로 관리되어야 한다. 즉, 마케터는 고객과의 모든 접촉에 상호의존적인 관계성을 구축하여 지속적으로 마케팅 성과를 거두어야 한다.

관계는 고객 여정 중에 형성된다

그렇다면 관계는 언제 시작되는가? '관계'라는 표현은 눈에 보이지도 않고 형태도 없어서 모호한 느낌을 준다. 일상에서 맺는 인간관계를 떠올려 보자. 관계가 시작되려면, 일단 두 사람이 만나야 한다. 두 사람이 만나는 지점, 그곳이 바로 상호의존적 관계의 출발점이다. 마케팅에서는 이를 진실의 순간, 'MOT(Moment Of Truth)'라 부른다.

소비자는 제품을 구입하기까지 모든 과정에서 도움을 필요로 한다. 구매하고 싶은 대안에 어떤 물건이 있는지 알아야 하고, 어디서 살 수 있는지, 얼마에 살 수 있는지, 더 좋은 물건은 없는지, 구매에 드는 또 다른 부담은 없을지 등 내적 질문에 대한 답을 얻고 싶어 한다. 이러한 과정은 고객의 구매 여정으로 설명된다. 고객이 지각하는 여러 가지 금전적·비금전적 비용을 구매 여정 프로세스에 따라 분석해 보면, 구매 여정의 각 단계에 따라 **탐색 비용, 거래 비용, 사용 비용, 처분 비용, 공유 비용** 등 소비자가 비용과 가치의 줄다리기에서 끊임없는 고민에 놓인다는 것을 알 수 있다.

Zero

First

Second

Third

Moment Of Truth

관계 형성보다 관계 유지에 힘써야 하는 이유

마케터가 관계 유지에 대해 고민해야 하는 이유는 명확하다. 고객 유치보다 고객 유지가 더 효과적이기 때문이다. 우리 브랜드를 전혀 모르거나, 별로 관심이 없어 구매의 여지가 없거나, 혹여 관심은 있지만 아직 경험이 없어 위험 부담을 느끼는 소비자를 우리 편으로 만드는 일이 쉽겠는가, 아니면 이미 우리 브랜드를 구매해서 경험해 본 고객들에게 동일한 필요를 상기시켜 재구매를 하게 하는 것이 쉽겠는가. 실제로 신규 고객을 얻는 것보다 기존 고객을 유지하는 것이 5배 더 저렴하다는 결과들이 보고된 바 있다.

하지만 대부분의 기업은 신규 고객 유치에만 열을 올리고 기존 고객을 유지하는 일에는 소홀하는 아쉬움을 보인다. 정작 이들은 뭐가 잘못됐는지 정확히 이해하지 못한다. 그저 매출 지표에만 집착하여, 빠져나간 기존 고객만큼 신규 고객을 끌어오는 데 혈안이 되어 있을 뿐이다. 마케팅의 초점이 구매 전 유입과 구매 중 전환에 집중되어, 구매 후 발생하는 문제를 보지 못한 채 기존 고객을 놓치고 만다. 그리고 이런 일련의 과정을 끊임없이 반복하면서 마케팅 비용을 소진시킨다. 안타까운 일이다.

보통 성공하는 기업들은 장기 수익을 더 중요하게 생각한다. 이들은 한 고객이 기업과 거래 관계를 유지하는 동안 발생하는 누적 구매, 즉 '고객생애가치(Customer Lifetime Value: CLV)'까지 관리 영역에 포함시킨다. 이들이 주목하는 것은 한 명의 기존 고객이 발생시키는 연쇄적 매출이지, 그 고객으로 인한 단편적이고 즉각적인 수익이 아니다. 장기적인 안목으로 고객 관리를 하는 것이다. 이들은 한 고객을 잃으면 그 고객이 가져올 미래의 수익까지 손실로 인식한다.

고객 관계 유지가 중요한 이유는 생판 모르는 사람을 데려오는 데 비효율적인 마케팅 비용이 든다는 것 외에 성과의 지속성 차원에서도 중요하기 때문이다. 만족한 고객은 충성 고객으로 전환되어 자주 찾아오고, 더 오래 머무르고, 돈을 더 많이 쓴다. 그뿐 아니라 그 기업과 제품에 대해 긍정적인 입소문을 낸다. 요즘처럼 SNS가 1인 미디어가된 시점에서 이들은 제3의 마케터가 되어 기업의 홍보 요원으로 활동한다.

이런 맥락에서 디지털에서는 고객 인게이지먼트 마케팅(Customer Engagement Marketing)을 중요하게 다룬다. 매스 커뮤니케이션 시대와는 달리 지금의 기업은 기존 고객들과 브랜드에 관한 대화를 주고받으며, 이들이 브랜드 경험에 기꺼이 참여할 수 있도록 독려한다. 더 나아가 이들이 브랜드 커뮤니티 활동을 하면서 브랜드의 팬이 될수 있도록 힘쓴다. 즉, 고객 인게이지먼트 마케팅의 궁극적인 목표는 자사 브랜드를 고객의 삶에 의미 있는 부분으로 스며들게 하는 것이다.

판매가 이루어졌다고 판매자와 구매자의 관계가 끝난 것이 아니다. 오히려 계약이 체결되면서부터 관계는 본격적으로 시작된다. 고객 관계 관리는 구매를 마친 고객을 어떻게 우리의 충성 고객으로 만들어 지속적으로 우리 곁에 있게 할 것인지로 성패가 결정된다. 따라서 마케터는 기존 고객이 기업의 자산임을 한시도 잊으면 안 된다.

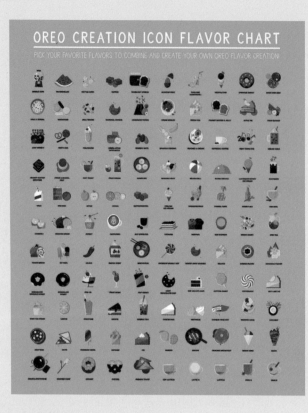

'오레오'는 고객에게
새로운 맛에 관한
아이디어를 요구하는
#MyOreoCreaion이라는
콘테스트를 진행했다.

'스타벅스'는
My Starbucks Idea에
신제품, 매장 변화,
스타벅스 경험에 대한
고객의 아이디어를
공유하고, 투표하고,
토의하게 하여
그들의 비즈니스에
고객을 참여시키고 있다.

6장

마케팅은
철학이다

———

마케팅은 기법이 아니다
마켓 5.0 시대에 이르기까지
어떤 마케터가 비즈니스에 기여하게 될까

MARKETING
WAVE

마케팅은 기법이 아니다

지금까지 고객 가치를 창출하여 매출을 촉진시키는 기법으로서의 마케팅에 대해 이야기했다. 하지만 본래 마케팅은 기업 경영을 이끄는 근간으로서 철학적인 사고 위에서 출발한 것이다. 경영 철학으로서의 마케팅은 '마케팅'이라는 활동을 어떻게 규정하고 실행할지에 대한 가이드를 제공한다.

기업은 고객을 만족시키고 그 대가로 이익을 얻는다. 따라서 기업의 모든 인적·물적 자원뿐 아니라, 조직 구조나 업무 방식 모두 고객 가치 창출을 극대화하는 방향으로 움직여야 한다. 마케팅을 '고객 지향적 경영 활동'으로 보면 어떤 철학적 근거 아래서 마케팅 활동을 해 나가야 하는지의 기조를 정할 수 있다.

이런 차원에서 마케팅에 대한 인식은 기업이 시장을 바라보는 사고방식이며, 기업 경영 활동의 방향타를 제시하는 주요 지침이 된다. 마케터가 어떤 관점으로 마케팅이라는 업무를 대할 것인지의 기조를 세우는 일은, 디지털 물결이 몰아치는 시대적인 상황에 잘 대응하기 위해서 무엇보다 중요하다.

마케터에게 주어진 과업은 매출의 촉진이다. 기업이 매출을 만들어 내는 일은 3가지 관점으로 접근할 수 있다. 어떤 마케터는 매출 그 자체에, 누군가는 매출을 일으키는 고객에, 다른 누군가는 매출을 만들어 가는 기업 경영에 초점을 둔다. 마케터가 어떤 그릇을 예비해 두었는지에 따라 마케팅의 방향과 내용은 크게 달라진다. 디지털로 인해 달라지고 있는 마케팅을 협소한 시각으로 바라보게 되면, 전체 맥락을 짚지 못한 상태에서 성과 지향의 기술적인 도구들에만 초점을 맞추는 우를 범하게 된다.

따라서 좀 더 거시적인 차원에서 변화의 맥을 짚을 수 있도록 마케팅을 보는 3가지 관점을 제시한다. 나는 어떤 관점을 취할 것인가? 그리고 그런 관점으로 어떤 마케팅을 펼칠 것인가? 디지털이라는 변혁이 태풍처럼 몰려오는 이때, 좀 더 철학적인 숨 고르기가 필요하다.

① 매출 촉진 기법으로서의 마케팅

마케팅을 '매출 증진의 목적으로 사용하는 모든 판매 기법'으로 보는 관점이다. 여기서는 마케팅을 영업이나 광고 또는 판매 촉진 활동 정도로만 이해한다. 이미 생산된 상품을 더 팔거나 잘 팔기 위한 방법과 노력에 고민을 집중한다.

② 가치 창조 과정으로서의 마케팅

마케팅을 '고객 가치를 창조하는 모든 활동'으로 보는 관점이다. 상품은 파는 것이 아니라 저절로 팔리도록 접근해야 하며, 이를 달성하기 위해 고객에게 더 큰 가치를 제공하는 것을 목적으로 한다. 고객 가치는 구매자가 아닌 소비자의 욕구를 이해하고 이를 해결해 주는 데서 창조된다고 생각한다.

③ 경영 철학으로서의 마케팅

마케팅을 '고객지향적 경영 활동'으로 보는 관점이다. 기업은 고객을 만족시키고 그 대가로 이익을 얻는 조직이므로, 기업의 모든 인적·물적 자원을 고객 가치 창출과 제공에 투입한다. 단순히 제품 판매를 넘어, 조직 구조나 업무 방식까지 마케팅의 목표에 맞추기 위해 조율하려고 애쓴다.

'배민다움'으로 배달의민족이 경영하는 법

운없으온 배달되는
일상의 행복

"우리가 함께 할 일은 문화를 다지는 일입니다. 구성원이 더 늘기 전에 문화를 다져 놓지 않으면 우리는 문화 없는 회사가 됩니다. 회사의 문화가 단단하면 브랜딩을 따로 할 필요가 없지요."

(우아한형제들 인터뷰 中)

우아한형제들
송파구에서 일을 더 잘하는 11가지 방법 몽촌토성역 편

1 ~~9시 1분은 9시가 아니다.~~ 12시 1분은 12시가 아니다.

2 실행은 수직적! 문화는 수평적~

3 잡담을 많이 나누는 것이 경쟁력이다.

4 쓰레기는 먼저 본 사람이 줍는다.

5 휴가나 퇴근시 눈치 주는 농담을 하지 않는다.

6 보고는 팩트에 기반한다.

7 일의 목적, 기간, 결과, 공유자를 고민하며 일한다.

8 책임은 실행한 사람이 아닌 결정한 사람이 진다.

9 가족에게 부끄러운 일은 하지 않는다.

10 모든 일의 궁극적인 목적은 '고객창출'과 '고객만족'이다.

11 이끌거나, 따르거나, 떠나거나!

출처: 배민다움

배달의민족 사무 공간은 어떻게 변화해 왔나

(구)큰집

2013

근무가능 인원 수 **150여 명**

롯데월드가 내려다 보이는 석촌동 사무실
피터팬 동화 속 '네버랜드'를 컨셉으로 디자인

큰집

2017

근무가능 인원 수 **500여 명**

올림픽 공원 전망의 방이동 사무실
스포츠의 혁신을 컨셉으로 각 층을 스토리텔링함

작은집

2018

근무가능 인원 수 **500여 명**

통유리를 통해 롯데월드타워가 보이는 신천동 사무실
야외 공원을 연상시키는 디자인

루터회관

2018

근무가능 인원 수 **350여 명**

개발 인력 교육과 외주 업체 협업을 위한 공간
소통을 컨셉으로 공용 공간 비중을 높임

더큰집

2021

근무가능 인원 수 **750여 명**

한강의 풍경이 넓게 펼쳐지는 역대 최대 사무 공간
예약형 1인 업무공간을 도입한 스마트 오피스

출처: 롱블랙

마케팅을 보는 3가지 관점

매출 촉진 기법
으로서의 마케팅

가치 창조 과정
으로서의 마케팅

경영 철학
으로서의 마케팅

마케팅은
매출을 늘리기 위한
목적으로 사용되는
모든 판매 기법이다.

마케팅은
고객 가치를
창조하는 모든
기업 활동이다.

마케팅은
고객 지향적
경영 활동이다.

마케팅을 무엇으로 보는지에 따라 기업 활동의 범위가 달라진다.

마켓 5.0 시대에 이르기까지

마케터의 주 무대인 '시장(market)'은 공급자와 수요자의 교환이 이루어지는 곳이다. 그동안 마케터들은 어떤 식으로 시장에서 교환을 이루어 왔을까? 디지털 시대에 적합한 시장 교환을 만들기 위해서, 마케터가 시장을 어떻게 다뤄 왔는지 살펴보자.

지난 백여 년 동안, 마케팅 전략의 지침이 되는 시장 관리 방식은 기업의 철학적 의사결정의 기준에 따라 변해 왔다. 마케팅 관리 철학은 산업혁명과 발맞춰 아래 7가지 접근으로 진화해 왔다.

첫 번째 접근은 2차 산업혁명이 일어났던 1910년대 '① 생산 개념(production concept)'의 마케팅이다. '대량 생산'의 산업화 시기에는 물건을 최대한 납품하는 것이 중요한 화두였으므로, '제품'이 모든 마케팅의 중심이었다. 당시에는 생산성과 효율성의 두 마리 토끼를 잡는 것이 중요한 과제였다. 따라서 기업은 원가 절감과 생산량 증대를 통해 규모의 경제를 갖추는 것을 목표로 했다.

1920년대로 들어서면서, 유사한 제품들이 시장에 많이 공급되자 소비자의 다양한 욕구를 채워 주기 위해 제품 혁신이 일어나기 시작했다. 이때는 '② 제품 개념(product concept)'의 마케팅이 시장을 주도했다. 기업들은 제품에 다양한 기능을 추가하면서, 최고의 품질, 성능, 혁신적 특성이 있는 다양한 제품을 선보였다.

시장에 상품들이 넘쳐 나면서, 기업은 영업 조직과 채널 관리를 통해 공격적인 판매에 나서기 시작했다. 이때는 '③ 판매 개념(selling concept)'의 마케팅이 시대를 주름잡았다. 기업이 가만히 있으면 제품이 팔리지 않는다는 생각에, '생산'에서 '영업'으로 패러다임이 전환되었다. 이때는 제품 판매가 목적이었으므로, 소비자가 원하는 제품보다 기업이 만든 제품을 공격적으로 판매하는 일이 대부분이었다.

그러다가 1970년부터 시장과 고객을 중심으로 하는 본격적인 '④ 마케팅 개념(marketing concept)'이 등장했다. 시장 경쟁이 더욱 치열해지자, 제품 지향의 마케팅에서 벗어나 '고객이 진정으로 원하는 것'에 집중하게 되었다. 이는 본격적인 '소비자 지향적 마케팅'의 시작이며, 오늘날 마케팅의 근간이다. 이때부터 기업은 제품을 판매의 대상이 아닌, 고객이 가진 문제를 해결해 줄 수 있는 가치 구현의 대상으로 여겼다. 또한 경쟁자보다 더 나은 제안으로 타깃 시장의 필요와 욕구를 충족시켜 주어야 자신의 목표를 달성할 수 있을 것이라는 생각을 갖게 되었다. 이때 등장한 것이 바로 STP 전략이었으며, 마케팅의 지향점은 고객 가치를 통한 고객 만족과 고객 관계의 형성이었다.

1990년대에는 기업이 사회의 복지를 유지하고 향상시키는 방식으로 소비자에게 가치를 제공해야 한다는 분위기 속에서 '⑤ 사회적 마케팅 개념(social marketing concept)'이 형성되었다. 여기에는 경제적 욕구뿐만 아니라 사회적 욕구가 시장을 지배한다는 관점이 스며 있다. 당시 기업들은 사회적 및 환경적으로 책임 있는 마케팅 활동을 수행하며 '지속 가능한 마케팅(Sustainable Marketing)'을 지향하였다.

2010년 이후에는 모바일의 확산으로 마케팅 환경이 급변하기 시작했다. IT가 생활 인프라의 주축이 되면서 SNS를 중심으로 사회적 확산이 시장 구조를 바꾸게 되었고, 4차 산업혁명이 일어나면서 인공지능(AI), 사물인터넷(IoT), 빅데이터의 신기술이 모든 것을 지능화하기 시작했다. 디지털 전환이 일어나면서 고객은 기업과 수평적인 관점에서 실시간으로 소통하게 되었고, 기업은 개별 고객의 니즈에 맞는 개인화 서비스를 도입하기 시작했다. '⑥ 디지털 마케팅(Digital Marketing)' 시대의 시작이었다. 고객의 의견이 그 어느 때보다 중요해지고 있으므로 기업은 자신의 비즈니스에 고객의 참여를 유도하고 있다.

2020년 이후는 인공지능과 가상현실 기술의 발달로 인간과 기술이 결합하는 고객 가치 고도화가 실현되고 있다. 마켓 5.0 시대에는 인간의 능력을 뛰어넘는 AI 기술이 상용화되면서, 소비자의 깊은 감정과 가치를 이해하고 중시하는 '⑦ 인간 존중 마케팅(Marketing Humanity)'으로 진화하는 중이다. 앞으로 기업들은 기술의 휴머니티적 측면을 깊이 고민하고 비즈니스에 적용하여, 소비자의 기대를 초월하고 감동을 주는 경험의 서비스로 고객 충성도를 이끌어 내야 할 것이다.

산업혁명	2차 산업혁명: 대량화		3차 산업혁명: 정보화			4차 산업혁명: 지능화	
마켓 단계	마켓 1.0 (제품 중심)		마켓 2.0 (고객 중심)	마켓 3.0 (인간 중심)		마켓 4.0 (디지털 전환)	마켓 5.0 (기술 휴머니티)
개념	생산 개념 (production)	제품 개념 (product)	판매 개념 (selling)	마케팅 개념 (marketing)	사회적 마케팅 개념 (Social Marketing)	디지털 마케팅 개념 (Digital Marketing)	인간 중심 마케팅 개념 (Marketing Humanity)
시대	1910년대	1920년대	1960년대	1970년대	1990년대	2010년대	2020년대
주도	생산 주도	영업 주도	시장 주도	가치 주도	IT 주도	인간+기술 주도	
슬로건	"값싸게 많이 만들기"	"여러 종류로 구색 맞추기"	"직접 나서서 홍보·판매"	"고객 중심으로 재조명"	"환경과 공익도 고려"	"소비자와 연결과 참여"	"개인의 감성과 가치 지향"
특징	• 대량 생산으로 규모의 경제 실현 • 원가 절감으로 생산 효율성 증대	• 고품질·고성능의 제품 추구 • 다양한 기능 추가	• 매출 증대를 통한 이윤 • 다양한 판매 촉진 개발 • 4P 중심의 마케팅믹스	• 고객 만족을 통한 이윤 • 고객 추구 • STP 중심의 시장세분화	• CSV/ESG를 통한 이윤 • 공익 추구 • 공익·그린 마케팅 추구	• 디지털 연결을 통한 수익 극대화 • 5A의 구매의사결정 • 개인 맞춤형 서비스	• 인간+기술의 결합으로 고객 가치 고도화 • AI 기반 새로운 고객 경험 제공

'기업' 중심의 관리 철학(수요 〈 공급)

'고객' 중심의 관리 철학(수요 〉 공급)

"오늘날 마케팅 경영 철학의 근간"

어떤 마케터가 비즈니스에 기여하게 될까

　기술과 인간의 융합으로 마케팅 환경은 이전에 보지 못했던 장면들을 연출하며 빠르게 진화하고 있다. 기계가 일상에 스며드는 시대에는 시장 환경이, 그리고 마케터의 일이 어떻게 달라지게 될까? 앞으로 단기 매출에만 매달리는 마케터에게는 미래가 보장되지 않을 수 있다. 기술 우위의 시대이지만, 오히려 인간의 본성, 가치, 영혼에 가까워지려는 기업이 고객의 진정한 선택을 받으며 장기적이고 충성적인 고객 창출을 이룰 것이기 때문이다.

　사람들은 점점 더 기업이 '무엇을 만드느냐'가 아니라, '무엇을 추구하냐'에 관심을 갖는다. 그리고 기업의 추구가 소비자 개인의 지향과 맞닿아 있을 때 소비자는 기업에게 마음을 열고 복잡해진 디지털 시장에서 함께 할 수 있는 자리를 내어 줄 것이다.

　지금은 제조하는 사람이 돈을 버는 것이 아니라 파는 사람이 돈을 번다. 아니, 정확히 말하면 소비자를 많이 모으고 줄 세우는 기업이 돈을 벌고 있다. 고객을 도와 그들의 마음을 얻는 일, 다시 마케팅의 본질을 소환해야 한다. 디지털이 밀려오는 시대에 어떻게 소비자와 협력해야 할지를 터득한 기업만이 승기를 잡게 될 것이다. 앞으로는 소비자의 마음을 움직일 수 있는 영혼과 감성이 있는 마케터에게 그 길이 열릴 것이다.

물살의 흐름을 읽으려면
지면의 형태를 살펴야 한다.

제2부

마케팅 환경의 변화

기존에 없던 시장이 열렸다

MARKETING
WAVE

7장

모두 다
디지털 마케팅이다

———

디지털은 일상이다
'온라인'이 아니라 '디지털'이어야 하는 이유
핵심은 정보 전달 방식이 달라졌다는 것
디지털의 성과는 J-커브로 레버리지된다
J-커브 성과는 어디서 발생하는가
다시, 마케팅 마인드가 필요할 때

MARKETING
WAVE

디지털은 일상이다

2016년 디지털 트랜스포메이션(Digital Transformation) 물결이 일어나면서, 디지털이 세상을 바꿀 것이라는 기대감으로 온 세상이 들썩였다. 그로부터 4년 뒤, 코로나까지 가세하여 디지털 라이프는 눈에 띄게 가속화되었다. 지금은 디지털이 자연스러운 삶의 일부가 되면서 우리는 온라인과 오프라인이 중첩된 삶을 살고 있다.

팬데믹 동안 우리는 디지털을 학습했다. 몇 년 동안 자의 반 타의 반 실내에 머물면서 새로운 디지털 라이프스타일에 적응해야 했다. 남아도는 시간에는 유튜브와 넷플릭스에 로그온되어 있었고, 줌(Zoom)이나 구글미트(Google Meet) 같은 화상회의 플랫폼에서 수업과 재택근무를 이어 갔다. 세대를 불문하고 온라인 쇼핑몰을 뒤지며 생필품을 구매했고, 취미 활동 역시 각종 모바일 앱에서 해결했다.

스마트폰이 디지털로의 전환을 불러오고 코로나가 디지털을 일상화시킨 만큼, 디지털 마케팅의 중요도는 점점 증가하는 추세이다. 2016년에 모바일 광고비가 TV 광고비를 역전하면서, 마케팅 채널로써 디지털을 선호하는 경향이 두드러졌다. 팬데믹 이전에 비해 디지털 광고의 집행 규모가 눈에 띄게 늘어나며, 디지털 중심의 마케팅 시대가 열리게 되었다.

Google Korea가 분석한 팬데믹 이후 소비자의 라이프스타일 변화

Gen Z(19~24세)

미디어(동영상, TV 등 방송)
시청 시간이 늘어났다.

온라인 수업으로
집에 있는 시간이 늘어났다.

디지털 콘텐츠(게임, 웹툰 등)
이용 시간이 늘어났다.

밀레니얼(25~34세)

집에서 운동, 그림, 만들기 등
취미활동 시간이 늘어났다.

디지털 콘텐츠(게임, 웹툰 등)
이용 시간이 늘어났다.

재택근무로 집에서
일하는 시간이 늘어났다.

X 세대(35~54세)

온라인 쇼핑이
늘어났다.

운동 / 아웃도어
활동이 줄어들었다.

양육 / 부양 등 가족들을
돌보는 시간이 늘어났다.

팬데믹 이후 마케터 인식 변화

기업-소비자
디지털 채널 기반
소통 비중 증가
前 42% → 後 60%

"고객 요구
충족을 위해
디지털 역량
중요하다"
83%

주요 활용하는
디지털 채널
디지털 광고
91%

출처: 삼정 KPMG 경제연구원, 세일즈포스, 디지털마케팅연구회(2021)

'온라인'이 아니라 '디지털'이어야 하는 이유

원래 디지털은 '온라인(online)'이라는 이름으로 1990년대 후반부터 존재했다. 초기에는 웹사이트에 띠 모양의 '배너 광고(Display Ad: DA)'를 올리기 시작해서, 포털 검색엔진이 널리 사용되며 '검색 광고(Search Ad: SA)'로 발전하였고, 현재는 고객들의 동선을 쫓아다니는 '리타기팅 광고(Retargeting Ad)'로 진화하였다. 오늘날에는 SNS 광고, 동영상 광고, 바이럴 광고, 퍼포먼스 광고, 인플루언서 광고, 커머스 광고, 가상현실 광고 등 그 영역과 역할이 전통 광고의 범주를 크게 벗어나고 있다.

한국방송광고진흥공사(KOBACO)는 '광고 산업 재정의 연구 발표회(2023)'에서 디지털 트랜스포메이션의 영향으로 광고 산업이 변모하고 다양한 광고 행위자들이 등장하고 있으므로, 지금 시대의 광고를 담을 새로운 개념 정의가 필요하다고 언급했다. 이처럼 디지털 광고의 영역은 우리가 알던 광고 그 이상으로 확장되고 있다. 넘쳐나는 디지털 콘텐츠들 속에서 일상을 살아가는 소비자들은 그들이 보는 것이 광고인지 아닌지보다, 그것이 그들에게 의미가 있는지 아닌지로 접근을 허락한다.

상황이 이러하기에 마케팅을 하려는 기업들은 디지털에 대한 개념을 확대해서 재정비할 필요가 있다. 온라인과는 다른 디지털의 특성은 무엇일까? 원래 '디지털(digital)'은 '온라인(online)'의 확장선상에서 나온 이야기이다. 자칫 디지털을 인터넷 사이트나 매체로 여긴다면, 디지털 마케팅은 온라인 마케팅의 연장선상에서 성과를 고도화시키는 광고 최적화 솔루션으로 치부되기 쉽다.

하지만 디지털을 0과 1의 이산적 신호값을 갖는 처리 방식으로 본다면, 디지털 마케팅은 생산 관리, 유통 관리, 촉진 관리, 고객 관리 등을 정량화할 수 있는 경영 혁신의 차원으로 인식된다. 두 가지 접근은 출발이 다른 만큼 도착점도 다르다. 디지털을 온라인 광고의 연장선으로 보게 되면 '광고 효율의 극대화'로 귀결되지만, 디지털 전환의 관점으로 보면 '고객 경험 혁신을 통한 가치 극대화'라는 마케팅 이슈에 다다른다. 디지털 트랜스포메이션의 맥락에서 디지털 마케팅을 바라보면, 마케팅 자체를 디지털로 전환해야 하는 본질적인 과업에 이르게 된다. 이것이 우리가 디지털 마케팅을 온라인 광고가 아닌, 전통 마케팅을 디지털로 전환하는 과업으로 여겨야 하는 이유이다.

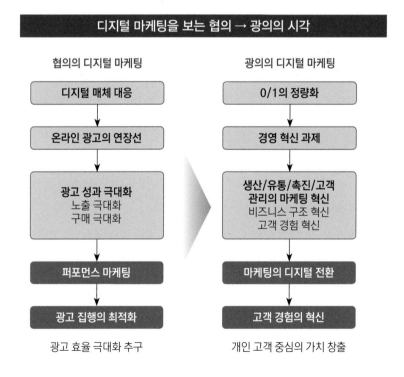

디지털 마케팅을 보는 협의 → 광의의 시각

협의의 디지털 마케팅

디지털 매체 대응
↓
온라인 광고의 연장선
↓
광고 성과 극대화
노출 극대화
구매 극대화
↓
퍼포먼스 마케팅
↓
광고 집행의 최적화

광고 효율 극대화 추구

광의의 디지털 마케팅

0/1의 정량화
↓
경영 혁신 과제
↓
생산/유통/촉진/고객
관리의 마케팅 혁신
비즈니스 구조 혁신
고객 경험 혁신
↓
마케팅의 디지털 전환
↓
고객 경험의 혁신

개인 고객 중심의 가치 창출

핵심은 정보 전달 방식이 달라졌다는 것

지금의 디지털 혁명을 가능하게 만든 촉발제는 단연 스마트폰이다. 이 모든 변화는 2007년에 아이폰이 공개된 이후로 근 20년간 축적된 성과이다. 가장 중요한 변화는 소비자가 모바일을 손에 쥐게 되면서 정보 주체가 옮겨감에 따라 정보의 유통 방식이 달라졌다는 것이다. 기술의 힘을 입고 소비자의 정보 접근성과 이용 역량은 크게 증가했다. 이제는 넘쳐 나는 상품 정보들을 외울 필요 없이, 검색창에 이것저것 쳐 보며 자기 기준에 맞는 상품을 고르고 선택한다.

과거에는 기업이 주도적으로 그들이 원하는 메시지를 만들고 배포했다. 기업이 직접 주요 매체들을 선정한 후에 미리 가공된 메시지를 발신하는 식이었다. 메시지는 일방향으로 흐르고 소비자는 기업의 의도된 정보 프레임으로 세상을 인식해야 했다. 하지만 오늘날의 소비자는 시공간의 제약 없이 네트워크로 연결된 SNS 공간을 유영하며 정보 유통 주체로서의 면모를 보인다. 1인 미디어가 대중화되면서 수많은 메시지가 SNS 공간을 정신없이 흐르기 시작했고, 소비자들의 목소리가 디지털 공간을 메우게 되면서 정보 권력의 헤게모니는 그들에게로 이동했다.

소비자의 정보 권력은 여러 양상으로 나타난다. 글을 쓰고, 사진을 찍어 올리고, 영상을 만들어 퍼 나른다. 서로 연결되어 좋아요, 공유, 댓글로 반응하니 트렌드 역시 발 없는 말처럼 빠르게 퍼져 나간다. 짤로 만들어진 숏폼 콘텐츠의 생산량이나 속도는 어떤 마케팅 에이전시도 감당할 수 없는 정도이다. 이에 소비자의 정보 권력에 대응하는 기업의 마케팅 방식도 달라지게 되었다. 모든 마케팅 활동을 디지털로 전환하기 시작한 것이다.

다음의 그림을 보면 기업이 디지털 광고를 고도화하는 방식이 한 눈에 보인다. 지금의 디지털 광고는 다음의 4가지 축으로 구별된다. 첫째, '광고 스크린의 크기'이다. 디지털 매체는 유무선 구분 없는 소비자 접점에서 스크린의 크기와 형태에 따라 다양화된다. 전광판과 영화 스크린 등 매스미디어 시대에 다뤘던 대형 매체부터 노트북, 태블릿, 스마트폰, 웨어러블, 사물인터넷(IoT) 등 개인화된 무선 매체까지 소비자의 디지털 접점은 기술적으로 세분화되는 중이다.

둘째, '광고 형식'이다. 디지털 공간을 메우고 있는 콘텐츠들은 텍스트, 이미지, 동영상 형태의 디지털 제작물로 표현된다. 현재는 숏폼 중심의 동영상 포맷이 시장의 주도자로 떠오르며, 가상현실, IoT 등 넥스트 미디어의 성장은 콘텐츠의 진화를 예감하게 한다.

셋째, '광고 접근 방식'이다. 이것은 소비자의 디지털 반응에 따라 구분된다. 소비자가 디지털에서 하는 행위를 살펴보면, 디지털을 돌아다니는 동안 눈에 보이는 노출형 광고를 만나거나(노출, expose), 원하는 사이트를 탐색하다 볼 만한 것을 발견하거나(탐색, discover), 필요한 정보를 검색창에 쳐서 적극적으로 살펴보는 경우(검색, search)가 대부분이다. 따라서 메시지 송출 방식도 노출형, 탐색형, 검색형으로 나눠서 접근할 수 있다.

넷째, '광고 과금 체계'이다. 디지털은 정량화가 가능하므로 광고 집행 결과를 수치로 확인할 수 있다는 장점이 있다. 따라서 광고에 대한 소비자 행동의 정도에 따라 보통 CPM(1,000명에게 노출시키는 데 드는 비용), CPC(1회 클릭하는 데 드는 비용), CPA(1회 액션하는 데 드는 비용), CPS(1회 구입하는 데 드는 비용), CPV(1회 시청하는 데 드는 비용) 등으로 광고를 다르게 책정한다.

이상에서 보았듯이, 매스미디어 시대에는 마케팅 성과에 대한 압박에서 비교적 자유로웠지만, 디지털 시대에는 광고를 유형화하고 성과를 측정하는 기준이 시스템으로 관리되어 보다 정교한 형태로 운영되고 있다.

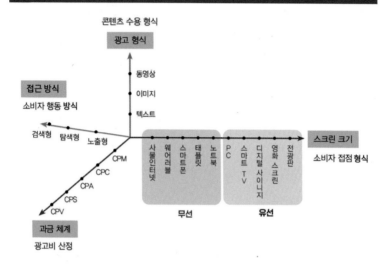

기업의 디지털 생태계 대응 방식(디지털 광고의 구조)

- **CPM(Cost Per Mille): 노출당 비용**
  1,000명에게 광고를 노출(게재)하는 데 사용된 비용
  (광고 단가÷광고 노출 횟수×1,000)

- **CPC(Cost Per Click) : 클릭당 비용**
  광고를 클릭한 횟수당 비용

- **CPA(Cost Per Action): 액션당 비용**
  방문자가 특정 사이트에 접속해 회원가입이나 이벤트에 참여했을 때 과금

- **CPS(Cost Per Sale): 구매당 비용**
  방문자가 특정 사이트에 접속해 상품이나 브랜드를 구매했을 때 구매 금액에 따라
  약정한 광고비 지불

- **CPV(Cost Per View): 시청당 비용**
  방문자가 특정 사이트에 접속해 광고 동영상을 실제로 시청했을 때 과금

출처: 디지털광고협회 자료 일부 수정

디지털 시대의
다양한 정보 전달 툴

도달 → 행동 → 전환 → 충성에
이르는 길은 다양하고 복잡하다

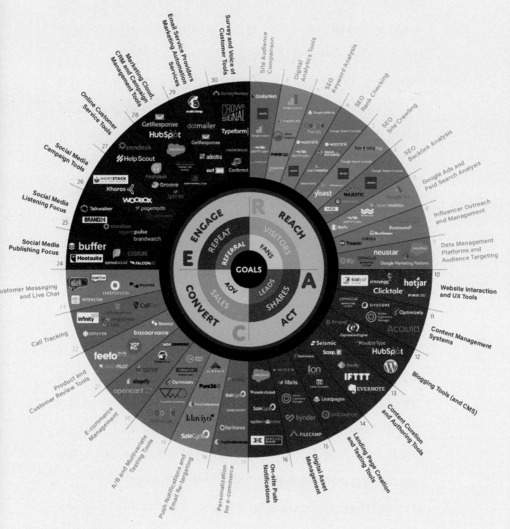

출처: Smart Insights

디지털의 성과는 J-커브로 레버리지된다

디지털은 성과 관리가 용이하고 매출을 증대시킬 접점이 많기 때문에 많은 기업들이 디지털 마케팅을 적극적으로 도입하고 있다. 디지털에서는 어떤 식으로 수익이 만들어질까? 디지털의 성과는 전통 마케팅의 성과와 어떤 차이가 있으며, 디지털에서는 언제, 어떤 방식으로 규모의 성장을 꾀할 수 있을까?

한 마디로 디지털에서는 시장을 키우는 방법이 다르다. 규모의 경제를 만드는 방법이 다르다는 이야기이다. 이 차이는 다음 페이지의 마케팅 성과 모형 그래프로 설명된다. 왼쪽에 있는 것이 전통적 마케팅의 성과 모형이고, 오른쪽이 디지털 마케팅의 것이다. 차이는 '기울기'에 있다. 전통적 마케팅 성과 모형에서는 비용을 투입할수록 타깃 도달률이 감소하는 데 반해, 디지털 마케팅에서는 비용을 투입할수록 타깃 도달률이 기하급수적으로 증가하는 양상을 띤다. 모든 마케팅 캠페인이 이런 결과를 보이는 건 아니겠지만, 전반적으로 디지털 생태계는 'J-커브 성과(J-Curve Effect) 모델'을 따른다.

무엇이 그래프를 우상향하게 만들었을까? 그래프를 다시 보자. 광고 모델의 매력도나 메시지의 돌출도에 따라 곡선의 기울기가 달라질 수는 있지만, 기본적으로 대중에게 메시지를 도달시키기 위해 전통적 모형에서는 막대한 규모의 마케팅 예산을 필요로 한다. 디지털에서는 어떠할까? 디지털에서는 스스로 네트워크를 확대·재생산하는 소비자의 자발적 참여를 유도하며 마케팅을 집행하므로 적은 비용으로도 파격적인 마케팅 효과, 즉 J-커브를 만들어 낼 수 있다.

디지털 마케팅은 저비용으로 고효율을 추구할 수 있다는 장점이 있기에, 특히 중소기업에서 적극적으로 도입하는 추세이다. 또한 ROI(Return On Investment: 투자 대비 수익률)를 생각할 수밖에 없는 기업의 특성상, 지금은 대기업에서도 전통 마케팅에서 디지털 마케팅으로 마케팅의 축을 과감하게 옮기고 있다. 지금의 마케터들은 소비자 네트워크를 발판 삼아, 디지털 마케팅을 도구로 J-커브의 규모의 경제를 만들어 낼 때이다.

전통 마케팅 vs. 디지털 마케팅 성과 모형

전통적 마케팅 성과 모형

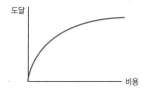

VS.

디지털 마케팅 성과 모형

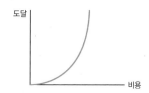

- 대부분 사람들이 인지할 정도의 대중적인 메시지를 전파하기 위해서는 막대한 규모의 마케팅 예산이 집행되어야 한다.
- 대기업 중심의 마케팅 전략 수립 및 실행에 적합한 방식

- 디지털 마케팅 환경에서는 자발적인 유저 참여를 유도하므로 적은 비용으로 파격적인 마케팅 효과를 기대할 수 있다.
- ROI를 중시하는 기업일수록 디지털 마케팅의 성과 모델이 유용

J-커브 성과는 어디서 발생하는가

J-커브는 디지털의 어떤 특성에서 기인하는 것인가? 디지털 특성을 제대로 이해하게 되면, 우리 기업도 아름다운 성과 곡선을 보이는 J-커브를 만들 수 있다.

첫째, '고객 접점의 증가'이다. 초연결로 인해 과거보다 소비자에게 접근할 수 있는 매체 수가 많아졌다. 정확히는 매체가 아니라 고객 접점이다. 직접 만나서 판매하는 전통적 유통 모델은 이미 구식이 되었다. '좋아요'와 '공유'를 기반으로 퍼져 나가는 디지털 네트워크가 바로 개인화된 시장을 형성한다고 할 수 있다. 고객 접점의 절대량이 많아졌으니 가치 교환의 장(場)인 시장도 많아졌다. 디지털에는 소비자를 중심으로 무수한 시장이 펼쳐진다. 따라서 디지털은 마케터에게 기회의 땅이다.

둘째, '유통 마진의 개선'이다. 전통적 마케팅은 생산에서 공급까지 비즈니스 사슬이 과도하게 길었다. 상품은 수많은 단계를 거친 후에야 비로소 소비자의 손에 들어갈 수 있었다. 기업의 이윤은 그 단계만큼 갉아먹혔다. 하지만 디지털에서는 중간 단계가 스킵되어 진행되므로 기본적으로 다이렉트 마케팅의 성격을 갖는다. 이는 중간상을 배제하고 생산자가 직접 소비자에게 판매하는 유통 채널과 같다. 다이렉트 마케팅은 중간 단계를 거치지 않기 때문에 유통 비용을 크게 줄여 수익 구조를 개선하고, 더 적극적으로 경쟁에 참여할 수 있다. 또한 소비자의 수요를 만족시키는 데 유리하고, 생산자가 직접 상품을 소개하므로 소비자가 해당 상품의 성능, 특징, 사용 방법을 이해시키기도 쉽다.

셋째, 마케팅 메시지를 무분별하게 노출시키지 않는 '타기팅 고도화 방식'이다. 전통적인 마케팅도 세그멘테이션 전략을 통해 우리가 공략할 시장을 선별하긴 하지만, 디지털 마케팅에서의 시장 접근법은 차원이 다르다. 디지털에서는 개별 고객에게 접근해 그의 구체적인 욕구를 들어 주는 방식으로 구매의 기회가 있는 정확한 타이밍을 찾는다. 개인을 24시간의 TPO(Time, Place, Occasion)로 접근하니 시장이 초미세하게 쪼개진다. 핀셋과도 같이 초밀착으로 접근하는 개인화 마케팅은 소비자의 불편을 덜어 주면서도 매출 기회를 극대화하는 중요한 디지털 마케팅 기법이다.

넷째, '기업의 피드백 속도'이다. 실시간으로 움직이는 디지털 시장에 맞춰 기민하게 대응하려다 보니 기업의 호흡도 빨라질 수밖에 없다. 부지런한 새가 먹이를 더 많이 먹는 법이다. 기업은 소비자와 호흡을 맞추는 데 데이터의 도움을 받게 되므로, 고객 접점에서 생기는 틈새들을 미연에 방지하여 마케팅 효율을 높일 수 있다.

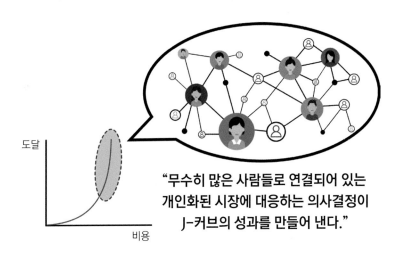

"무수히 많은 사람들로 연결되어 있는 개인화된 시장에 대응하는 의사결정이 J-커브의 성과를 만들어 낸다."

다시, 마케팅 마인드가 필요한 때

앞서 마케팅은 고객의 가치를 창출하고, 전달하고, 이를 교환하며 기업의 수익을 만들어 내는 과정이라고 했다. 그렇다면 디지털 마케팅을 도입했을 때, 어떤 방식으로 '가치'를 설계해서 수익을 창출할 수 있을까?

대부분의 디지털 마케터는 실시간 타깃을 쫓아다니면서 성과를 관리하게 되는데, 그러다 보니 안타깝게도 숫자만을 보며 디지털 마케팅을 기획하고 실행하는 일이 생긴다. 그런 식의 디지털 마케팅은 단기간 성과는 낼 수 있겠지만 장기적인 수익을 만들어 내기는 어렵다. 마케팅이 영업이 아니었듯이, 디지털 마케팅 역시 디지털 영업이 아니다.

그렇다면 어떻게 장기적이고 지속적인 차원으로 성과를 관리하며 디지털 마케팅을 수행할 수 있을까? 영업과 마케팅의 차이를 떠올려 보자. 영업은 고객이 원하는 것이 아닌 기업이 원하는 것을 만들어서 파는 데 초점이 맞춰 있다. 이와 달리 마케팅은 우리 고객이 될 소비자의 욕구에 기반해서 거래가 일어날 수 있는 시장을 만든다. 그리고 소비자의 욕구를 충족시킬 수 있는 제품을 만들고 어필해서 판매한다. 영업인지 마케팅인지는 그 중심이 '기업'에 있는지 '소비자'에 있는지에 따라 결정된다.

디지털도 마찬가지이다. 아직도 많은 기업이 자신이 만든 제품을 가급적 많은 채널에 노출하여 판매로 연결시키려고 한다. 이것이 디지털 영업이 아니면 무엇이겠는가? 디지털 마케팅을 업으로 삼으려면 고객의 관심과 필요에 대한 연구를 바탕으로, 그들 삶의 동선을 연구해서 우리에게 인게이지먼트시키려는 통찰적인 접근이 필요하다. 디지털에서 J-커브를 만들고 싶은가? 그렇다면 '매출 중심의 영업 마인드'를 버리고 철저히 '소비자 중심의 마케팅 마인드'로 디지털 마케팅을 바라봐야 할 것이다.

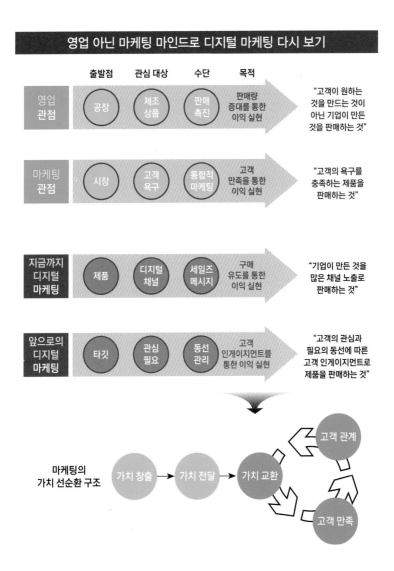

8장

디지털 마케팅
생태계의 민낯

———

디지털을 이해하는 3가지 속성
디지털을 생태계로 봐야 하는 이유
생활 생태계에서 J-커브가 작동한다

MARKETING
WAVE

디지털을 이해하는 3가지 속성

디지털을 마케터의 눈으로 바라보면 무엇이 보일까? 디지털이란 시장, 그리고 그 안에 존재하는 소비자의 움직임이다. 바로 디지털 생태계이다. 디지털은 우리가 핸드폰을 켜고 접속하는 순간부터 펼쳐지는 공간이니 디지털 생리를 이해하는 것은 그리 어려운 일이 아니다. 우리가 매일 사용하는 페이스북이나 인스타그램의 경우를 천천히 생각해 보자. 디지털 생태계는 어떻게 움직이는가?

내 피드에 '뉴욕에서 여름휴가 중'이라는 친구의 사진과 글이 올라온다. 부러운 마음에 '좋아요'를 누르고 '댓글'을 단다. 때로 내가 좋아하는 뮤지컬 배우의 인터뷰 기사에 감동받아 '공유'를 누르기도 하고, 카페 투어를 함께 했던 친구를 태그하여 내가 작성한 글을 친구 피드에 올려 주기도 한다. 나와 지인으로 엮어진 사람들의 네트워크를 타고 끝없이 확장되는 디지털 생태계. 확실히 눈에 보이는 조형물로 공간이 채워진 현실 세계와는 구조부터가 다르다.

그럼, 이런 디지털 세계는 어떤 특성을 가질까? 디지털 생태계는 크게 3가지 키워드로 설명된다. 첫째, '연결성(connectivity)'이다. 정보의 흐름은 자유롭고 생산자와 수신자 간에 경계마저도 사라진다. 무엇보다 중요한 것은 끝도 없는 연결 구조를 얼마나 잘 형성하고 있느냐이다. 디지털 공간을 잘 활용하는 길은 사회적 확산을 얼마나 자발적으로 일으킬 수 있는지에 달렸기 때문이다. 그리고 사회적 확산의 길을 트는 데는 개인과 긴밀하게 연결되어 있는 가족(family), 친구(friend), 팬(fan), 팔로워(followe) 같은 F-팩터가 중요한 역할을 한다.

둘째, '이동성(mobility)'이다. 디지털은 끊임없이 움직이는 생물과도 같은 공간이다. 2021년 기준으로, 전 세계에서 분당 100만 건 이상의 디지털 콘텐츠가 생성될 정도로 빠르게 세포 분열되고 있는 곳이 디지털 세상이다. 기업이 집행한 광고 콘텐츠 역시 무수한 콘텐츠 더미 속에 파묻히기를 반복한다. 그러기에 이를 수면 위로 올리려는 실시간적인 노력이 필요하다. 마케팅 효과의 지속 시간도 극히 짧아서, 치고 빠지는 방식으로 소통을 만들고 활성화시켜 나가는 애자일(agile) 방식이 요구된다.

셋째, '참여감(participation)'이다. 디지털 네트워크가 개인들로 구성되다 보니 디지털 세상을 작동시키기 위해서는 개인 소비자의 움직임을 만드는 것이 무엇보다 중요하다. 그들이 움직여야 디지털 세상이 꿈틀댄다. 개인을 저격하기 위해서는 누구에게나 통용될 수 있는 상식의 메시지가 아닌, 소수의 취향이라도 강력하게 끌어당길 수 있는 매력적인 요소가 있어야 한다. 그것은 개인들을 단단히 엮어 주는 접착제 역할을 할 뿐만 아니라, 스스로 자신의 목소리를 표출하게 만드는 참여감의 동력이 된다.

디지털 생태계의 3가지 속성

네트워크 구조로 형성된 디지털 생태계

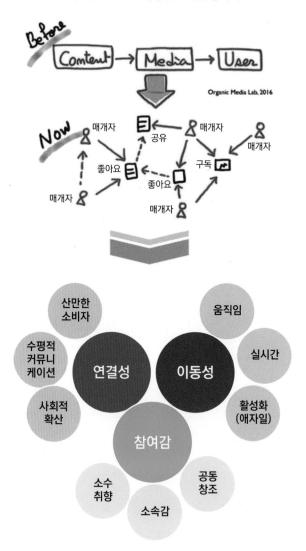

연결성, 이동성, 참여감의 네트워크 세상은
우리의 손끝에서부터 펼쳐진다.

디지털을 생태계로 봐야 하는 이유

온라인 마케팅의 확장선상에서 디지털 마케팅을 다루는 우를 범하지 않으려면, 디지털을 생태계로 인식하고 대응하는 감각이 필요하다. 과연 디지털은 어떤 생태계일까? 디지털의 기본 특성은 '네트워크를 기반으로 한 연결'이다. 그렇기에 연결의 관점에서 어떤 세상이 펼쳐지고 있는지 살펴볼 필요가 있다.

▶▶ 연결 방식의 변화: 초연결 시대의 개막

2025년 무렵이면 IoT 기기 보급이 활발해지면서 개인에게 연결된 기기가 15개쯤 된다고 한다. 각 기기는 인공지능의 힘으로 스스로 콘텐츠를 만들고 배포한다니, 그야말로 무한매체의 시대가 눈앞에 닥치고 있다. 우리가 살아가는, 또 살아갈 사회는 연결을 빼놓고 이야기하기 어려운 곳이다. 그만큼 무한 연결의 구조를 이해하는 것은 마케터에게 중요한 과제이다.

실제로 디지털은 다양한 차원과 방법으로 서로 연결되어 있는 세계이다. 마케터가 알아야 할 디지털 소비자의 연결은 다음과 같은 4개의 구조를 보인다. 첫째, '개인 소비자의 채널들 간의 연결'이다. 한 사람의 24시를 따라가 보면 아침부터 밤 늦게까지 모바일을 들고 다양한 채널을 옮겨 다니며 사는 것을 발견할 수 있다. 둘째, '소비자와 소비자 간의 연결'이다. 이는 개인의 SNS에서 정보가 유통되는 순간에 '좋아요'와 '공유'를 통해 발생한다. 셋째, '소비자와 커뮤니티 간의 연결'이다. 개인 소비자가 방문하는 채널들은 그 성격에 따라 유사한 소비자들의 모임인 커뮤니티를 가지고 있다. 커뮤니티는 단순한 연결 이상의 소속감을 주면서 정보교류 활동에 지대한 영향을 미친다. 넷째, '기업과 소비자 간의 연결'이다. 그림에서 보듯이 기업과 소비자 간의 연결보다 개인 채널 간 연결 혹은 소비자와 소비자 간 연결이 더욱 촘촘하고 강력하게 형성되어 디지털 생태계가 작동됨을 알 수 있다.

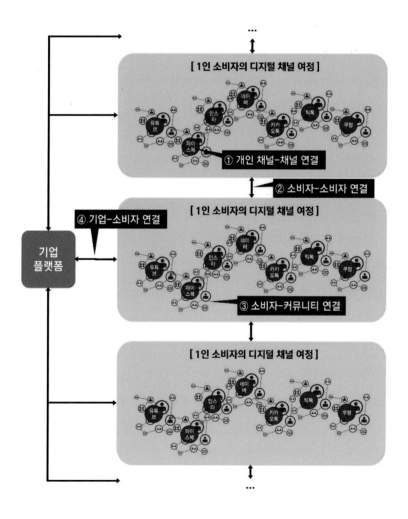

▶▶ 연결 대상의 변화: 롱테일의 세포 시장 등장

디지털 기술 혁명은 수많은 틈새시장을 만들어 내면서, 다양한 기호와 취향에 근거한 다품종 소량 생산의 세포 시장을 열었다. 사람들 역시 대중적인 아이템보다 자신의 취향에 맞는 것을 찾고 있다. 디지털에서 끝도 없이 출현하는 제품의 등장은 롱테일 비즈니스를 가능하게 한다. 소수의 히트 상품(20%)이 아닌 다수의 틈새들(80%)이 모여 새로운 경제를 이끌어 가기 때문이다.

디지털 네트워크는 무수한 아마추어들이 주류가 될 수 있도록 디딤돌이 되어 주므로, 기본적으로 롱테일 비즈니스는 개인을 중심으로 작동하는 양상을 보인다. 따라서 마케터들은 개인 소비자를 레버리지하여 마케팅 성과를 만들어 내도록 노력을 기울여야 한다. 관건은 롱테일의 꼬리를 얼마나 잘 작동시킬 수 있느냐이다.

▶▶ 연결 내용의 변화: 취향으로 연결된 느슨한 커뮤니티

파편화된 롱테일을 연결시켜 주는 가교는 단연 '취향(taste)'이다. 우리는 왜 알지도 못하는 사람들과 디지털에서 취향을 나누게 되었을까. 처음에 온라인은 가까운 지인들과 안부를 묻고 생활을 나누는 소통의 장이었다. 그러다가 SNS가 세대를 불문한 커뮤니케이션 수단이 되면서 디지털의 연결고리는 좀 더 느슨해지기 시작했다. 굳이 얼굴이나 신분을 몰라도 관심사만 같으면 쉽게 모이고 쿨하게 헤어지는 느슨한 연대의 커뮤니티들이 디지털 소통을 이끌고 있다.

커뮤니티에서는 검색창에 키워드만 넣으면 쉽게 얻을 수 있는 객관화된 지식이 아닌, 취향과 경험을 담은 개인의 주관적인 정보들이 오간다. 누구나 가 봤을 법한 매뉴얼화된 여행 패키지 정보보다, 독특한 콘셉트의 여행 일지가 담긴 개인 블로그가 내 취향의 여행 준비에 더 유용한 것처럼 말이다. 소비자가 원하는 정보의 성격은 점점 개인을 중심으로 좁고 깊게 바뀌고 있다.

메가 트렌드가 점점 사라지고 **평균이 실종되는 시대**이다. 소비자는 자신의 취향에 맞는 정보를 찾아다니며 세상을 이해하고, 자신의 정체성을 잘 드러내는 콘텐츠를 업로드하며 이에 동조하는 사람들과 교류한다. 이들은 디지털 안에서 '자기 표현(self expression)'과 '소속감(sense of belonging)'의 욕구를 동시에 충족하며, 나답게 사는 즐거움을 최대로 누리고 싶어 한다. 이들이 디지털에서 하고 있는 것은 다름 아닌 '나다움'의 표현이다.

디지털 세상은 촘촘한 네트워크로 연결된 거미줄 같은 구조를 보이지만, 정작 네트워크를 연결시키는 것은 정서적 소통의 욕구이다. 이들은 디지털 공간을 자신이 원하는 콘텐츠와 자신이 원하는 사람들로 채워 놓고, 자신이 중심이 되는 생태계 속에서 하루를 산다. 디지털은 '나의 관심과 취향으로 끊임없이 연결고리가 생겨나며 내가 강화되는 나만의 세상'이다. 따라서 마케터는 소비자가 디지털에서 자신만의 스타일을 표현하고, 인증하고, 성취하고, 만나고, 놀고, 생활하는 새로운 인류임을 주지한 채, 디지털 마케팅을 펼쳐야 한다.

취향으로 세분화되는 롱테일 마켓

해시태그로 말하는 태그니티 마케팅 인기

지금까지 기업의 수익을
좌우한 것이 20%의 머리였다면,
인터넷 세상에서는 **80%의 꼬리가**
더 중요한 가치를 지닌다.

- 취향을 중심으로 주관적 정보를 교류하는 느슨한 커뮤니티는 개인의 취향 소비를 강화하는 토대가 된다.

- 롱테일 소비자를 기업 활동에 참여시켜 성과를 만드는 데 디지털 레버리지 효과를 이용하는 것이 필요하다.

UGC의 롱테일, 마이크로 인플루언서

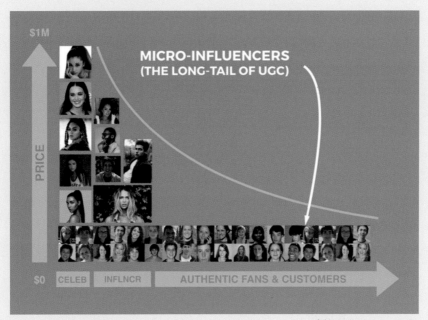

출처: business2community

1990년대 최초로 문을 연 아마존(Amazon)은 '책만 파는 웹사이트'였습니다.

기존 서점들과 달리 아마존은 NYT 베스트셀러만 팔았던 것이 아니라,
인디 출판사 및 작가에게도 문을 열어 책을 판매할 수 있도록 기회를 제공했습니다.
그리고, 아마존은 이를 바탕으로 큰 성장의 기반을 마련하게 됩니다.

베스트셀러에만 머물지 않고 틈새 시장에나 적합할 듯한 도서들까지 제공하려는
아마존의 접근 방식은 크리스 앤더슨(Chris Anderson)이
2004년에 정의한 "롱테일 판매"였습니다.

아마존은 최근 쇼핑 가능한 소셜 콘텐츠 피드인 '스파크(Spark)'를 런칭하면서
사용자 생성 콘텐츠(UGC)에도 롱테일 이론을 적용하게 됩니다.
이는 지구상의 모든 브랜드가 경쟁력을 유지하려면
진정한 사용자 생성 콘텐츠가 지속적으로 제공되어야 한다는 것을 이해한 접근입니다.

생활 생태계에서 J-커브가 작동한다

　요즘의 소비자는 일상의 모든 것을 디지털에서 해결한다. 우리는 하루에도 몇 번씩 다양한 앱을 넘나들며 음악, 영화, 쇼핑, 운동, 뱅킹, 학습, 업무 등 우리 생활의 모든 일을 모바일에서 처리한다. 디지털은 초기에는 단순한 '정보 검색창'이었지만, 지금은 원하는 제품을 클릭 하나로 집 앞까지 배송하는 '내 손안의 쇼핑몰'이고, 일상을 찍어 SNS에 인증하며 스스로 만든 콘텐츠로 자신을 표현하는 '일상의 기록'이자 사회적인 '소통의 창'이 되었다. 지금 우리는 앱에서 앱으로 순식간에 아이디를 타고 이동하는 멀티 공간을 살고 있다.

　이런 흐름에 따라 시장 경쟁의 축에도 변화가 생겼다. 과거 한정된 시장 내에서 잠재 수요를 나눠 먹는 시장 점유율(market share) 경쟁에서, 개인 소비자의 24시간 내에서 자사 제품과 콘텐츠로 클릭을 유도하는 시간 점유율(time share)로 옮겨 가고 있다. 무한 경쟁의 시대, 마케팅 업무는 고객의 24시간 안에서 소비자의 관심을 얻으려는 쟁탈전이 되었다.

　J-커브를 만들어 내려는 마케터는 디지털을 철저히 개인의 생활 공간으로 바라보고 접근하는 안목을 갖춰야 한다. 마케팅의 본질처럼 소비자가 디지털에서 원하는 게 무엇인지 살펴서 도우면 성과는 따라오기 마련이다. 자신의 관심사와 취향으로 디지털에서 삶의 페이지를 채워 나가는 소비자들, 나를 나답게 표현하고 관계를 맺으며 함께 소통하길 희망하는 소비자들, 그들의 마음을 읽어 주면 비로소 J-커브가 작동된다.

생활 속으로 들어가고 있는 마케팅

디지털은 **로그온(log-on)으로 존재**하는 공간이므로 생활의 단면들이 연결되면서 시장 내 경쟁보다 개인의 생활 속에서 **어떻게 시간을 더 많이 점유할 것인지에 대한 싸움**으로 전이되는 중이다.

TPO로 time share 확보 필요
TPO 기반으로 고객 취향 저격의 개인화 마케팅 추친

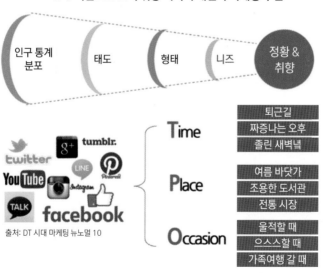

출처: DT 시대 마케팅 뉴노멀 10

9장

점점 확장되는
디지털 마케팅 세계

———

계속 출현하는 디지털 마케팅 키워드
디지털 기술이 마케팅에 제공하는 것은
디지털 마케팅 패러다임 10
'미디어'는 디지털 생태계를 이해하는 치트키

MARKETING
WAVE

계속 출현하는 디지털 마케팅 키워드

　과거 몇 년 동안, 디지털 마케팅은 매해 트렌디한 키워드들을 출현시키며 점점 방향을 알 수 없는 미궁으로 들어가는 듯했다. 그러다가 최근 디지털마케팅연구회(2022)가 디지털 마케팅 트렌드 키워드를 일목요연한 축으로 정리하며 업계를 바라보는 시각을 제시했다. 다음 페이지의 매트릭스 그림은 당시 그래프를 저자가 지금 시점에 맞게 업데이트하여 재가공한 것이다. 자신의 기업에 맞는 디지털 마케팅을 펼치기 위해서는 디지털 마케팅의 주요 영역들과 흐름을 알고 있어야 하기에, 핵심 트렌드를 중심으로 살펴보기로 하자.

　매트릭스상의 두 개의 축이 나타내듯, 디지털 마케팅은 '퍼포먼스'와 '브랜드', 그리고 '데이터'와 '콘텐츠'를 대척점으로 하여 많은 키워드들을 그 안에 품고 있다. 먼저 우측 상단의 데이터 기반의 퍼포먼스가 지향하는 것은 기술 인프라를 기반으로 한 '개인화 및 마이크로 타기팅 강화(우상단)'이다. 이는 쿠키리스 시대(Cookieless Era)에 자사 데이터와 인공지능의 힘으로 마케팅 자동화를 구현하는 흐름이다.

　한참 데이터를 기반으로 한 퍼포먼스 마케팅의 중요성이 부각되다가, 최근에는 성과를 개선하기 위한 방편으로 콘텐츠가 부각되기 시작했다. 퍼포먼스를 최적화하기 위해 타기팅과 미디어믹스에 역량을 집중해야 하지만, 장기적인 성과를 내기는 어려워 콘텐츠로 시선이 옮겨 가게 된 것이다. 여기에 인플루언서를 대동한 커머스 마케팅이 매출 견인의 솔루션으로 주목받으며, 성과를 만들어 내는 콘텐츠 제작에 관심이 쏠리기 시작했다. 여기서 지향하는 바는 콘텐츠와 고객 경험이 이끄는 '고객 인게이지먼트 기반 마케팅 성과 창출(우하단)'이다.

　우측이 퍼포먼스의 영역이라면 좌측은 브랜드의 영역이다. 좌측 하단은 SNS 기반의 동영상 콘텐츠 마케팅이 중심이다. 이 영역에서는 '콘텐츠 기반 브랜드 커뮤니케이션 강화'와 '커뮤니티 기반 팬덤 형성(좌하단)'이 목적이다. 데이터 영역이 기술로 고도화되는 것과는 달리, 콘텐츠와 결합된 브랜딩 영역은 점점 더 크리에이티브를 지향한다.

　좌측 상단은 브랜딩과 데이터의 결합이다. 마케터가 관리할 수 있는 매체 수가 무한대로 늘어나고 1인 미디어까지 가세하다 보니 마케팅 활동은 힘이 모여지지 않은 상태로 공중에 흩어지기 일쑤였다. 그러자 흩어지는 트래픽을 모으기 위해 제조사가 직접 움직이기 시작했다. 최근에는 D2C의 열풍을 타고 브랜드가 자사 플랫폼에서 소비자와 직접 만나게 되면서 '온드 미디어 중심 고객 여정 설계(좌상단)'가 마케팅 전략의 핵심 테마가 되고 있다.

　이처럼 디지털 마케팅은 과거에 분리되었던 브랜드와 퍼포먼스의 영역을 통합하고, 데이터에 의한 분석력과 콘텐츠를 위한 창의성을 결합시키면서 점점 진화하고 있다. 이제 고객과의 커뮤니케이션은 광고대행사만의 전유물이 아닌 모두의 것으로 확대되면서, 광고비를 지불하지 않고도 제품을 홍보할 수 있는 길이 크게 열리고 있다.

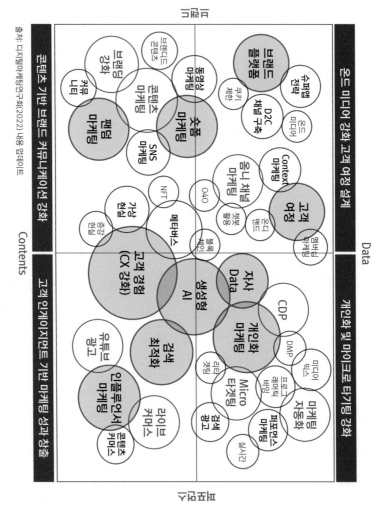

출처: 디지털마케팅연구회(2022) 내용 업데이트

급변하는 디지털 시대,
'광고 산업'을 어떻게 재정의할 것인가?

인쇄 시대와 전파 시대를 거쳐 정보의 양방향화를 중심으로 한
네트워크 시대가 도래했다.

그 과정에서 미디어는 정보, 상품, 행동을 매개로
기업과 소비자의 접점에서 중요한 역할을 하고 있다.
이제는 소비자의 시간을 점유하는 곳이
모두 미디어인 시대가 됐다.

디지털 광고 프로세스는 더 복잡해지고 어려워지고 있으며,
광고 업무 영역 또한 변화하고 있다.

이제는 콘텐츠 그룹(크리에이티브, 데이터)과 서비스 그룹(기획, 분석),
인프라 그룹(설비, 개발) 모두를 광고 산업의 범위에 포함시켜야 한다.

출처: 브랜드브리프 – 신원수 부회장 발표 내용 中

디지털 기술이 마케팅에 제공하는 것은

ICT가 발달되면서 마케팅에 기술이 도입된지도 꽤 되었다. 챗 GPT의 등장으로 기계가 인간의 능력을 능가하고 있음을 눈으로 확인하고 있는 지금, 기술 우위의 시대에 마케팅을 제대로 펼치기 위해서는 마케터도 기술의 진화 방향을 잘 알고 이를 활용할 수 있어야 한다.

나날이 사회 전반에 스며들고 있는 기술의 혁신은 마케팅에 어떤 변화를 가져올까? 우리 눈에 보이는 것은 AI 타기팅, 추천 알고리즘, 챗봇 서비스, 셀프 키오스크, 드론 배송, 가상현실 등의 단편적인 기술이겠지만, 마케터의 눈에는 기술 이상으로 소비자 삶의 변화가 보여야 한다.

코틀러는 『마켓 5.0』에서 앞으로 각광받는 마케팅의 핵심 6대 기술로 AI, NLP, 센서 기술, 로봇공학, AR/VR, IoT와 블록체인을 언급했다. 더불어 빠르게 진화할 뉴테크놀로지가 제품/서비스 및 유통 영역뿐만 아니라, 퍼포먼스 마케팅, 콘텐츠 마케팅, 다이렉트 마케팅, CRM 마케팅 등 마케팅의 4P를 전면 개편할 것으로 예측했다.

이러한 4차 산업혁명의 핵심 기술들은 마케팅을 어떻게 업그레이드시키는 걸까? 기술은 고객의 구매 여정 동안 의미 있는 경험을 제공하도록 개인의 소비 생활을 최적화해 준다. 또한 매출을 예측하여 불필요한 예산을 절감시키고, 이 과정에서 생기는 반복 작업들을 자동 처리하여 생산성과 효율성을 증대시킨다. 궁극적으로 4차 산업을 디딤돌로 삼아 우리가 나아가는 방향은 시간과 비용, 인력의 단축으로 인해 얻는 수익의 극대화이다.

기업이 얻는 이익은 분명하지만, 소비자에게는 무엇이 돌아갈까? 마케팅에서 사용하는 기술은 궁극적으로 소비자의 삶에 도움을 주어야 한다. 그렇다면 기술의 발전이 기업이 아닌 소비자에게는 어떤 혜택을 주어야 하며, 마케터는 이를 어떻게 구현할 수 있을까?

첫째, 기업은 소비자에게 '개인 맞춤형 환경'을 제공한다. 지금도 기술은 고객의 동선을 추적하며 개인들을 학습한다. 그러면서 개인의 움직임에 따라 접점별로 푸시 메시지를 보낸다. 하지만 대부분의 소비자는 기업이 푸시하는 광고 알고리즘을 피해 다닌다. 마케터가 설계해야 할 것은 개인이 추구하는 삶에 대한 알고리즘이지, 제품을 밀어 넣기 위한 판매 방책으로서의 알고리즘이 아니다. 미래의 마케터는 개인을 이해하기 위해 인공지능이란 도구를 활용해서 고객을 기업의 잠재 자본으로 만들 수 있어야 한다.

둘째, '사회적 연결의 촉진'이다. 디지털 라이프를 살면서 우리는 이미 관계를 맺는 방식에 많은 변화를 겪고 있다. 그럼에도 불구하고 관계의 본질은 변하지 않았다. 사람들은 내 이야기를 하고 싶어 하고, 다른 사람들의 이야기를 듣고 싶어 한다. 그리고 누군가와 대화를 통해 연결되고 인정받고 소속되고 싶어 한다. 기업의 대화에 소비자를 참여시키기 위해 인센티브를 지급하는 방식이 아니라, 개인과 개인의 대화에 기업이 공감하며 자발적인 참여를 독려할 수 있는 섬세한 마케팅 설계가 필요하다. 이미 소셜미디어라는 사회적 네트워크망에 커머스 기능이 결합되었고, 대중의 참여와 호응을 통해 제품을 생산·판매하는 크라우드 소싱 방식이 새로운 비즈니스 모델로 떠오르고 있다. 메타버스는 어떠한가. 좀 더 실감 나는 아바타의 얼굴과 멀티 페르소나가 우리의 정체성을 현실 너머의 3D 공간으로 보내 준다. 디지털에 사는 사람들이 원하는 것은 연결된 세계에서 나와 결이 맞는 다양한 사람들과 행복한 라이프를 살고 싶어 하는 것이 아닐까.

셋째, '경험의 혁신'이다. 삶은 '시간'과 '공간'이라는 맥락에 '경험' 이라는 콘텐츠가 얹혀진 것이다. 경험은 일련의 자극과 사건을 겪 으며 감정을 분출시키는데, 이것이 욕망을 충족시켜 주면 만족감을 얻게 된다. 이는 '하이테크(high-tech)'보다 '하이터치(high-touch)'에 해당되는 부분이다. 기술과 손을 잡은 마케터가 쉽게 빠지는 오류는 경험을 하이테크의 영역으로만 바라본다는 것이다. 경험의 혁신을 하려면 AI나 VR보다 소비자의 욕망에 대한 이해가 더 중요하다. 소 비자는 이를 충족시켜 주는 기술에 대해서만 감동이라는 빛을 반사 한다. 마케터들은 기술의 사용 설명서를 소비자 관점으로 다시 써야 한다.

과거에는 인간이 기계를 만들고, 조정하고, 이용해 왔다. 하지만 마켓 5.0 시대에는 기계의 능력과 인간의 능력이 융합되어 더 뛰어난 지 능과 더 깊어진 감성을 탄생시켜야 한다. 이것이 진정한 하이테크와 하 이터치의 결합이자, 인간을 중심으로 디지털 초연결의 혁신을 그려 나가는 뉴노멀 마케팅 솔루션이다.

마켓 5.0 기술이 가져온 마케팅 혁신

 AI   NLP   센서기술   로봇공학   AR과 VR   IoT와 블록체인

제품/서비스 개발
- 예측적 제품 개발
- 대량 최적화
- 가변적 가격 책정
- 서비스 시스템화

퍼포먼스 마케팅
- AI 타기팅
- AI 광고 제작
- 프로그래매틱 바잉

유통 채널
- 셀프 키오스크
- 드론 배송
- 생체인식 결제
- IoT 소매업 혁신
  가상 경험

생산성
비용 효율
업무 속도
인력 투입

콘텐츠 마케팅
- AI 타기팅
- 콘텐츠 개인화
- 콘텐츠 최적화

다이렉트 마케팅
- 제품 추천 알고리즘
- 개인화 마케팅
- 마케팅 자동화

CRM 마케팅
- 잠재고객 관리 챗봇
- AI 고객 관리
- 판매 예측 및 분석

개인화된 서비스   사회적 연결 촉진   경험의 혁신

디지털 마케팅 패러다임 10

디지털 마케팅 키워드 맵에서 제시한 것처럼 다양한 분야가 뒤엉킨 디지털 마케팅의 스펙트럼은 실로 거대하다. 디지털 마케팅의 이해를 돕기 위해 마케터가 유의 깊게 살펴봐야 할 패러다임 10가지를 다음에 제시한다. 우리는 이 패러다임 속에서 '디지털 마케팅이 고객 가치를 창출하고, 전달하고, 교환하는 마케팅의 본질을 어떻게 바꾸게 될지' 살펴야 한다. 이 질문에 대한 답이 바로 마케팅을 디지털 트랜스포메이션시키는 방향이 될 것이다. 지금도 디지털 마케팅은 '인프라' '콘테이너' '콘텐츠' 차원에서 마케팅의 지형을 변화시키는 중이다.

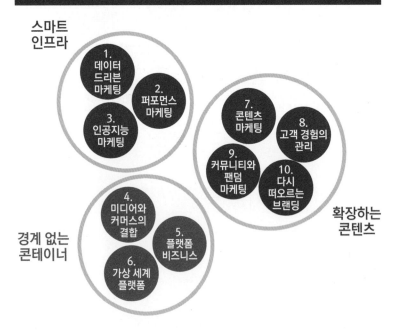

1 데이터 드리븐 마케팅

데이터 마케팅을 해야 하는 이유

기업의 목표는 '최소의 투자'로 '최대의 효과'를 얻는 것이다. 예전부터 기업들은 ROI를 높이기 위해 비즈니스 효과를 극대화하고 효율을 개선하는 방식을 고민해 왔다. 이를 해결하기 위해서 유용하게 사용했던 도구가 데이터이다. 데이터는 '수집'에 목적이 있는 것이 아니라, '활용'에 포커스를 두어야 한다.

그렇다면 마케터는 데이터를 어떻게 활용해야 할까? 그동안 기업은 제조 생산성을 개선하고 작업 효율을 높이는 데 데이터를 주로 사용해 왔다. 하지만 앞으로는 소비자의 삶에 침투하여 고객 가치를 창출하고 고객 이탈을 최소화하는 소비자 생산성의 방향으로 데이터를 써야 한다.

디지털 마케팅도 같은 방향으로 발전하고 있다. 고객 데이터를 기반으로 하여 캠페인 기획, 집행, 성과 분석이 진행된다. 개인 고객을 중심으로 한 통합 데이터가 있으면 '풀 퍼널 마케팅(Full-Funnel Marketing)' 설계가 가능해진다. 풀 퍼널 전략은 고객 여정을 360도로 분석하여 각 단계별 마케팅 활동을 맞춤화·최적화할 수 있는 토대를 제공한다. 즉, 고객 경험을 개선하여 고객과의 관계를 강화하는 것이다. 이렇게 보면 디지털 마케팅은 곧 데이터 마케팅이라고 해도 과언이 아니다. 마케터는 데이터를 도구로 삼아 '소비자'에게 접근할 수 있는 마스터키를 확보해야 한다.

디지털 마케터의 데이터 활용 관점

과거의 데이터 활용법

제품 데이터로
제조 효율성 개선

고품질 · 최저가 · 초고속

지금의 데이터 활용법

소비자 데이터로
소비자 효율성 개선

타기팅 · 실시간 · MOT 침투

[디지털 전환 이슈]

소비자 중심의 데이터로 비즈니스 기회 창출 & 손실 최소화

[디지털 마케팅 이슈]

얼마나 정밀하게 고객의 삶(Life share)에 침투할 수 있는가

캠페인 기획	풀 퍼널 마케팅 전략 설계	고객의 구매 행동에 따른 개인화 마케팅 메시지 개발
캠페인 집행	AI 기반 광고 자동화	캠페인 목표와 예산에 따른 최적의 광고 효율 창출
캠페인 분석	통합 분석을 통한 인사이트	정교한 데이터 통합 분석을 통한 광고 성과 개선

데이터 기반 Right Person, Right Time, Right Place 공략

마케터가 알아야 할 데이터의 구조와 활용

마케터는 어떤 데이터를 활용해야 할까? 과거에는 소비자 행동을 분석할 도구와 데이터가 제한적이었지만, 최근에는 다양한 빅데이터의 등장으로 데이터 활용이 다채로워지고 있다. 통상적으로 데이터 수집의 주체가 누군지를 기준으로 다음과 같이 데이터 유형을 나눈다.

퍼스트 파티(1st Party) 데이터는 기업이 직접 수집하는 고객 데이터로, 회원 정보, 거래·매출 데이터 등 CRM에 활용되는 데이터이다. 제대로 된 고객 인사이트를 얻기 위해서는 데이터 통합하여 볼 수 있는 개인 중심의 싱글 소스 데이터가 필요하다.

퍼스트 파티 데이터 중에 고객의 자발적이고 적극적인 동의를 얻어 활용하는 데이터를 제로 파티(0 Party) 데이터라고 한다. 제로 파티 데이터의 중요성은 「개인정보 보호법」의 적용으로 데이터 수집이 어려워진 상황에 대한 대응책으로 제시된다는 데 있다.

세컨드 파티(2nd Party) 데이터는 해당 기업의 제휴처 또는 비즈니스 파트너에게 구매 또는 공유받아 활용하는 데이터로, 보통 미디어 시청 데이터, 콘텐츠 접촉 데이터, 광고 클릭 데이터 같은 미디어 데이터가 활용된다.

서드 파티(3rd Party) 데이터는 제3의 사업자에 의해 수집 또는 제공되는 비식별 데이터를 말하며, 보통 구글이나 페이스북, 네이버, 카카오 같은 플랫폼 사에서 제공하는 로그데이터, 검색데이터, 소셜데이터를 말한다. 서드 파티 데이터는 비식별 데이터라 개인을 특정할 수는 없지만, 워낙 방대하여 시장의 트렌드나 경쟁사의 움직임을 파악하는 데 매우 유용하게 활용된다.

디지털 마케팅에 활용되는 데이터 유형 및 활용

중요도 ↑

제로 파티(O Party) 데이터
- 고객이 자발적으로 제공하는 데이터
- 고객의 참여 유도 필요(설문 및 회원가입 등)

퍼스트 파티(1st Party) 데이터
- 기업이 자사의 플랫폼에서 직접 수집하는 데이터(싱글 소스 데이터)
- 회원 정보, 거래 · 매출 데이터, CRM 데이터

세컨드 파티(2nd Party) 데이터
- 기업의 제휴처나 비즈니스 파트너에게 구매 또는 공유받아 활용하는 데이터
- 미디어 시청, 콘텐츠 접촉, 광고 클릭 데이터

서드 파티(3rd Party) 데이터
- 제3의 사업자에 의해 수집 또는 제공되는 비식별 데이터(쿠키 활용)
- 로그데이터, 검색데이터, 소셜데이터

"광고·마케팅 효율 극대화"

검색·소셜 데이터를 통한 소비자 욕망 트렌드 파악	로그 데이터를 통한 고객 행동 패턴 파악
개인 ID 데이터를 통한 개인 맞춤 마케팅 진행	AI 알고리즘 기반의 마케팅 자동화 수행

고객 데이터 플랫폼(CDP)이 무엇인가요

소비자가 디지털에 남긴 흔적들(쿠키: 방문기록)을 활용한다면 이 사이트 저 사이트를 무작위로 돌아다니는 소비자를 쫓아다닐 수 있다. 더 나아가 타깃별로 적절한 타이밍을 공략해 광고 효율을 개선하기에도 좋다. 서드 파티 데이터는 개인화 타기팅에 너무 좋은 소스이다. 하지만 개인정보 활용에 대한 이슈로 애플과 구글이 쿠키 지원 중단 선언을 하면서, 서드파티 데이터 확보에 적신호가 켜진 디지털 광고 시장은 또 한 번의 전환점을 거치고 있다.

디지털이 생활의 공간으로 확대되는 한, 앞으로도 개인정보 보호와 관련된 이슈는 사라지지 않을 것이다. 이에 광고업계는 서드 파티 데이터가 없어도 적중률 높은 타기팅이 가능한 새로운 대안을 고안하는 중이다. 최근에는 본격적인 쿠키리스 시대를 준비하기 위해 퍼스트 파티나 제로 파티 데이터를 주목하고 있다. 더불어 쿠키 없이도 진행할 수 있는 개인화 마케팅을 위해 CDP(Customer Data Platform)를 활용한 싱글 뷰(single-view) 마케팅이 부상하는 추세이다.

CDP는 기업이 자사의 고객 데이터를 효과적으로 수집, 관리, 분석할 수 있도록 돕는 플랫폼이다. 회사가 보유한 모든 고객 데이터를 한 곳으로 통합하고 분석해서 자사 고객의 프로필을 구축한다. 그리고 이 프로필을 활용해서 고객 유형별 활동 및 특성을 파악하고, 이를 토대로 맞춤형 마케팅을 전개한다.

퍼스트 파티 데이터가 중요해질수록 자사 플랫폼(온드 미디어)의 활용도는 높아진다. 그 밖에 서드 파티 쿠키 대신 관심사 기반의 커뮤니티를 활용한 마케팅 기법으로 고도화된 개인화 마케팅을 실현할 수도 있다. 앞으로는 CDP, 온드 미디어, 커뮤니티를 활용한 타기팅 고도화로 퍼스트 파티 데이터의 고객 정보 자산이 더욱 가치 있게 활용될 전망이다.

고객 데이터 플랫폼, CDP의 부상

퍼스트 파티·제로 파티 데이터의 중요성이 높아지면서 CDP를 통한 싱글 뷰 마케팅이 주목받고 있다.

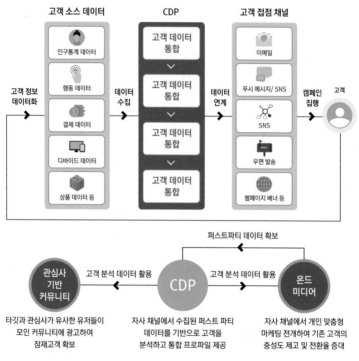

출처: 메조미디어

과거에는 소비자 행동 패턴을 분석할 변변한 도구와 데이터가 없었지만, 이제는 **디지털 환경에 쌓여 가는 다양한 소비자 흔적들 분석하여 개인에게 최적화된 마케팅 메시지를 전달**하는 것이 마케팅 담당자의 궁극적인 목표이자 가장 중요한 업무가 되고 있다.

2 퍼포먼스 마케팅

'미디어'가 아닌 '움직이는 소비자'를 사는 시대로

매스 커뮤니케이션 시대에는 사람들이 많이 보는 대중매체를 골라, 인기 프로그램 앞뒤의 광고 인벤토리를 구입해서 메시지를 뿌리는 것이 유일했다. 당시는 어느 매체(어디에, where)에 메시지를 노출할 것이냐가 중요한 마케팅 의사결정이었던 '미디어 바잉(Media Buying)'의 시대였다.

디지털 시대로 들어서면서 미디어를 산다는 개념에 변화가 생기기 시작했다. 소비자는 자신이 원하는 정보를 찾아 다양한 사이트를 돌아다니므로 미디어보다 타깃(누구에게, who)을 사는 것이 마케터의 중요한 과제가 되었다. 디지털 세상이 복잡해질수록 우리 제품을 알리고 판매하기 위해 마케터에게 요구되는 것은 '오디언스 바잉(Audience Buying)'의 능력이다.

디지털 마케팅에서 중요하게 다루는 '오디언스'란 어떤 개념인가? 개인화 마케팅의 핵심 포인트는 타깃이 필요한 시간(right time)에, 필요한 곳(right place)에서, 필요한 메시지(right message)를, 그들이 원하는 방식(right way)으로 제공하는, 즉 '타깃 관련성(right relevance)이 높은' 마케팅을 하는 것이다. 그러려면 타깃의 정황, 접점, 취향 등의 소비자의 맥락 데이터(context data)가 필요하다. 점점 타깃의 TPO에 대한 정보가 중요해지고 있다.

여기서 전통 마케팅과는 다른 디지털 마케팅의 역량이 나온다. 디지털 마케팅의 결정타는 소비자의 행동과 성향에 따라 타깃을 쫓아다니는 타기팅에 있다. 단순한 타기팅이 아닌 개인의 관심과 이력이 담긴 고객 데이터를 활용한 정교한 타기팅이어야 한다. 이를 위해 마케팅 목적과 데이터 구비 현황에 따라 '인구 통계 타기팅' '주제 타기팅' '게재 위치 타기팅' '키워드(문맥) 타기팅' '관심사 타기팅' '유사 타기팅' '리타기팅' 등으로 개인화 마케팅을 실현할 수 있는 다양한 타기팅 기법이 활용된다. 이때 주제, 게재 위치, 키워드(문맥) 타기팅은 '사이트'를 선정하는 것이고, 관심사, 유사, 리타기팅 방식은 '유저'를 선정하는 것이므로 후자가 좀 더 개인화 마케팅에 가깝다고 볼 수 있다.

디지털 시대의 타기팅 패러다임 변화

| MASS MARKETING |
Inventory Buying

- 전통적인 온라인 광고 구매 방식
- '어디에(where)'가 중요한 이슈
- 방문자가 많은 사이트 위주로 노출

| TARGETED MARKETING |
Audience Buying

- 정교하고 효율적인 최근 타기팅 방식
- '누구에게(whom)'가 중요한 이슈
- 유저 행동 데이터에 기반한 핵심 타깃 도달

타기팅 유형 및 최적화 기법

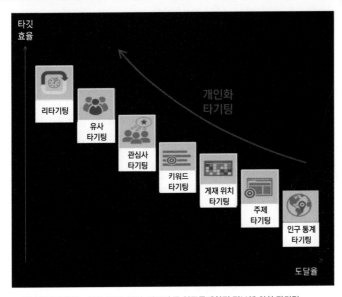

- **인구 통계 타기팅** : 성별, 연령, 직업, 거주지 등 인구통계학적 정보에 의한 타기팅
- **주제 타기팅** : 게재 지면의 주제에 따라 자동 구성된 사이트를 타기팅
- **게재 위치 타기팅** : 내가 원하는 특정 사이트나 카테고리만 선정해서 타기팅
- **키워드 타기팅** : 키워드를 활용하여 각 페이지의 문맥과 관련성이 높은 사이트를 타기팅
- **관심사 타기팅** : 지면이 아닌 특정 주제에 관심을 갖고 있는 유저를 타기팅
- **유사 타기팅** : 이미 방문/클릭/구매한 고객과 유사한 패턴을 보이는 유저를 타기팅
- **리타기팅** : 예전에 사이트에 방문했던 유저를 추적해 그의 동선에 같은 광고를 재노출

퍼포먼스 마케팅이 무엇인가요

광고 집행이 가능한 웹사이트 수가 엄청나게 늘어나면서, 사람 대신 컴퓨터 프로그래밍을 통해 광고 인벤토리를 판매하고 구매하는 애드테크(Ad-tech) 기술이 등장하게 되었다. '프로그래머틱바잉(Programmatic Buying)'은 사용자의 행동 데이터에 근거하여, 실시간 입찰(Real Time Bidding: RTB) 방식으로 적절 타깃에게 맞춤형 광고를 노출시키는 자동화된 디지털 광고 거래 방식을 말한다. 퍼포먼스 마케팅은 이러한 광고 입찰 방식을 활용하여 성과를 최적화시키는 디지털 광고 기법이다. 퍼포먼스 마케팅의 목적은 '최소한의 노력으로 최대의 효율'을 내는 것이다. 이제 마케터는 마케팅이 일어나는 실시간 상황을 숫자를 보며 대응해야 하는 사람이 되었다.

퍼포먼스 마케팅을 하기 위해서는 먼저 우리가 목표로 하는 성과가 정의되어 있어야 한다. 성과는 제품이나 브랜드 상황에 따라 달라지지만, 통상적으로 'AARRR(Acquisition-Activation-Retention-Revenue-Referral)'이라는 깔대기 모양의 퍼널(funnel)을 분석 틀로 활용한다. 퍼포먼스 마케팅은 유료 광고, 이메일, 콘텐츠, 쇼핑몰, 자연유입 등의 다양한 루트를 통해 타깃을 모은 뒤, 이들을 자사 사이트로 유입시키는 것부터 시작한다. 그리고 한번 물어 온 잠재 고객을 진성 고객으로 전환시키기 위해 집요한 마케팅 전술들을 펼치며 매출을 일으키는 일련의 과정들을 관리한다.

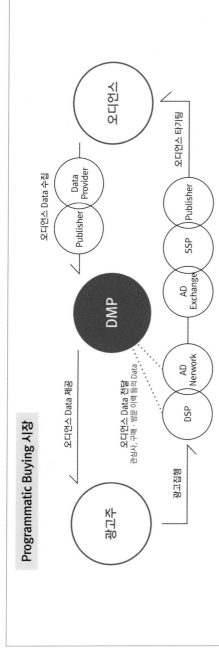

Programmatic Buying 시장

오디언스 Data 제공

오디언스 Data 수집

광고주

오디언스

Publisher · Data Provider

DMP

DSP · AD Network

AD Exchange · SSP · Publisher

광고집행

오디언스 Data 전달
관심사, 구매 · 방문 이력 등의 Data

오디언스 타기팅

• 프로그래매틱 바잉 도입으로 경매 방식을 통해 실시간 광고 지면을 구매하여 집행하는 퍼포먼스 마케팅이 일반화되고 있다.

• 퍼포먼스 마케팅을 위한 주요 개념

- DMP(Data Management Platform): 광고 인벤토리 구매에 필요한 데이터를 통한 분석·제공하는 플랫폼

- Ad Network: 매체의 다양한 광고 지면을 하나의 네트워크로 묶은 것

- Ad Exchange: 애드 네트워크가 확보한 광고 트래픽을 거래할 수 있는 플랫폼
  (DSP와 SSP의 가운데에서 거래 중개를 하는 중개소 역할)

- DSP(Demand Side Platform): 실시간 광고 효율이 높은 지면을 찾아주는 광고 구매 플랫폼

- SSP(Supply Side Platform): 매체의 광고 트래픽을 분석해서 가장 효과적인 광고 구매자를 찾아주는 광고 판매 플랫폼

출처: 메조미디어

마케터는 각 단계별로 고객을 설득하는 스킬을 발휘해야 한다. '획득(Acqusition)' 단계에서는 랜딩 페이지(방문자가 보는 최초의 웹 페이지)로 방문자를 몰고 올 수 있도록 유입 광고를 집행한다. '활성화(Activation)' 단계에서는 랜딩 페이지에서 핵심 기능을 체험하면서 상호작용이 일어날 수 있도록 매력적인 미끼를 던진다. '유지(Retention)' 단계에서는 한 번 방문한 사용자가 이탈하지 않고 지속 방문하여 수익원으로 전환될 수 있도록 관계를 유지하고, '수익(Revenue)' 단계에서는 사용자가 구매 버튼을 눌러 고객이 될 수 있도록 구매 장벽을 낮춰 준다. 마지막으로, '추천(Referral)' 단계에서는 서비스에 만족한 고객이 주변에 추천할 수 있도록 하여 잠재 고객의 풀을 넓히는 작업으로 퍼널 관리를 마무리한다.

이 과정을 위해 마케터는 고객이 우리 웹사이트에 어떤 키워드로 유입되었는지, 어떤 페이지에서 유입이 많이 되었는지, 누가, 언제, 어떤 시간대에, 어떤 메시지로 많이 유입되었는지 등을 꼼꼼히 살핀다. 이때 노출 수, 클릭 수, 전환 수 같은 다양한 행동 지표를 활용하여 성과를 관리해 나간다. 이처럼 퍼포먼스 마케팅은 성과를 기반으로 하여 광고 예산을 효율적으로 배분할 수 있는 가이드가 된다. 퍼포먼스 마케팅을 도입한다는 것은 결국 '고객 여정을 최적화하여 불필요한 낭비가 일어나지 않도록 마케팅 예산을 관리하겠다'와 같은 말이다.

퍼포먼스 마케팅

퍼포먼스 마케팅(Performance Marketing)은 고객 데이터를 활용하여 '고객 유입'에서부터 '성과 달성' 까지 고객 여정을 최적화하여 마케팅 효율을 극대화시키는 성과 중심의 디지털 마케팅 기법이다.

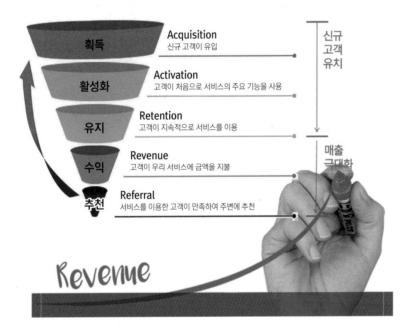

③ 인공지능 마케팅

인공지능(Artificial Intelligence: AI)이란 기계가 인간의 인지 능력을 모방해서 인간과 유사한 수행을 만들어 내는 컴퓨터 과학을 말한다. 인공지능 기술의 최대 장점은 사람보다 많은 양의 데이터를 다양한 방식으로 빠르게 처리할 수 있다는 작업 효율성에 있다.

최근 인공지능의 기술력이 눈에 띄게 발전하면서 마케팅 자동화라는 영역이 크게 발전하고 있다. 이제는 빠르고 쉽게 검색 광고나 디스플레이 광고 소재를 제작할 수 있게 되었고, 심지어 동영상 광고 소재까지도 인공지능으로 자동 제작할 수 있게 되었다. 이렇게 제작된 광고 소재는 관련성이 높은 고객들에게 자동적으로 노출된다.

이처럼 마케팅 자동화의 움직임이 심상치 않다. 앞으로 마케팅 자동화는 마케팅에 어떤 변화를 가져올까? 주목해야 할 점은 인공지능이 고객의 구매 여정 안으로 들어오고 있다는 것이다. 마케팅 메시지가 고객에게 도달하는 첫 단계부터 고객 관계가 이루어지는 마지막 단계까지 인공지능의 활용 범위가 넓어지고 있다. 즉, 인공지능이 단계별로 고객의 구매 의도를 파악하여(reach), 구매로 이어지도록 행동을 유도하고(act), 구매로 전환하여(convert), 지속적인 구매와 관계(engage)가 이루어질 수 있도록 마케터를 돕는다. 더 나아가 최근 오픈AI가 개발한 GPT-4 기술은 인간이 보여 주는 지적 수준 이상의 능력으로 광고 수행을 고도화하는 중이다.

인공지능 마케팅이 다루는 영역은 크게 5가지이다. 적합한 '광고 타깃 찾기', 고객구매여정 분석을 통한 '매체 최적화', 데이터 분석을 통한 '크리에이티브 자동화', 개인의 구매 및 생활 패턴에 맞춘 '개인화 마케팅', 성과 극대화를 위한 '그로스 마케팅(Gross Marketing)'이 그것이다. 앞으로 인공지능은 '커스터마이징(Customizing)'으로 시작해서 '큐레이션(Curation)'을 거쳐 '마케팅 자동화(Marketing Automation)'로 진화해 갈 전망이다.

마케터가 인공지능을 손에 쥐게 되면 어떤 일이 일어날까? 기계에 의해 많은 부분이 자동화가 된다면 마케터는 어떤 역할을 해야 할까? 기술적인 분석과 실행 작업들은 점점 더 쉽고 직관적으로 바뀔 것이다. 그렇게 되면 마케터는 구글, 네이버, 카카오, 메타 등 수많은 디지털 매체들과 광고 유형들, 그리고 다양한 크리에이티브 중에 무엇이 가장 효율적일지를 골라 볼 수 있는 광고 선택 능력을 갖춰야 한다. 더불어 마케팅 예산을 배분하여 최적화하는 수익 관리 능력도 필요하다.

이를 위해서는 인공지능과 인간의 긍정적인 협업을 도모할 수 있는 인문학적 통찰로 마케터의 질적 수준을 향상시켜야 할 것이다. 여기에는 적절한 자동화 수준을 결정하는 논리와 합리성 외에, 인간이 갖는 감정, 직관, 공감, 감수성, 가치, 철학 등 인간을 인간답게 만들어주는 능력을 포함한다. 겉모습만 예쁘고 멋진 버추얼 휴먼(Virtual human)이 마음을 울리는 감흥을 주지 못하는 것은, 인간은 인간과 유사한 감정, 고민, 역사를 가진 대상에 몰입하기 때문이다. 마케터의 일도 이와 같다. 마케팅 근시안이 주는 교훈처럼 마케터는 소비자가 원하는 인간적인 삶을 살 수 있도록 도움을 주려고 하는 공감의 마음을 가져야 한다.

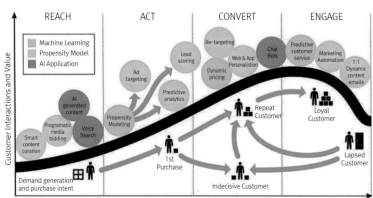

고객 구매 여정 단계별 인공지능 활용

출처: Robert Allen

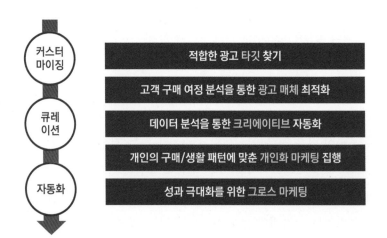

- 커스터
마이징
- 큐레
이션
- 자동화

| 적합한 광고 타깃 찾기 |
| 고객 구매 여정 분석을 통한 광고 매체 최적화 |
| 데이터 분석을 통한 크리에이티브 자동화 |
| 개인의 구매/생활 패턴에 맞춘 개인화 마케팅 집행 |
| 성과 극대화를 위한 그로스 마케팅 |

4 미디어와 커머스의 결합

전통 마케팅에서는 광고 채널과 구매 채널이 분리되어 있었다. 하지만 디지털에서는 어떠한가? 유튜브는 미디어인가, 커머스인가? 지금은 유튜브로 정보를 찾고, 유튜브로 영상 리뷰를 보다가 구매까지 하는 시대이다. SNS, 검색 포털, 쇼핑몰, 전문몰, 자사몰, 라이브 커머스, 인플루언서 등 다양한 사이트에서 구매가 가능해지면서, 광고와 유통 채널 간의 경계가 점점 사라지고 있다. 이제 마케터들은 분리했던 광고 전략과 유통 전략을 통합해야 하는 상황에 놓였다.

이런 상황에서 제품을 팔아야 하는 마케터의 고민은 무엇일까? 아마도 유통마진을 적게 떼면서 고객이 많이 유입되는 채널이 어디일지 결정하는 문제일 것이다. 하지만 선정한 채널에서 반짝하는 단기 매출을 맛보고 말거나, 큰 성과 없이 수수료만 물고 나오는 안타까운 상황이 발생하는 등 실제로 어느 채널이 우리 기업의 마케팅에 적합한 것인지 판단하는 데 어려움을 겪는다.

왜 이런 문제가 발생할까? 이는 많은 마케터가 아직도 디지털 사이트를 구매를 일으키는 유통 접점으로만 보기 때문이다. 이미 디지털에서의 소비자 구매 방식은 오프라인과 다른데도 말이다.

온라인은 원래 검색의 공간이었다. 처음 인터넷 쇼핑몰이 들어왔을 때만 해도 온라인 광고와 온라인 쇼핑몰은 별도의 존재였다. 디지털이 고도화되면서 데이터를 중심으로 하는 성과 지향의 마케팅 방식이 널리 퍼지자, 광고와 이커머스가 결합되기 시작했다. 여기에 진성 고객의 리뷰나 추천이 잠재 고객들에게 강력한 영향력을 행사하면서, 디지털 커머스는 쇼핑몰 이상의 것이 되었다. 여기에 모바일 앱이 가세하면서, 디지털은 일상을 보내는 디지털 라이프의 공간으로 확장되어 광고와 유통은 경계 없는 고객 접점(touch point)으로 통합되고 있다.

지금은 유튜브의 1시간 먹방 프로그램이 3억 원의 매출을 찍는 시대이다. 콘텐츠가 재미있으면 즐겁게 보다가 나도 모르게 지갑을 열게 되니, 커머스에 미디어 기능이 결합되는 것은 당연한 이치이다. 인기 있는 크리에이터들은 광고주의 후원을 받아 대놓고 PPL(product placement) 같은 영상 콘텐츠를 만들기도 한다. 긴 재미도 좋지만 짧은 재미가 주는 감칠맛 때문에, 최근에는 숏폼 콘텐츠가 커머스와의 결합에 차기 주자로 뛰어든 형국이다.

여기에 소비자 간의 활발한 소통이 일어나는 커뮤니티가 합세하니, 소비자는 제품에 대한 감동 혹은 불만 가득한 사용 경험을 쉽게 공유하고 소비하게 되었다. 이러한 흐름에 맞춰 최근 이커머스 업계는 소셜·커뮤니티 기능을 붙이며 유저 간 소통에 기반한 커머스 환경을 조성하는 데 노력을 기울이고 있다. '오늘의집'이나 '지그재그' 같이, '버티컬(vertical) 플랫폼'이라고 불리는 카테고리 전문 앱들의 성장 과정은 '미디어'로 시작해서 '커뮤니티'가 된 후에 '커머스'로 진화하는 수순을 보인다.

실시간 소통에 기반을 둔 라이브 커머스도 최근 많은 기업에게 각광받고 있다. 소비자들은 자신이 궁금한 점을 바로 댓글 창에 올리면서 물건을 판매하는 셀러가 아닌, 동종의 소비자들과 생생한 리뷰를 공유하며 새로운 형태 쇼핑을 즐긴다. 라이브 커머스 역시 오락성을 겸비하여 '콘텐츠 커머스'로 진화하는 등 커머스 공간이 재미와 체험으로 채워지고 있다.

미디어와 커머스의 결합 움직임은 유통뿐만 아니라 광고 분야에서도 포착된다. 광고계 역시 광고에서 쇼핑으로 사업 모델을 확장하는 분위기이다. 대표적인 사례가 '미디어 커머스(Media Commerce)'이다. 이들은 초기에 디지털 광고 대행을 하다가 마진 구조를 개선하기 위해 직접 제품을 생산하며 커머스 사업으로 뛰어들었다.

최근에는 '리테일 미디어(Retail Media)'라는 신종 비즈니스가 생길만큼 광고와 유통의 결합은 다각도로 진행되고 있다. 리테일 미디어는 이커머스의 웹사이트에 게재하는 광고를 말한다. 일반적인 디지털 광고와 차별적인 부분은 바로 '구매하려는 목적을 지니고 리테일 사이트에 방문한 고객에게 그 구매처에서 구매 시점에 노출하는 광고'라는 점이다. 이 광고는 이커머스가 보유한 고객 정보를 바탕으로 구매 예측이 가능한 타깃에게 정밀하게 광고를 노출시켜 구매 전환율을 높일 수 있다는 장점이 있다.

광고는 최종 목표인 구매를 위해 커머스를 지향하고, 커머스는 고객 유입을 위해 미디어 기능을 부착하니, 광고와 유통의 결합 생태계는 콘텐츠, 커뮤니티, 라이브의 기능을 더해 경계 없는 진화를 이어 가고 있다.

미디어와 커머스의 결합

온라인 시대   디지털 시대

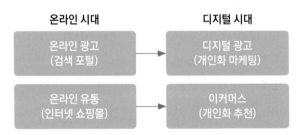

소셜 기능 강화하는 이커머스 업계

출처: 11번가

성과 지향	콘텐츠	
실시간 반응	광고	리테일 미디어 시대
검색 + 구매 결합		
리뷰 · 추천 영향	커뮤니티	유통 라이브
생활 플랫폼		

라이브(스트리밍) 커머스 활황

출처: 로레알 라이브 스트리밍

숏폼 커머스 성장

출처: 카페24 스토어

5 플랫폼 비즈니스

뉴노멀은 많은 산업을 플랫폼 형태로 바꾸고 있다. '나이키 트레이닝 앱(Nike Training App)'을 출시했던 나이키처럼, 디지털로 넘어간 많은 기업들이 제품 판매가 아닌 경험 서비스의 형태로 플랫폼 비즈니스를 추진하는 중이다.

이러한 변화를 이끈 장본인은 기업과 소비자를 직접 연결하려는 D2C(Direct to Consumer) 트렌드이다. 지금은 많은 기업이 제조 영역에서 벗어나 판매와 마케팅을 직접 하려는 움직임을 보인다. 2020년 한 컨퍼런스에서 카페24 대표는 "기업들의 자사 쇼핑몰 구축은 온라인 쇼핑 시대에 피할 수 없는 과제이다. 온라인 쇼핑 시장이 커질수록 자사 쇼핑몰을 보유한 기업과 그렇지 않은 기업의 실적 격차는 더욱 커질 것이다"라고 전망한 바 있다.

플랫폼 비즈니스를 한다는 것은 어떤 의미가 있을까? 많은 기업이 쉽게 하는 착각은 플랫폼을 '사이트(site)'를 만드는 일로 여긴다는 것이다. 정확하게 말하면 플랫폼은 '디지털 시장(digital market)'을 만드는 일이다. 디지털의 등장으로 시장의 개념이 바뀌었다. 시장의 의미는 공급자와 수요자가 만나서 가치를 교환하는 '거래의 장'이다. 이러한 시장의 본질이 디지털 생태계에서는 '플랫폼(platform)'으로 구현된다. 따라서 플랫폼의 존재 이유는 사용자들끼리 꼭 맞는 상대를 만나서 상품이나 서비스, 또는 사회적 통화를 서로 교환함으로써 가치를 획득하게 하는 것이다. 어떠한가? 플랫폼은 어떤 것보다 마케팅의 본질과 닮아 있다. 따라서 마케터는 플랫폼을 새롭게 뜨는 시장으로 인식하고, 이에 대응할 수 있는 전략과 실행 능력을 갖추어야 한다.

일단 많은 플랫폼(디지털 시장)에 대응하거나 자사 플랫폼을 만들려면 그 안에서 어떤 방식으로 가치가 교환되는지를 알아야 한다. 플랫폼의 기본 역할은 사람을 불러 모으는 것이다. 사람들을 유입시키기 위해서는 다음과 같은 플랫폼 기본 요소를 갖추어야 한다.

첫째, '거래 구조(transaction)'가 있어야 한다. 상품을 제공하는 사람도 이득이 되어야 하고, 상품을 필요로 하는 사람도 혜택을 얻어야 한다. 이들은 플랫폼에서 돈과 시간과 에너지를 소비하는 대가로 그들이 원하는 것을 얻어야 한다.

여기서 두 번째 요소가 나온다. 둘째, '고객 가치(customer value)'이다. 제품, 서비스, 콘텐츠, 경험 할 것 없이 가치가 있는 것이면 플랫폼으로 사람들을 불러 모으는 트리거(trigger) 역할을 한다.

셋째, '콘텐츠(contents)'이다. 고객 가치는 플랫폼이라는 디지털 공간 안에서 참여자들에게 경험할 수 있는 콘텐츠로 구현되어서 전달된다. 이는 고객 경험 서비스의 구체적인 설계라고 보면 된다.

넷째, '커뮤니티(community)'이다. 커뮤니티 기능이 작동되면 플랫폼은 지속 가능한 동력을 얻으면서 브랜드 생태계를 유지시키는 힘을 발휘한다.

이렇게 형성된 브랜드 플랫폼은 디지털의 진화 방향인 '미디어'와 '커뮤니티'의 기능을 갖게 된다. 그리고 여기에 고객 관계에 기반한 '커머스' 기능까지 연결되면서 디지털 마케팅의 새로운 솔루션으로 떠오르고 있다. 대표적으로 성공한 사례는 '오늘의집'이다. 오늘의집은 초기에 인테리어 정보 플랫폼으로 시작했는데, 지금은 인테리어 관련 라이프스타일 전문 쇼핑몰로 비즈니스 모델을 확장하며 지속적으로 성장하고 있다. 오늘의집에서 알 수 있듯이 브랜드가 라이프스타일 플랫폼이 되면, 소비자는 여기서 자연스럽게 관심과 취향을 탐색하고, 자신의 일상을 공유하며, 이곳을 자신의 생활을 지원하는 쇼핑의 공간으로 여기게 된다.

이제 자사몰은 이커머스와 같이 매출 극대화를 추구하는 1차원의 쇼핑몰이 아님을 알게 되었다. 자사몰을 운영한다는 것은 브랜드의 판매 채널을 갖는 것 이상으로 브랜드 생태계를 만드는 일이다. 우리가 만들어야 할 브랜드 생태계는 '브랜드'라는 절대 가치를 중심으로 새로운 라

플랫폼 비즈니스 활성화

파이프라인 Biz		플랫폼 Biz

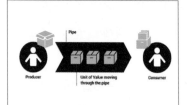

"선형적 가치 사슬"

제조사에서 생산한 제품이
여러 유통을 거치며 소비자에게
전달되고 판매되는 구조

**제조 · 생산의 인프라 구축
(유통 · 마케팅은 별도)**

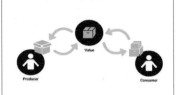

"중개를 통한 가치 창출"

플랫폼은 생산자와 소비자가 만나
확실한 상호 혜택을 기반으로
가치를 교환하는 '디지털 시장'

**교환 · 거래의 생태계 구축
(생산은 별도)**

이프스타일을 경험하게 하는 플랫폼, 즉 '고객의 놀이터'가 되어야 한다.

자사몰은 어떤 모양새를 띄어야 하는가? 자사몰은 브랜드 가치를 고객 경험으로 승화하여, 자신과 취향과 스타일이 맞는 단골 고객들을 유입시키고, 이들의 데이터를 제품 개발과 마케팅에 투입하는 선순환 구조로 돌아가는 브랜드 전략의 장이다. 결국 라이프스타일 플랫폼을 구축한다는 것은 '디지털에 브랜드의 전진기지를 구축하는 일'과도 같다.

6 가상 세계 플랫폼

몇 년 전까지만 해도 '가상(virtual)'은 디지털 마케팅에서 상상하지도 못했던 이야기였다. 가상은 기존 프레임으로 담을 수 없는 솔루션이기 때문이다. 마케팅에 등장한 가상, 메타버스(Metaverse)가 포문을 열었다. 메타버스는 어떤 공간인가? 이는 '3차원 가상 세계를 뜻하는 초현실 세상'을 말한다.

기존의 디지털 공간은 편리, 혜택, 소통, 참여 정도로 오프라인을 보완하던 세계였다. 하지만 메타버스는 온+오프+가상이 융합된 '몰입형 체험 공간'에서, 가상 신분인 '아바타'를 입고, 새로운 '창작 경제 생태계'를 살아가는 차세대 P2P 소셜 플랫폼으로 여겨진다. '넥스트 인터넷'으로 불리는 메타버스는 몰입형 실감 기술뿐만 아니라, 자연스러운 놀이와 체험을 유도하기 위해 브랜드 세계관을 필요로 한다. 가상 세계는 디지털에 새로운 유니버스가 건설될 것을 암시한다.

가상 세계가 디지털 마케팅에 어떤 변화를 가져올지 알기 위해서는 인터넷 공간의 진화를 이해해야 한다. 이를 설명하는 대표적인 개념이 '웹 3.0'이다. PC 기반의 인터넷 시대인 '웹 1.0'과 모바일 기반의 인터넷 시대인 '웹 2.0'을 거쳐, 현재는 AR/VR 기술을 활용한 메타버스 기반의 '웹 3.0' 시대를 맞이하고 있다.

웹 3.0은 중앙 서버 없는 분산 저장 시스템을 통해 일반 소비자도 디지털 생산과 창작 활동에 본인의 소유권을 주장할 수 있는 생태계를 말한다. 따라서 개인 창작자는 자신의 콘텐츠로 생산에서 판매까지 수익 활동을 할 수 있는 기반을 제공받는다.

웹 3.0 시대의 넥스트 인터넷: 메타버스

웹 1.0	웹 2.0	웹 3.0
온라인으로 연결	온라인 커뮤니티로 연결	가상 아바타로 연결

기업이 콘텐츠를 만들고 기업에 수익이 발생	개인들이 콘텐츠를 만들고 기업에 수익이 발생	개인들이 콘텐츠를 만들고 개인에게 수익이 발생
읽기(검색) 가능	**읽기·쓰기(소셜) 가능**	**읽기·쓰기·소유(창작) 가능**
개인 컴퓨터	**클라우드·모바일**	**블록체인·NFT·메타버스**
중앙집중식 서버에 저장된 정보를 검색으로 찾아서 읽을 수 있는 웹	SNS로 사용자의 참여와 소통 가능하며 플랫폼 사용 대가로 데이터 제공	중앙 서버 없이 분산저장을 통해 토큰을 기반으로 생산자와 사용자가 공동 소유하는 웹

메타버스 플랫폼은 브랜드 체험과 소통의 공간으로 서비스 진화 중

현실을 증강

증강현실(AR)
- 현실 공간에 가상 사물을 겹쳐서 구현함
- ⒠ 점프AR, 포켓몬고 등

라이프로깅
- 시공간의 제약 없이 일상을 웹 공간에 기록
- ⒠ 나이키러닝클럽, 인스타그램 등

외적 투영 ──────────────────── **내적 몰입**

거울 세계
- 현실 세계를 사실적으로 반영하며 정보를 가상 세계로 확장
- ⒠ 구글어스, 폴드잇 등

가상 세계(VR)
- 디지털로 구현한 3차원 세계
- 개인은 자신만의 아바타를 통해 활동
- ⒠ 동물의숲, 제페토 등

현실을 모방

초기에 메타버스에 쏟아진 관심과는 달리, 최근에는 메타버스가 광고나 세일즈를 위한 공간으로 전락하면서 가상 공간의 특장점을 제대로 활용하지 못한다는 평가를 받고 있다. 하지만 신기술이 상용화되면 가상 공간에서 펼쳐지는 브랜드 경험 설계가 중요해질 것이고, 이에 따라 세계관 마케팅을 바탕으로 우리만의 유니버스를 구축할 수 있는 역량과 디지털 인구를 이주시키는 마케팅 전략이 중요해질 것이다.

초현실의 3차원 가상 세계를 만들기 위해서는 4가지 요소가 준비되어야 한다. 캐릭터(character)로서 '가상 신분의 멀티 페르소나', 장소(space)로서 '세계관으로 창조된 가상 공간', 액티비티(activity)로서 '몰입형 · 체험형 교류 활동', 경제 시스템(economy)으로서 '창작자 중심의 경제 생태계'가 그것이다.

무엇보다 중요한 것은 고객의 자발적인 참여와 오랜 체류를 가능하게 하는 고객 행동 유발 장치를 설계하는 것이다. 최근에는 상호작용성에 기반한 재미 요소를 갖춘 '게이미피케이션(Gamification)'이 적극적인 고객 행동을 유발할 수 있는 메타버스의 핵심 도구로 주목받고 있다.

메타버스는 디지털 세계이다. 따라서 메타버스는 사용자들이 스스로 다양한 형태의 커뮤니티를 만들고, 그 안에서 사람들뿐만 아니라 브랜드와 다양한 방식으로 상호교류하도록 구축되어야 한다.

가상 공간이 해결해야 하는 문제는 메타버스가 상업 공간으로 변질되지 않도록 브랜드 공간을 정의하고 설계하고 활용하는 것이다. 유저들이 이를 상업적인 공간으로 인식하는 순간 커뮤니티로서의 매력은 사라진다. 메타버스를 성공적으로 운영하기 위해서는 플랫폼 사용자를 '고객'으로 인식해서는 곤란하다. 이들을 기업의 매출을 올려주는 타깃이 아니라, 기존에 없던 공간에서 새로운 방식의 경험을 쌓아 나가는 주체로 인식하고 순수한 커뮤니티 형성에 초점을 맞출 때, 이곳은 소비자와 호흡하는 브랜드 생태계가 된다. 더 나아가 사람들이 이주해서 살고 싶은 공간으로 거듭나기 위해서는 잘 짜여진 세계관 안에서 브랜드 문화를 꽃피울 때 진정한 '브랜드 소사이어티(Brand society)'로서 입지를 확보하게 될 것이다.

가상 시대의 개막: 메타버스

초현실의 3차원 가상 세계

경제 · 사회 · 문화의 전반적 측면에서 현실과 비현실 모두 공존할 수 있는 생활형 · 게임형 가상 세계를 뜻한다.

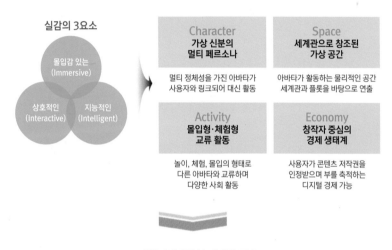

게이미피케이션 마케팅 적용

상호작용성에 기반한 재미 요소를 추가하며 적극적인 고객 행동을 유발시킬 수 있는 메타버스의 핵심 기술로, 참여자는 아바타 형태로 다양한 퀘스트를 직접 수행하며 브랜드 경험을 획득한다.

브랜드 체험 극대화		공간 내 체류 증대		고도화된 상호작용
도전	경쟁	성취	보상	관계
• 미션(Mission) • 퀘스트(Quest) • 온보딩(On Boarding)	• 레벨(Level) • 프로그레스바 (Progress Bar) • 랭킹(Ranking)	• 배지(Badge) • 트로피(Trophy) • 지위(Status) • 포인트(Point) • 사이버머니(Money) • 보너스(Bonuses)		• 초청 • 추천 • 선물

출처: 디지털광고협회 특강(2022) 참고

7 콘텐츠 마케팅

'광고가 아니라 콘텐츠여야 한다'는 이야기가 공공연히 들린다. 광고와 콘텐츠, 어떤 차이가 있을까? 광고는 미디어를 통해서 사람들에게 메시지를 전달하는 일을 한다. 반면, 콘텐츠는 플랫폼을 통해 사람들을 모이게 하는 역할을 한다. '전달하는 것'과 '모이게 하는 것'의 차이이다. 소비자의 클릭으로 디지털 여정이 이어지는 공간에서는 콘텐츠가 중요한 소통의 교두보 역할을 한다. 지금도 디지털에는 소비자의 관심과 유입을 끌기 위한 무수한 콘텐츠 전쟁이 일어나고 있다.

콘텐츠 마케팅은 과거 브랜디드 콘텐츠(Branded Content)부터 최근 브랜디드 엔터테인먼트(Branded Entertainment)까지 타깃 소비자의 관심과 흥미를 유발하는 방향으로 진화하였다. 유튜브와 틱톡, 라이브커머스 시대를 맞아 점점 더 많은 브랜드들이 제품 광고가 아닌 엔터테인먼트 포맷을 차용하는 추세이다. 광고 포맷이 식상하게 느껴질 정도로 점점 더 마케터에게 크리에이터의 자질이 요구되고 있다. 디지털 시대에 마케팅 메시지가 콘텐츠를 지향하는 것은 당연한 이치이다. 왜냐하면 마케팅에서의 콘텐츠는 단순 퍼포먼스 이상으로 소비자에게 지대한 영향을 미치기 때문이다.

디지털 마케터가 콘텐츠 마케팅에 주목할 수밖에 없는 이유는 다음과 같다. 첫째, 콘텐츠에는 소비자의 '관심'을 끄는 힘이 있다. 재미있는 콘텐츠는 스킵(skip)의 위험에서 자유롭다. 또한 좋은 콘텐츠는 광고 예산을 크게 쓰지 않아도 타깃이 저절로 모이게 하며, 자발적으로 콘텐츠를 유통시킨다.

둘째, 콘텐츠는 '구매'에도 영향을 준다. 필요를 넘은 공감과 재미는 소비자의 클릭을 유도하는 힘이 있다. 실제로 ROI의 30%는 미디어가, 70%는 콘텐츠가 유발한다는 최근 구글의 연구 결과가 있다.

셋째, '관계' 형성이다. 콘텐츠는 보는 재미를 넘어서 사람들을 엮는 힘이 있다. 콘텐츠가 재미있으면 같은 재미를 찾는 사람들이 모여 소통하기 시작한다. 요리 콘텐츠에는 요리를 좋아하는 사람들이 모이기 마련이고, 이들은 기꺼이 자신의 레시피를 공유하며 즐거웠던 요리 경험을 나누고 싶어 한다. 꼭 구매를 해야 하는 상황이 아니라면, 디지털 유목민이 원하는 것은 즐거운 감정과 재미있는 경험이다. 콘텐츠에 브랜드 정체성(brand identity)을 담게 되면, 고객은 브랜드와 관계를 맺고 싶어 하고 종국에는 브랜드의 팬(fan)으로 남는다.

넷째, 콘텐츠는 '플랫폼 활성화'의 핵심 요소이다. 플랫폼은 그 자체만으로 작동되기 어려우므로 방문자들의 체류를 위한 콘텐츠가 반드시 필요하다. 디지털로 전환하려는 온라인 서점은 책 판매 외에

콘텐츠 마케팅에 주목해야 하는 이유

1 콘텐츠는 소비자 '관심'을 끈다.

디지털 콘텐츠의 숙명은 Skip과 싸우는 것
5초 스킵을 극복하는 길은 콘텐츠뿐!
① 콘텐츠는 시선을 사로잡는다.
② 좋은 콘텐츠는 타겟이 저절로 모이게 한다.
③ 좋은 콘텐츠는 자발적 자생적으로 유통된다.

"우리만의 콘텐츠를 만들었더니 돈이 없어도 홍보가 가능하더라고요. 어떤 미디어에 들어갈 것인가를 고민하는 것보다 중요한 것은 '어떻게 좋은 콘텐츠를 만들 것인가'라고 생각해요." (제주맥주 마케터)

2 콘텐츠는 '구매'에 영향을 준다.

- 콘텐츠 마케팅은 타 마케팅보다 6배 높은 전환율 보임
- 온라인 소비자 70%는 블로그/기사를 읽고 구매 결정
- 72% 기업은 동영상 콘텐츠로 높은 전환율 & ROI 기록
- 인바운드 마케팅 담당자는 콘텐츠 마케팅으로 평균 사이트 전환율을 2배로 높였음

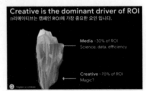

출처: CMS 컨퍼런스(2021)

'북 클럽' '책구독 서비스' '책 관련 굿즈 판매' 등 책을 중심으로 한 콘텐츠를 채워 넣으며 라이프스타일 플랫폼으로 변모한다. 플랫폼이 그릇이라면 콘텐츠는 내용물이다. 콘텐츠는 플랫폼으로 사람들을 불러들이고, 공급자와 수요자를 연결시키는 가교 역할을 하며, 플랫폼 생태계를 작동시키는 주축이 된다.

디지털 공간은 광고를 넘어 콘텐츠로 가득 찬 세상이 되었다. 지금까지는 제품을 '판매의 대상'으로 보고, 제품의 차별적인 속성이나 장점을 담은 마케팅 메시지를 어필하는 데 주력해 왔다. 하지만 앞으로는 제품을 '콘텐츠 소재'로 삼아 소비자들이 즐길 수 있는 '꺼리'를 제공하는 마케팅 인사이트를 찾아야 한다. CEO의 철학을 중심으로 브랜드가 세계관을 갖게 되면 스토리텔링이 더 풍부해지고 이야깃거리가 다채로워진다. 이제 제품은 마케터의 손에서 콘텐츠로 재창조되며 새로운 고객 가치로 재해석되어야 하는 기점에 놓여 있다.

---

3 콘텐츠는 '관계'를 형성한다.

Content is King
Bill Gates, 1996

콘텐츠는 콘텐츠 자체의 소비에 그치기보다 **고객과의 관계를 형성하는 것**으로 작동되어야 한다.

- MZ 세대의 공감 형성할 수 있는 콘텐츠 제작
- 컬처코드 도입하여 Iconic Brand 化
- 취향 고객의 자발적 참여 유도
- 브랜드 팬덤 형성

메시지를 파는 모바일박스(모랑) 팬덤
출처: 퍼블리

4 콘텐츠는 '플랫폼'의 활성화 요소이다.

- 플랫폼은 그 자체만으로 기능하기 어렵다.
- 콘텐츠는 플랫폼에서 수요자를 불러들이고, 공급자와 수요자를 연결시키는 역할을 하면서 플랫폼 생태계를 작동시키는 주축 소비자 시간을 점유하기 위해서는 제품 이상의 고객 가치로 콘텐츠를 확대할 것!

제품 → 서비스 → 콘텐츠 → 경험

출처: NTC(나이키트레이닝클럽)

디지털 시대 콘텐츠의 의미

디지털 시대에는 단순한 제품 이상의 콘텐츠 판매를 통해 고객 가치를 실현해야 한다.

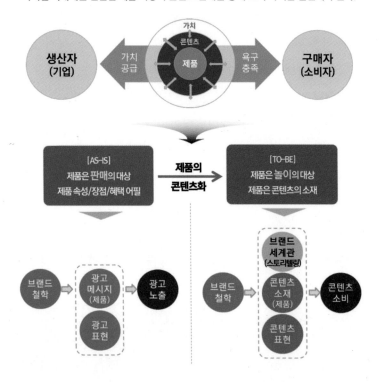

브랜드 세계관 구축하기

"모든 브랜드는 이미 세계관을 가지고 있고요,
세계관은 기업의 대표가 기업을 어떻게 이끌고 싶은지
세상에 어떤 것을 보여 주고 싶은지에 기반해서 만들어집니다.

세계관 광고는 갑자기 등장한 개념이 아닙니다.
다만 예전에는 영상 하나로 끝났다면, 우리는 그걸 실재하는 세상처럼 만든 거죠.
화자를 내세워 이야기를 끝없이 생산하고 스토리텔링을 쫀쫀하게 만들려 노력합니다.
소비자들이 그 안에 모여서 자발적으로 세계관을 확장해 나가고,
결국 제품 구매로 이어지도록 하는 것이 최종 목표예요."

출처: 톱클래스-'스튜디오좋' 남우리·송재원 공동 대표 인터뷰 中

확장하는 콘텐츠

고객 경험의 관리

"우리는 고객 경험에서부터 시작해서 테크놀로지로 가야 한다. 거꾸로 해서는 안 된다." 경험의 중요함을 역설한 스티브 잡스의 말이다. 많은 마케터가 뉴테크의 도입이 아닌 그 이상의 고객 혁신에서 디지털 트랜스포메이션의 솔루션을 찾는 중이다. 디지털은 점점 더 복잡해지고 고객과의 접점은 넘쳐 나는데, 어떻게 파편화된 접점들을 경험이라고 하는 복합적인 형상으로 만들 수 있을까?

디지털 마케터는 어떤 채널이 우리에게 유리할지 AI에 기반한 타기팅을 통해 고객을 쫓아다니며 마케팅 성과를 개선해 나간다. 하지만 시야를 좀 더 넓혀 보면, 디지털은 고객의 트래픽을 촘촘히 쫓아야 하는 공간이 아니라, 개인의 생활 접점들을 연결해서 우리가 지향하는 브랜드 경험을 주는 공간이어야 한다. 면밀히 말하면, 디지털은 '제품'을 파는 곳이 아니라 '고객 경험'을 파는 곳이어야 한다.

어떻게 디지털에서 고객 경험을 디자인할 수 있을까? 고객 경험 설계 시 고려해야 할 5가지 지침을 소개한다. 첫째, '진실의 순간(Moment Of Truth)'을 찾는 것이다. 이는 소비자가 상품을 만나 만족이나 불만족을 경험하는 의미 있는 접점들을 말한다. 이러한 접점들은 고객 구매 여정을 그리는 토대가 된다.

둘째, 접점들이 모아졌으면 '고객 구매 여정(CDJ)의 지도'를 그린다. 지도의 내용은 온·오프 구분 없이 자연스러운 고객 접점들로 채워져야 하며, 각 접점은 차별화된 경험을 제공할 수 있는 기회가 된다. 모든 접점들은 '인지 → 탐색 → 경험 → 구매 → 공유 → 옹호'의 CDJ 단계별로 경험의 콘텐츠를 잘 개발하는 것이 관건이다. 이렇게 개인 고객을 중심으로 끊김 없이 자연스럽게 연결되는 온·오프 통합 플랫폼을 구축하는 것이 '옴니채널 전략(Omni-Channel Strategy)'이다.

셋째, '고객 중심(Customer-centric)의 데이터 구축'이다. 옴니채널 전략의 목적은 고객 위주로 모든 채널을 통합하여 확장된 고객 경험을 제공하는 것이다. 옴니채널 전략을 설계한다면 실질적인 데이터와 더불어 고객 동선에 대한 이해가 있어야 한다. 따라서 360도 고객 뷰(view) 데이터를 기반으로 자사 브랜드에 맞는 CXM(Customer Experience Management)의 주요 지표들을 선정하고, 이를 지속적으로 측정·관리하여 고객의 경험을 최적화해야 한다.

넷째, '휴먼터치의 강화'이다. 매해 신기술이 등장하고 있지만 초기 호기심에 비해 금세 관심이 가라앉는 이유는 기술이 사람들의 '실제의 삶'을 만족시키지 못하기 때문이다. 하이테크만으로는 부족하다. 하이터치의 고객 해석 능력을 갖춘 기술만이 시장에서 살아남는다. 그 때문에 고객 경험 설계도 단순히 매뉴얼에 그쳐서는 안 된다. 디지털 네이티브의 마음을 읽고 기술에 정서를 연결시켜 그들의 니즈를 충족시켜야 한다. 마케터의 고민은 고객 경험의 전 과정에 어떻게 인간적인 정서와 감성을 불어넣을 것인지에 도달해야 한다.

다섯째, '고객 경험과 브랜드 경험을 연결' 짓는 일이다. 이는 업의 본질을 경험 차원으로 확대해서 새롭게 정의 내리는 과정을 포함한다. 이를 위해서는 자사 브랜드의 정체성을 어떻게 경험으로 선사할지 새로운 관점의 상상력이 동원되어야 한다. 고객은 새로운 경험을 접하는 순간, 브랜드와의 특별한 관계를 시작한다. 경험이 브랜드이고 브랜드가 경험이다. 지금은 제품이 아닌 고객 경험을 팔아야 하는 시대이다.

고객 경험 마케팅의 시대

CRM에서 CXM으로 전환

고객 중심 데이터를 기반으로 개인의 라이프스타일에 맞는 고객 구매 여정(CDJ)을 설계하여 구매 이후의 고객 경험까지 관리하는 경험 마케팅(Customer Experience Management: CXM) 시대가 도래하고 있다.

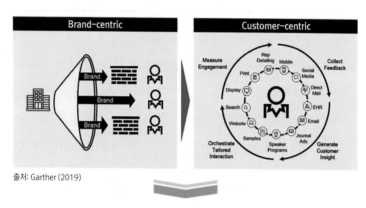

출처: Garther (2019)

CDJ 단계별 옴니채널 마케팅 전략

CDJ 단계에 따라 온·오프라인 채널이 유기적으로 연계되어, 인지 → 탐색 → 체험 → 구매 → 배송 → 사후관리 단계에 고객경험 강화 및 개인화 마케팅이 이루어질 수 있도록 옴니채널 마케팅을 전개한다. (아래는 패션 분야 CDJ 사례)

상품 인지	탐색/비교	상품 체험	구매/결제	배송	사후관리
매장 찾기	큐레이션	고객 예약	모바일 스토어	배송 조회	매장 수선
모바일 쿠폰	재고 파악	스마트피팅	통합몰	매장 픽업	매장 교환
비콘	고객 리뷰	VR 스토어	온라인 주문	스마트라커	매장 반품
	QR/RFID		모바일 결제	편의점 연계	
	키오스크		통합 포인트		

출처: 패션 분야 고객 구매 여정 단계별 옴니채널 마케팅(디지털이니셔티브그룹)

9 커뮤니티와 팬덤 마케팅

디지털 생태계를 이야기할 때 놓치지 말아야 할 것은 바로 '커뮤니티(community)'이다. 마케팅을 하는 데 있어 '누가 더 많이 구매하느냐'가 아니라 '누가 마케팅 활동에 더 반응하느냐'를 살핀다면, 신규 고객보다 친밀한 관계를 맺고 있는 기존 고객들이 훨씬 유리한 입지를 갖는다. 우리 제품을 사지 않을 사람이거나 어쩌다 한두 번 사는 사람들에게 구매를 강요하는 것은 예산 낭비이기 때문이다.

비즈니스에 커뮤니티가 중요한 이유가 있다. 소셜미디어 시대를 거치며 고객들이 참여를 경험했다면, 그들은 이제 좀 더 긴밀하고 특별한 관계를 원한다. 우리 브랜드에 인게이지된 고객들이 결국 찐팬이 되고, 찐 팬이 많은 기업은 오래가는 법이다. 특히 커뮤니티는 비슷한 관심사나 취향을 가지고 있는 소비자들이 모여서 서로 영향력을 행사하는 곳이니 마케터에게는 더할 나위 없이 소중한 공간이다.

많은 소비자들은 디지털에서 콘텐츠(미디어)를 보고, 관계(커뮤니티)를 맺고, 구매(커머스)를 한다. 디지털로의 이주가 잦아지면서 이 3C(Contents, Community, Commerce)를 중심으로 디지털 비즈니스 생태계가 형성되고 있다. 그렇기에 마케터의 시선도 이곳으로 흐른다. 디지털 연결을 통해 기업도 가치를 얻고 고객도 가치를 얻으려면 타깃 고객들이 관심을 가질 콘텐츠와 커뮤니티가 마련되어 있어야 한다.

이런 특성을 살려 새로운 비즈니스 흐름을 만든 것이 '커뮤니티 플랫폼(Community Platform)'이다. 커뮤니티 플랫폼으로 두각을 보이는 것이 '무신사' '오늘의집' '스타일쉐어' 같은 버티컬 앱(Vertical App)이다. 이들은 정보 매거진, 소통 공간, 제품 리뷰, 브랜드 콘텐츠 등을 담은 커머스로 보이지만, 다른 커머스와는 달리 커뮤니티를 중심으로 플랫폼이 돌아간다.

커뮤니티가 생기고 팬덤이 생기려면 무엇보다 뾰족한 매력이 있어야 한다. 나이키는 '신발'을 파는 곳이 아니고, 룰루레몬은 '요가복'을 파는 곳이 아니듯, 커뮤니티를 작동시키기 위해서는 제품 이상의 브랜드가 필요하다. 이들은 프로 또는 아마추어 선수들을, 그리고 땀을 흘리는 모두를 응원한다. 나이키는 '우리 모두 선수로서 하나 되는 곳'이라는 이름으로 멤버십을 운영하고, 룰루레몬은 'Sweatlife(땀 흘리는 삶)'라는 핵심 키워드를 내세우며 건강한 삶을 지원한다. 이들의 존재 이유는 소비자의 삶을 돕는 것이다.

이제 마케팅은 시장을 세분화하던 단계에서 벗어나 우리 제품과 서비스에 관심을 보이는 개인들을(시장) 찾아서, 이들 유저를 찐 팬으로 만드는 데 총력을 기울여야 한다. 누가 우리 브랜드의 진짜 팬인지, 어떤 경험이 유저를 찐 팬으로 만드는지 알고 있는가? 그들이 어떤 콘텐츠를 특별히 선호하고, 어떤 캠페인에 열광적인 반응을 보이며, 궁극적으로 어떤 패턴으로 구매로 연결되는지 알고 있는가? 마케팅 안테나를 정확하게 세우려면 먼저 그들을 움직이게 하는 동력을 깊게 이해하고 있어야 한다.

지속가능한 플랫폼의 원천, 커뮤니티

"커뮤니티가 점점 중요해지는 이유?"

정보 편의	정보 신뢰	소속감 (팬덤)

정서적 유대감 & 집단 정체성

▼

정서적 유대감 & 집단 정체성

▼

마케팅 생산성 향상

"팬은 브랜드 생태계를 지켜 주고
확장시켜 주는 내부 동력"

커뮤니티
- 공동 취향과 관심사 모임
- 관계의 영향력이 미치는 영역

아이돌 생애 주기

콘셉트 설정 및 데뷔 준비

아이덴티티 확립

코어 팬 만들기

찐팬을 만들기 위한 소규모 활동

팬 확장하기

코어 팬 기반으로 더 많은
팬을 만들기 위한 대규모 활동

콘셉트 재설정

다음 활동을 위한
아이덴티티 재정립 & 피드백

출처: 더피알

커뮤니티로 팬덤을 형성하려면

1. 명확한 브랜드 아이덴티티를 수립해라.

2. 브랜드 스토리와 콘텐츠의 기반(떡밥)을 마련해라.

3. 강력한 소수의 팬을 만드는 데 주력해라.

4. 그들이 우리 브랜드를 이야기하게 해라.

5. 지속적인 콘텐츠 업그레이드로 재미와 감동을 주며
참여를 증진시켜라.

6. 자긍심을 가질 수 있도록 가치 있는 활동을 지원하고
보상해라.

10 다시 떠오르는 브랜딩

한참 퍼포먼스 마케팅으로 과열되던 디지털 마케팅 시장에 '콘텐츠'와 '브랜드' 키워드가 다시 등장하고 있다. 마케터가 싸워야 할 시장이 제품의 유통 공간에서 소비자의 24시간으로 옮겨 가면서, 소비자의 시선 관리가 중요해졌기 때문이다. 다시 브랜드가 주목받으며 우리가 알던 브랜딩에도 변화의 바람이 불고 있다.

그렇다면 브랜드란 무엇인가? 브랜드는 제품이 아니다. 브랜드는 제품에 '가치'의 아우라를 입히는 인식의 틀이다. 제품 이상의 아우라가 있느냐 없느냐는 비즈니스의 결을 달리 느껴지게 한다. 마케팅이 '시장 중심(Market-centric)'인 데 비해, 브랜딩은 기본적으로 '자기 중심(Brand-centric)'이기 때문이다. 마케팅은 소비자가 주인공이어야 하지만, 브랜드는 자기가 비즈니스의 구심점이 된다. 확고한 브랜드가 있으면 다른 브랜드들과 경쟁할 필요가 없기 때문에 콘텐츠의 무한 경쟁 시대에 브랜드의 중요성이 도드라지는 것이다.

눈에 보이지도 않는 브랜드를 어떻게 관리해야 할까? 브랜드를 관리한다는 것은 단순히 멋진 네이밍을 만들고 광고를 집행하는 일이 아니다. 문제에 대한 본질적 접근 없이 광고 이미지만으로는 브랜드 아우라가 형성되지 않는다. 본질을 담은 브랜드, 즉 자기만의 가치를 제공하는 브랜드를 만드는 것이 브랜딩의 핵심이다.

'브랜드 아이덴티티(Brand Identity)'란 브랜드가 가지고 있는 고유의 정체성을 말한다. 이는 브랜드가 지금까지 쌓아 온 것들을 바탕으로 그 브랜드만이 지닌 오리지널리티(originality)를 찾아 이를 소비자에게 어떤 경험으로 전달할지를 정립하는 일이다. 아무 의미 없는 중성 자극이었던 브랜드를 의미 있게 만들기 위해서는 '존재감' '뾰족함' '이야깃거리' '꾸준함' 등의 브랜딩 요소가 필요하다.

① 존재감

브랜드는 '자기다움'을 찾는 데서 시작된다. 자기만의 매력으로 '인싸'가 되어야 한다. 고객의 필요가 아닌 자신의 매력을 팔아야 한다. 브랜드를 만들어도 큰 빛을 보지 못하고 망하는 이유는 존재의 이유가 명확하지 않아서이다. 브랜드는 '경쟁'의 의미가 아니라 '존재'의 의미로 시장에서 싸워야 한다. 자기다움은 브랜드만의 생각, 스토리, 비주얼, 공간, 문화 등 브랜드가 지닌 고유의 정체성이다. 이것저것 덧붙이지 말고 타협할 수 없는 철학 하나만 남겨도 브랜드는 큰 힘을 발휘한다. 그렇게 우리 브랜드의 생각과 철학과 매력에 동의하는 소비자들이 우리의 곁에 서서 우리를 지지하게 된다. 그렇게 해서 관계가 맺어진 고객은 단순한 구매자가 아니라 '팬'으로 거듭난다.

② 뾰족함

'뾰족하다'는 건 어떤 의미인가? 일 방향 미디어 시대에는 내가 찾는 정보를 발견하게 되면 일단 잘 '기억'해 두어야 했다. 하지만 지금은 내가 원하는 것을 그때그때 검색창에서 확인할 수 있으니 군이 한정된 두뇌 저장소를 활용할 필요가 없어졌다. 시장의 트렌드와 고객의 취향이 세밀해질수록 작은 것이 더 특별해 보인다. 작게 들어가도 존재감이 있으면 검색(#해시태그)을 통해 시장에서 확산된다. 이것이 작은 브랜드가 뜰 수 있는 이유이고, 지금 시대의 브랜드가 가져야 할 뾰족함이다.

스몰 브랜드는 과거의 브랜딩과 작동 원리가 다르다. 스몰 브랜드는 대중적인 취향을 반영한 '빅 브랜드'와 달리 자신만의 정체성을 담아, 남과는 다른 나만의 것을 찾는 소수 고객의 취향을 저격한다. 특히 가치 소비를 추구하는 MZ세대는 차별화된 철학과 스토리로 무장한 스몰 브랜드를 적극적으로 발굴하고 경험하며, 이를 통해 자신을 드러내고 싶어 한다. 스몰 브랜드는 나의 정체성을 표현하는 데 최적의 아이템이다.

③ 이야깃거리

브랜드에 이야기는 왜 중요할까? 이야기는 고객이 브랜드를 쉽게 기억하게 하고, 입소문을 퍼뜨리는 데 유리한 소스를 제공한다. 이야기에는 상황, 등장인물, 그리고 기승전결의 서사가 존재하므로, 단순한 텍스트나 이미지보다 기억하기도 쉽고 퍼지기도 쉽다. 그리고 쉽게 빠져든다. 잘 만든 이야기는 고객 스스로 브랜드를 홍보하게 하는 힘이 있다.

이야기가 있으면 브랜드의 핵심 메시지나 정체성을 한결 생동감 있게 표현할 수 있다. 또한 브랜드 세계관과 철학으로 더 넓은 공간을 채우고 더 다채로운 소통을 기대할 수 있다. 이야기는 브랜드의 진정성을 느끼게 하는 매개가 되어, 고객과 브랜드가 인간적인 관계를 맺도록 돕는다.

④ 꾸준함

브랜딩은 무엇을 하든 꾸준해야 한다. 지금의 브랜딩은 과거의 브랜딩과는 달리 단순히 예쁘고 멋있는 이미지 전달이 아니다. 많은 온·오프 접점들을 통해 소비자를 만나고 소통하는 과정에서 브랜드 활동들이 유기적으로 연결되어 소비자의 마음에 울림을 남겨야 한다. 브랜딩이란 자기다움을 드러내며 적극적으로 소비자와 관계를 맺는 일이다. 진정한 관계 맺기를 하기 위해 브랜드는 작은 것을 통해 큰 것으로 나아가야 한다. 브랜딩은 작지만 깊게 시작해서 점점 더 영역을 넓혀 가는 과정의 이야기다. 이것이 과거의 브랜딩과 지금의 브랜딩의 차이점이다.

브랜딩에 논리나 법칙은 통하지 않는다

브랜딩은 사람의 마음을 건드리는 작업이다. 그들을 우리 브랜드의 팬으로 만드는 과정이다. 사람의 마음을 움직이는 데 논리나 법칙 같은 것이 있을 리 없다. 사람의 마음을 끌기 위한 브랜딩의 요소는 무엇일까? 오늘날과 같은 무한 확장되는 네트워크 공간에서는 '남들보다 나은 차별점'이 아니라, '우리만의 독보적인 매력'을 어필하는 것이 훨씬 강력하다. 우리만의 오리지널리티(originality), 즉 브랜드 본질(essence)을 명확히 하는 것이 어느 때보다 중요해지고 있다.

브랜드의 본질을 알리는 도구들은 수도 없이 많지만, 가장 강력한 도구는 '진정성(authenticity)'이다. 스몰 브랜딩으로 비즈니스를 하고 있는 '오롤리데이'나 '감자밭'의 이야기에 이러한 브랜딩의 비법이 담겨 있다.

스몰 브랜딩의 시대

스몰 브랜드 통해 나타내는 나의 정체성

남과 다른 나만의 것, 가치 소비를 추구하는 MZ세대들은 대중적인 취향을 반영한 '빅 브랜드'가 아닌 자신만의 철학과 정체성을 담아 소수 고객의 취향을 만족시키는 스몰 브랜드를 선호한다.

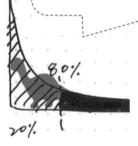

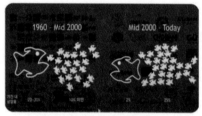

빅 브랜드 우위의 시대에서
스몰 브랜드 우위의 시대로

오롤리데이

"'행복을 파는 브랜드'라는 진정성 있는 브랜드 철학으로 소통했더니 '해피어'라는 코어 팬을 중심으로 한 팬 커뮤니티가 형성되었어요."

출처: 『작지만 큰 브랜드』(2023)

감자밭

"감자와 같이 나만의 것을 축적해 영감과 자극을 주는 브랜드가 되어, 농부가 꿈이 되는 사회를 만들자는 미션으로 우리의 철학을 콘텐츠에 담아 소통했어요."

존재만으로도 멋진 '스몰 브랜드'

차 마시는 '문화'를 디자인하는, 티 컬렉티브(Tea Collective)
국내 차 농장과 차 장인 등 로컬 커뮤니티와 연결해서 차 문화를 알리는 것을 모토로 한다.

출처: 인디포스트

내일을 나답게, 낼나(nelna)
낼나는 우리의 삶을 나답게, 멋지게 채우기 위해 기록을 통해 성장하는 삶을 돕고자 한다.

출처: 스몰브랜더

'개인의 개성'을 담아내는 사진관, 시현하다
'누구나 고유의 색이 있다'는 모토 하에, 나의 이야기를 풀어가는 사진 문화를 추구한다.

'시현하다' 사진전 포스터

출처: 씨넷코리아

'미디어'는 디지털 생태계를 이해하는 치트키

지금은 디지털에서 사람을 모으는 사람이 돈을 번다. 이런 시대에 우리는 어떤 마케팅을 해야 할까? 무엇이 전략의 핵심일까? 마케팅 환경의 변화는, 곧 소비자 환경의 변화이다. 그리고 그 중심에 미디어가 있다.

그렇다면 '미디어(media)'란 무엇인가? 미디어를 제대로 이해하기 위해 과거 미디어의 출발부터 살펴보자. 우리는 제품을 알리기 위해 TV라는 대중매체에 광고를 띄웠다. 미디어로써 TV의 역할은 무엇이었는가? 사람들이 재미있는 프로그램을 보러 TV 앞에 모여 앉았을 때 광고가 나간다. 광고회사는 광고주에게 시청자의 '시선'을 판 값으로 광고비를 받는다.

이런 일이 디지털에서도 그대로 일어난다. 사람들은 디지털의 다양한 사이트를 다니면서 그들이 원하고 필요한 콘텐츠를 찾아다닌다. 그러는 중에 광고를 만난다. 모여 있는 소비자와 이동하는 소비자, 그리고 이들을 타깃하는 미디어의 접근 방식은 달라졌지만 시선을 빼앗고자 하는 미디어의 본질적 기능은 그대로임을 확인할 수 있다.

미디어의 기능을 잘 발휘하기 위해서 무엇이 필요할까? TV에서는 대박 프로그램일 것이고, 디지털에서는 인기 있는 콘텐츠일 것이다. 디지털에서는 미디어의 형태가 모호하다 보니 콘텐츠가 곧 미디어가 되는 형상을 종종 목격한다. 고정 매체에서 이동 매체가 되면서 미디어의 사람 모집 기능이 콘텐츠로 이전된 것이다. 여기서 미디어가 본연의 기능을 발휘하기 위해서는 오히려 '콘텐츠'가 필요함을 알 수 있다.

그럼, '콘텐츠(contents)'란 무엇인가? 단순히 글, 그림, 영상으로 이루어진 볼거리인가? 디지털 시대 콘텐츠 의미를 알아보기 위해 콘텐츠 소비 이면에 어떤 심리적 충족이 있는지부터 살펴보자. 디지털 콘텐츠의 작동 방식은 '좋아요'를 누르면서 연결되는 사회적 확산이다. 이러한 확산 과정에서 소비자는 콘텐츠를 통해 자신의 정체성을 드러내고, 자신의 감정을 전달하고, 잘 모르는 사람들과도 금세 친밀한 관계를 맺는다. 즉, 콘텐츠는 디지털을 '사람들이 모여 함께 사는 곳'으로 만들어 주는 열쇠와도 같은 것이다.

미디어로서 콘텐츠가 주는 이점은 무엇일까? 가장 매력적인 점은 돈이 들지 않고도 광고를 할 수 있다는 것이다. 좋은 콘텐츠는 알아서 사람들에게 확산되어 널리 알려지기 때문이다. 제품을 만들면 광고 홍보비가 들지만 콘텐츠를 만들면 알아서 홍보가 된다. 스스로 미디어가 되면 광고 · 마케팅 비용이 획기적으로 줄고, 오히려 미디어 사업을 통해 수익을 창출할 수 있게 된다.

사람들을 불러 모으고 확산시키고 더 확장된 콘텐츠가 끊임없이 생성되도록 하려면 소비자의 참여가 반드시 있어야 한다. 마케터가 할 일은 그들이 콘텐츠를 만들고 싶도록 판을 깔아 주는 것이다. 고객이 기록하고 싶은 순간을 만들어 주면, 그 콘텐츠는 SNS에 올라와 널리 퍼지게 된다. 이때 콘텐츠의 중심에는 소비자가 있겠지만, 그 배경에는 제품과 브랜드가 놓여야 한다. 우리 브랜드가 소비자의 삶에 배경으로 두고 싶은 아이템이 된다면 일단락 성공한 것이다.

콘텐츠가 미디어가 되는 시대이다. 이것이 우리가 배너 · 검색 광고나 퍼포먼스 마케팅에 앞서 콘텐츠를 잘 예비해 놓아야 하는 이유이다. 이미지나 영상을 재미있게 만들어서 이목을 끄는 콘텐츠가 아니라, 제품과 서비스를 어떻게 콘텐츠로 만들지를 고민해서 소비자에게 제품의 의미를 선사하는 진정한 콘텐츠 마케팅이 필요하다. 따라서 마케터는 제품 자체에 그칠 것이 아니라, '제품→서비스→콘텐츠→경험'으로 마케팅 포트폴리오를 확장시킬 수 있어야 한다.

콘텐츠로 고객을 유입시키고, 유사한 취향을 가진 사람들이 커뮤니티를 형성하게 하면 이미 판은 만들어진 것이다. 관련된 상품에 대한 수요가 생기고 커머스가 붙는 건 자연스러운 수순이다. '콘텐츠(미디어)→커뮤니티→커머스'는 '오늘의집'이나 '당근'처럼 짧은 기간 안에 국민 플랫폼으로 등극했던 버티컬 앱의 진화 로드맵이 아닌가.

이제는 '모든 것이 미디어'가 되는 시대이다. 모든 사람이 미디어이고, 그들의 모든 순간이 미디어가 되고 있다. 미디어를 어디까지 보느냐에 따라 디지털 공간, 더 나아가 오프라인 공간의 활용도는 달라진다. 기업이 미디어를 다루기에 앞서 미디어를 어떻게 정의 내리고 있느냐가 디지털을 얼마나 잘 활용하는 척도일 것이다.

모든 것이 미디어이다

나를 둘러싼 모든 것을 '미디어'라는 관점으로 확장시켰을 때,
시장에서 앞서 나갈 수 있다는 것을 알게 됐다.
상품을 판다고 접근할 때엔 광고 홍보비가 들었는데,
이 상품의 콘텐츠를 세상에 퍼뜨리겠다고 결심하자
공짜로 광고하고 홍보할 수 있게 됐다.

> 드위트리 펜션으로 스스로 미디어를 넘어 콘텐츠가 되면서 깨달은
> 하대석 SBS 기자(前)의 미디어 잇셀프(Media itself) 전략

[1단계] 철학을 정립해라

진정성 있는 나만의 철학을 정립하라.
구체적인 실현 방안을 갖춰야 좋다.

[2단계] 모든 것을 기록해라

철학과 관련된 모든 것(경험)을
늘 기록하는 시스템을 만들어라.

[3단계] 고객 중심의 콘텐츠 큐레이션

기록한 것들로 콘텐츠를 만든 뒤
홈페이지에 잘 정리하여 큐레이션해라.

[4단계] 옴니 플랫폼 전략

콘텐츠를 유튜브, 인스타그램, 페이스북 등
온갖 SNS 플랫폼으로 확산시켜라.

[5단계] 커뮤니티를 만들어라

철학에 공감해 모여든 사람들을 팬 또는
커뮤니티로 만들어 미디어를 완성시켜라.

출처: 드위트리

눈에 보이는 것은
물살에 출렁이는 강이지만

눈에 보이지 않는 것은
강과 함께 흘러가는 물고기들이다.

제3부

디지털 소비자의 이해

디지털 라이프를 사는 사람들

MARKETING
WAVE

10장

디지털 인류의
탄생

———

디지털 격차, 서로 다른 세상에 사는 사람들
원자화된 자기 세계의 사람들
그때그때 다른 세상에 사는 유목형 소비자
자기 표현으로 드러내는 '자존'이 최고의 가치
어떻게 디지털 소비자에 접근할 것인가

MARKETING
WAVE

디지털 격차, 서로 다른 세상에 사는 사람들

소비자를 기업의 동력으로 삼으려면 일단 소비자를 디지털 관점으로 다시 봐야 한다. 디지털에서 24시간을 사는 그들은 우리가 알던 오프라인의 소비자와는 또 다른 인류이다.

우리는 모두 같은 시대를 살고 있는 것 같지만, 실제로는 서로 다른 세상에 산다. 어느 회사를 보더라도 베이비부머, X세대, Y세대, M세대, Z세대의 5세대가 한 지붕 밑에서 일하는 것을 쉽게 볼 수 있다. 이처럼 다양한 세대가 하나의 시간과 공간에 공존한다. '디지털 네이티브(Digital Natives)'라고 불리는 MZ의 성향을 기성 세대들이 따로 공부할 정도이니, 이는 디지털을 중심으로 세대 격차가 두드러지게 나타나고 있는 현실을 극명히 보여 주는 단면이다.

마케터가 디지털 세대를 바라보는 입장은 어떠한가? MZ의 소비력이 증가하고 있어 마케터의 주 타깃이 MZ인 건 이해가 간다. 하지만 디지털이 일상화된 지금 너무 MZ세대의 요구에만 집중하고 있는 건 아닌지 생각해 볼 필요가 있다. 나이가 어려도 디지털에 둔감할 수 있고, 나이가 많더라도 디지털을 맘껏 즐기는 기성세대 역시 존재한다. 중요한 것은 디지털 수용 속도에 개인차가 존재하므로 세대를 불문하고 나타나는 '디지털 격차(Digital Divide)'를 이해해야 한다는 점이다.

빠르게 변화하는 시장과 소비자를 이해하기 위해 마케팅에서 점점 더 세대나 트렌드 연구를 중요하게 다루는 만큼, 보통 디지털 세대는 MZ세대 이후로 기술되는 경향이 있다. 하지만 어떤 MZ는 '저는 그렇게 살고 있지 않은데요?'라는 반응을 보이며 MZ세대 연구 결과에 난색을 드러내기도 한다. 따라서 정확하게는 연령 기준의 구분이 아닌 '디지털 세대'에 대한 명확한 특질 연구가 필요하다.

그럼에도 불구하고, 우리가 디지털 세대 특성을 이해하기 위해 MZ세대를 주목하는 이유는 하나이다. 한 세대는 같은 정치, 경제, 사회, 문화적인 공통 분모 아래서 같은 시기를 보냈기 때문에 이들은 유사한 감성과 욕구를 갖는다. 같은 세대는 동질적인 소비 양식을 보이므로, 이들을 '소비 코호트(cohort)' 집단으로 보면 마케팅 활동을 훨씬 경제적으로 집행할 수 있다. 이런 관점에서 디지털 시대를 온몸으로 맞은 MZ세대의 차별적 소비 현상을 파악하여, 이를 디지털 세대를 이해하는 출발점으로 삼을 수 있다.

자 그럼, 이런 관점에서 MZ를 살펴보자. 이들은 인터넷 없는 시대를 겪지 않은 세대로, 이들의 생활에는 온·오프라인에 대한 구분이 크게 없다. 이들에게 세상은 빨리 업데이트되는 곳이며, 스스로가 디지털 세상을 통제하는 능력이 있다고 믿는다. 이들은 모든 접점에서 대화의 창구가 열리길 바라며, 이런 기대치를 충족해 주지 못하는 브랜드에는 낮은 충성도를 보인다.

알파 세대는 어떠한가? 이들은 MZ보다 한 단계 더 진화한 세대이다. MZ가 모바일을 손에 쥐고 태어났다면, 알파 세대는 인공지능과 친구 맺는 세대이기 때문이다. 알파들은 기계에 이질감을 느끼지 않고 기계와 매우 친숙한 성향을 보인다. 이들은 기술을 자기 삶에 꼭 필요한 일부이자 자신의 확장으로 여긴다. 기술을 자신의 능력을 확장해 주는 매우 유용한 수단으로 보는 것이다.

디지털은 이러한 MZ세대와 알파 세대가 주도하는 곳이므로, 이들의 일반적인 패턴을 이해한 후, 이러한 특질을 각 세대별 디지털 수용도에 따라 변주할 수 있어야 한다. 디지털 기술이 일상으로 스며드는 속도가 점점 더 빨라지고 있기 때문에 연령 기준의 세대 구분보다 디지털 성향으로 디지털 세대를 구분하는 세밀한 기준이 있어야 한다. 이들은 모두 자신이 조성한 디지털 환경에서 각자가 원하는 라이프 스타일을 구현하며, 자신이 소통하고 싶어 하는 커뮤니티의 일원으로 살아가고 있기 때문이다.

디지털 세대 구분

	1950 1960	1970 1980	1990 2000	2010 2020	
세대 구분	베이비붐 세대	X세대	밀레니얼 세대 (Y세대)	Z세대	알파 세대
출생 연도	1950~1964년	1965~1979년	1980~1994년	1995년 이후	2010년 이후
세대 특성	베이비 부머	베이비 부머의 동생 세대	베이비 부머의 자녀 세대	X세대의 자녀 세대	Y세대의 자녀 세대
미디어 이용	아날로그 중심	디지털 이주민	디지털 유목민	디지털 네이티브	디지털 온니
성향	전후 세대, 이념적	물질주의, 경쟁사회	세계화, 경험주의	현실주의, 윤리 중시	멀티 공간, 창작 인류

출처: 통계청, 맥킨지코리아 일부 참고

Age of α : 알파의 시대

알파 세대는 2010년 이후 태어난 세대로,
태어나자마자 스마트기기와 인공지능에 노출되어
디지털을 공기처럼 익숙하게 여기고
기계를 친숙한 대상으로 여긴다는 특성이 있다.

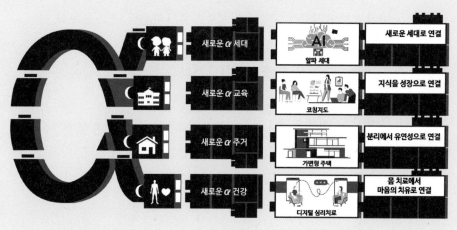

출처: 이노션(빅데이터분석보고서)

디지털 온리 (only) 세대

완전한 디지털 환경속에서 태어나고 성장함

이미지와 영상 선호

인스타그램, 릴스, 유튜브 숏츠에 익숙

콘텐츠 제작과 소비의 주체

SNS 콘텐츠 직접 제작 및 공유 선호

메타버스 AI에 친숙

가상현실에 친숙함

구매 잠재력 보유

밀레니엄 세대 부모의 과시적인 성향에 영향을 받음

출처: 하나금융연구소

원자화된 자기 세계의 사람들

스마트폰은 그야말로 스마트한 일상을 위한 최고의 도구이다. 우리는 스마트폰 안에서 매 순간 주체적인 삶을 살아간다. 우리는 지하철과 엘리베이터뿐만 아니라 걷는 도중에도 항상 스마트폰에서 눈을 떼질 못한다. 그들은 모바일 안에서 무엇을 하는 것일까? 아니, 이들은 어떻게 디지털에서 시간을 보내고 있을까?

가만히 보면 사람들은 앱에서 앱으로 옮겨 다닌다. 영화를 보고, 음악을 듣고, 책을 보고, 게임을 하고, 쇼핑을 즐기고, 장을 보고, 운동을 하고, 맛집을 검색하고, 맛집 후기를 올리고, 택시를 부르고, 은행 업무를 보는 등 일상의 모든 것이 모바일 안에서 진행된다.

우리는 스마트폰 안에서 자기 통제가 가능해진 개인화된 공간 속에 산다. 디지털처럼 시시각각 자기 관리가 손쉬운 공간은 없다. 디지털 세대들이 자기 통제력이 높을 수밖에 없는 이유이다. 디지털이 공기처럼 되어 버린 이들의 궁극적인 욕구는 무엇일까?

내가 주인공인 세계: 개인 취향

이들은 철저히 자기가 중심이 되는 세계에 산다. 보기에 예쁜 것보다 나에게 어울리는 것을 찾고, 내 피부톤, 얼굴형, 체형, 성격 등에 맞는지 아닌지를 항상 검열한다. 유명한 메이크업 전문가가 알려 주는 화장법을 그대로 따라 하기보다 실제로 내가 시도할 수 있고, 내 얼굴에 어울릴 법한 현실감 있는 메이크업 콘텐츠를 선호한다. 보편적인 '대중의 것'이 아닌 자신의 취향과 개성에 어울리는 '나만의 것'을 찾는다. 이들이 원하는 '개인화'는 모바일을 거울 삼아 나를 알아 가고,

나에게 호응하는 사람들을 만나고, 나를 표현해 주는 (포스팅할 수 있는) 모든 것을 추구하는 일이다. 즉, 이들이 선택하는 콘텐츠와 소비는 나를 발견하고 탐색하는 여정에 가깝다.

내가 만든 사회적 맥락: 취향 커뮤니티

디지털에서 사람들은 스스로 자기의 세계(매질)를 규정한다. 그리고 자기가 만든 세상에서 자기가 선택한 사람들의 영향을 받고 살아간다. 모두 각자 다른 차원의 세계에 체류하는 것이다. 이들을 해시태그를 열쇠 삼아 언제든 공통의 관심사와 취향을 가진 사람들과 느슨한 연대를 유지하며, '따로 또 같이'의 욕구를 채운다.

이미 앞에서 디지털 소비자는 '네트워크로 연결된 집난화된 개인'이라고 언급했다. 사람들은 디지털에서 나를 알아주는 집단에 소속되었다는 안정감과 특별한 커뮤니티에 소속되었다는 자부심을 느끼길 원한다. 따라서 브랜드가 신경 써야 할 것은 개인 소비자의 '정체성'과 '소속감'이다. 개인화 서비스가 이 두 가지 니즈를 충족시킬 때 비로소 소비자와의 연결이 시작된다.

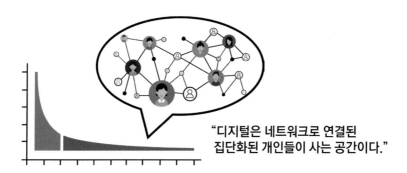

"디지털은 네트워크로 연결된 집단화된 개인들이 사는 공간이다."

그때그때 다른 세상에 사는 유목형 소비자

디지털 소비자는 순간 이동과도 같은 공간 사용성을 가지고 있다. 순간적으로 장면을 바꾸고 멀티 아이디로 필요한 상황을 선정해서 경험한다. 그때그때 다양한 얼굴로 갖가지의 디지털 세계를 들락이며 원하는 경험을 추구한다. 한마디로 그들은 '현재지향성'의 사람들이다.

단편적인 현재에 충실한 이들의 삶은 어떤 모습일까? 자신의 목적에 따라 선택적으로 플랫폼을 이용하고, 그때그때 상황에 맞게 콘셉트를 바꾸며, 그 순간에 충실하게 다양한 삶의 단면 속에서 다채로운 라이프를 산다. 디지털 소비자는 부캐나 멀티 페르소나를 활용해서 상황에 맞게 각기 다른 정체성으로 얼굴을 바꾸는데, 이는 디지털 세상에서의 삶이 상당히 유동적이라는 것을 뜻한다. 디지털 세상은 마치 무수한 방으로 이루어진 벌집 같지만, 클릭 하나로 쉽게 경계를 넘기 때문에 이들은 현실과 디지털 세계를 물 흐르듯 유영하며 산다.

공간상의 경계가 무의미한 만큼 이들에게는 '어디에 있는지'보다 '무엇을 하는지'가 더 중요하다. 특히 '나만 아는 것' '특별한 느낌을 주는 것'을 격하게 선호한다. 이들이 원하는 여행은 누구나 방문할 수 있는 관광지가 아닌 개인화된 취향지, 즉 특별한 경험이다.

이들은 취향을 단순히 즐기는 용도로만 쓰지 않는다. 내가 좋아하는 아이돌, 취미, 동물, 액티비티 등 무언가 같이 좋아하는 누군가를 만나면, 이들은 직접 얼굴을 보지 않고도 활발하게 소통하고 서로를 호응한다. 취향은 망망대해 같은 디지털 공간에 친구를 만날 수 있게 도와주고, 나와 같은 공감대를 갖는 사람들의 모임인 커뮤니티로 들어가는 입장권이 되기도 한다.

우리는 여기서 그들이 디지털에서 원하는 경험의 실체를 알 수 있다. 파편화된 디지털 세계를 유영하며 그들이 찾는 것은 '오늘, 지금 이 시간, 나에게 의미 있고 나를 지지하는, 그런 나를 위한 특별한 경험'이다. 그들은 나를 가장 잘 드러낼 수 있는 취향으로 자신을 표현하는 즐거움을 느끼길 원하고, 나만의 취향을 알아봐 주는 또 다른 디지털 주민들에게 인정받고 소속되는 안정감을 원한다. 이것이 이들이 여러 개의 얼굴을 가지고 유목형 소비자로 사는 이유이다. 디지털에서 성공적인 비즈니스를 하려면 그들의 '정체성'과 '관계성'에 대한 본질적인 욕구를 이해하고 있어야 한다.

자기 표현으로 드러내는 '자존'이 최고의 가치

우리의 의견, 감정, 생활은 SNS에서 재구성되어 디지털 공간에 널리 퍼진다. SNS는 나의 존재를 인증하는 공간이다. 우리는 디지털에서 자신의 가치관을 적극적으로 표현하고, 소비 행위를 통해 이를 드러내므로 디지털은 자신을 드러내고 소통하는 제3의 기관 같은 곳이다.

이때 경험은 나를 특별한 사람으로 보여 주는 매개물이다. 그렇기에 경험은 힙해야 한다. '힙한 것'이 뜨는 이유는 디지털 네이티브에게 공유할 만한 가치로운 것으로 인정받기 때문이다. 힙하고 특별한 경험은 이들에게 스펙이 된다. 이들이 사용하는 '힙하다'는 말은 '자기 주관이 뚜렷하고 솔직하게 나를 표현한다'라는 뜻이다. 이 단어에는 철저히 '자기 표현'이라는 의미가 담겨 있다.

이처럼 디지털에서 최고의 가치는 '존재감'이다. 이는 특별함, 자기 다움과 같은 이야기다. 따라서 기업은 이들에게 자신이 좋아하는 특별한 것을 할 수 있게 도와줘야 한다. 디지털 소비자들은 자기의 존재를 독보적으로 드러낼 수 있는 것을 원하므로, 마케터들은 소비자들에게 브랜드로 나를 표현할 수 있는 방법을 제공해 주어야 한다.

단, 이때의 특별함은 소비자나 고객 관점에서의 것이어야 한다. 정작 소비자들은 자기 이야기에 귀 기울여 주는 브랜드를 원하는데, 대부분의 마케터는 이를 간과하고 자기가 하고 싶은 말만 하는 경향을 보인다. 따라서 마케터는 브랜드로 소통하기 위해, 시대가 원하는 특별함을 제공할 수 있는 핵심 DNA가 무엇인지 연구하고 이를 자신만의 문법으로 표현할 수 있어야 한다.

디지털에서의 개인화는 초기 **기능적 혜택에 근거해서 필요를 충족**해 주는 것에서, 브랜드 정체성을 어필하며 **특별한 경험을 주는 것**으로 발전하여, 최근에는 소비자 자신의 존재를 표현할 수 있는 **나만의 경험을 제공**하는 방향으로 진화하고 있다.

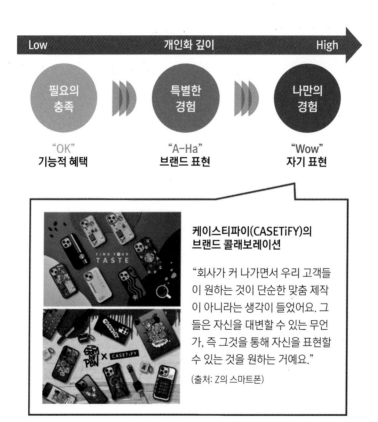

케이스티파이(CASETiFY)의
브랜드 콜래보레이션

"회사가 커 나가면서 우리 고객들이 원하는 것이 단순한 맞춤 제작이 아니라는 생각이 들었어요. 그들은 자신을 대변할 수 있는 무언가, 즉 그것을 통해 자신을 표현할 수 있는 것을 원하는 거예요."

(출처: Z의 스마트폰)

어떻게 디지털 소비자에 접근할 것인가

　우리는 디지털 안에서 생활하고, 즐기고, 소통하고, 성장하고 자기를 중심으로 하는 디지털 라이프를 산다. 디지털에서는 우리가 시간을 알차게 보낼 수 있는 대안들이 지금도 계속 쏟아져 나오고 있다. 사람들은 무수한 대안들 사이를 쉽게 넘나들기 때문에, 웬만큼 서비스가 만족스럽지 않으면 로열티는 기대하기조차 어려워진다. 지속 방문, 지속 결제, 지속 구독이 가능하게 하려면 한순간의 필요만 충족시켜서는 안 된다. 원래 마케팅은 상호의존이 필요한 개념이지 않은가. 따라서 마케터들은 상호의존이 지속적으로 일어날 수 있는 서비스와 경험으로 마케팅 플랜을 확장해야 한다.

　대중이라는 거대한 사회적 그룹이 사라지고 개인이 미디어가 되는 세상, 서로의 콘텐츠가 연결되어 끝없이 네트워크를 만들고 커뮤니티로 확장되는 세상, 그곳이 디지털임을 상기해 보자. 이에, 앞으로의 마케팅은 '개인의 경험을 끝없이 연결'하는 과정을 담고 있어야 한다. 마케터의 플랜에는 '소비자가 그들만의 세상을 설계'할 수 있는 여지가 마련되어 있어야 하며, 궁극적으로 상호의존을 넘어 우리가 마련한 '브랜드 액티비티에 열광하는 우리의 팬'으로 만들 수 있어야 한다.

11장

디지털 콘텍스트를
봐야 한다

알고리즘이 지배하는 세상
'매체'가 아니라 '콘텍스트'이다
콘텍스트는 '시간의 축'으로 봐야 한다
디지털에서는 4P가 4V로 치환된다

MARKETING
WAVE

알고리즘이 지배하는 세상

　변하는 공간, 달라지는 사람들에 대응하기 위해서는 먼저 그들이 접하는 디지털 세상을 이해해야 한다. 그들은 어떤 방식으로 디지털 세상에 들어갈까? 대부분의 디지털 유입 경로는 '검색(search)' 또는 '탐색(discover)'이다. 즉, 내 필요에 의해 찾아 들어가거나, 내 관심사를 찾아 이곳저곳을 기웃거리며 다닌다. 그 와중에 의도치 않은 정보와 콘텐츠에 노출된다.

　우선, 검색부터 살펴보자. 검색은 나의 디지털 세상을 열어 주는 첫 번째 관문이다. 검색 키워드에 따라 창이 열리고 그때부터 디지털상의 여정이 시작된다. 검색을 기반으로 나의 이력이 저장되고 여기저기 남긴 나의 흔적들은 데이터로 쌓여 검색엔진 알고리즘에 들어간다. 내 데이터를 학습한 알고리즘은 내 관심사에 맞을 법한 정보와 콘텐츠를 쏟아내며 나의 디지털 세상을 채워 준다. 알고리즘에 의해 정보가 걸러지고 알고리즘에 의해 내 세계가 세팅된다.

　탐색은 어떠한가? 내가 입력한 키워드가 아니라 내 클릭 행동이 디지털에 남는다. 내 행동의 흔적들은 데이터로 저장되어 다시 알고리즘으로 들어간다. 이렇듯 디지털에서는 내가 하는 모든 행위가 데이터화되어 처리된다. 결과적으로 소비자는 인공지능이 걸러 내고 선별한 정보만을 보게 된다. 인공지능은 나도 잘 기억하지 못하는 나의 맥락을 알고 있다.

　구글, 네이버, 카카오, 페이스북, 아마존 등 수많은 사이트 중 어떤 것을 선택하든 해당 채널은 알고리즘을 기반으로 개인의 미디어 환경을 제공한다. 소비자 역시 알고리즘이 제공하는 콘텐츠가 그의 필요와 욕구를 충족시켜 줄 때만 클릭한다. 자신이 찾는 콘텍스트에 맞는 디지털 경험만 선택하는 것이다. 알고리즘의 세계를 이해한다면 이제 소비자의 '주의(attention)'가 아니라 '콘텍스트(context)'가 핵심임을 알게 된다.

오늘날 소비자들의 필요를 충족하고 또 그들에게 구매 동기를 부여하기 위해, 알고리즘은 마케터가 반드시 통과해야 하는 장벽이다. 이제 기업의 브랜드는 개인 소비자의 콘텍스트라는 알고리즘 안에 들어가야 하는 숙명을 안게 되었다.

'매체'가 아니라 '콘텍스트'이다

디지털이 알고리즘으로 돌아가는 세계임을 느꼈다면 과거와는 다른 새로운 마케팅이 필요하다는 생각이 들 것이다. 과거에는 기업이 사람들의 주의를 끄는 메시지를 미디어에 배포하며 소비자에게 일방적으로 상품을 소개했다. 그리고 소비자의 머릿속에 가장 먼저 떠오르는 브랜드가 되기 위해 잠재의식을 자극하는 광고를 만들면서 소비자 머릿속에 브랜드를 집어넣으려고 했다.

지금은 어떠한가? 무한매체의 시대, 이는 단순히 매체가 더 많아졌음을 의미하지는 않는다. 수많은 매체가 작동하기 위해서는 수면 아래서 알고리즘이 일하고 있음을 우리는 알고 있다. 디지털 생태계는 알고리즘이 주도하지만, 알고리즘을 작동시키기 위해서는 소비자의 행동 소스가 필요하다는 것도 이제는 안다. 그렇게 디지털은 소비자와 알고리즘의 상호의존 생태계에 의해 돌아간다.

그렇다면 마케터는 언제, 어떻게 개입해야 할까? 디지털상의 소비자 욕구와 행태가 오프라인과 완전히 달라진 만큼 마케터가 해야 할 일과 그것을 처리하는 방식 역시 혁명적인 전환이 필요하다. 점점 더 중요해지는 것은 창의적인 광고나 멋진 카피, 시선을 사로잡는 재미있는 콘텐츠도 아닌, 알고리즘에 의해 강화되는 소비자의 콘텍스트이다. 마케터는 어떻게 소비자의 콘텍스트 안으로 들어갈 수 있는지를 고민해야 한다.

어떻게 소비자의 콘텍스트 안으로 들어갈 수 있을까? 마케팅이 '가치 교환'의 활동이라는 것을 떠올려 보자. 각 브랜드는 고객으로부터 '선택받는' 전략을 구사해야 한다. 바로 그들이 원하는 것을 줌으로써 선택받는 것이다. 소비자들은 자신이 원하는 가치를 기업이 제공한다는 전제하에 개인정보를 제공하고, 삶에서 가장 사적인 영역에 기업이 접근하는 것을 허락한다. 즉, 소비자를 돕는 마케터의 과업을 디지털 환경에서 충실히 구현할 때 우리는 그들에게 허락받는 존재가 된다. 그들 생활의 알고리즘 안으로 초대받는 것이다.

　디지털 시대에는 무엇이 가치 있는 교환일까? 디지털 마케터들은 재미있고 기발한 병맛 콘텐츠를 만들면 소비자의 선택을 받을 것이라고 생각하지만, 사실상 그들이 원하는 건 그런 콘텐츠가 아니다. 그들이 진짜 원하는 건 가치 교환이 가능한 콘텐츠이다. 디지털 소비자는 누구에게나 제공되는 브랜드 경험이 아니라 '나를 위한 브랜드 경험'을 바란다. 따라서 마케터에게는 개인화된 브랜드 콘텐츠 개발을 위한 '콘텍스트'라는 키(key)가 필요하다.

콘텍스트는 '시간의 축'으로 봐야 한다

디지털에서 소비자와 가치 교환을 하려면 마케터는 콘텍스트를 어떻게 이해해야 할까? 소비자가 진짜 원하는 가치는 무엇인가? 우리는 여기서 또다시 우리는 마케팅 근시안에 빠진다. 마케터들이 착각하는 건 소비자가 콘텐츠를 원한다는 생각이다. 하지만 콘텐츠는 특정 순간에 소비자가 얻고자 하는 목표에 닿게 해 주는 매개일 뿐이다. 소비자가 진짜로 원하는 건 콘텐츠가 아니라, 즐거움이고, 관심이고, 나의 표현이며, 관계 맺기이다. 그들의 진정한 콘텍스트를 알아야 개인화된 브랜드 콘텐츠를 기획할 수 있다.

그럼, 콘텍스트 안에 들어가려면 어떻게 해야 할까? 디지털은 '구매'가 아닌 '생활'의 공간이다. 그러다 보니 매스 커뮤니케이션 시대에는 상상하기도 어려운 고객 생활로의 침투가 가능해진다. 과거의 시장 경쟁 우위를 나누던 STP 전략에 힘을 덜고, 소비자의 생활반경에서 고객의 TPO를 살피며 데이터를 기반으로 하는 개인화 마케팅을 고려해야 한다.

디지털에서는 우리가 어디에 있든 즉각적인 접촉이 가능하므로 물리적인 거리는 문제가 되지 않는다. 오히려 시간의 가치가 더 중요해진다. 전략의 축 역시 '시장 경쟁'에서 '시간 경쟁'으로 옮겨 가고 있다. 시장세분화를 통해 차별화로 경쟁 우위를 획득했던 '마켓 셰어(market share)'보다, 고객의 구매 여정 안에서 시간 점유를 높이려는 '타임 셰어(time share)'의 확보가 더욱 필요하다. 앞으로 고객의 일상과 밀접하게 연관성을 가진 브랜드만이 소비자와 함께하며 높은 성장 가능성을 가지고 지속적인 수익을 올리는 브랜드가 될 것이다.

뉴노멀 마케팅의 전략적 화두: 시간점유율 확대

쇼핑에서 생활로 마케팅 맥락이 확대되며 소비자의 생활로 침투하려는 시도가 심화되고 있다. 점차 소비자의 시간점유율에 대한 관심이 높아지면서, 과거 STP에 기반한 세분화 마케팅에서 TPO 기반의 개인화 마케팅으로 마케팅 전략의 화두가 옮겨가고 있다.

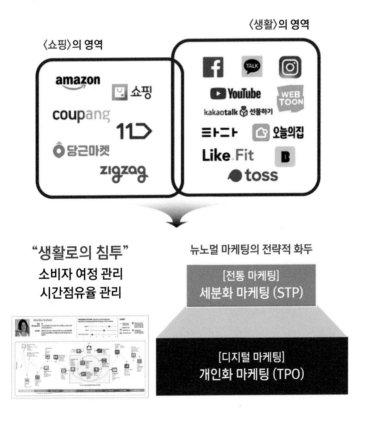

그렇다면 어떻게 시간의 축으로 콘텍스트를 세밀하게 설계할 수 있을까? 시간의 축은 '너비'와 '길이'로 봐야 한다. 먼저 너비(width)는 횡단적 환경을 말한다. 모바일로 인해 무한 검색의 시대가 열리면서 선택을 위한 많은 옵션이 필요해졌다. 개인화의 성패는 관심사에 기반한 개인의 다양한 맥락을 확보하는 데 있다. 소비자들은 모바일 폰에서 경계를 넘나드는 시간을 보내고 있으므로, 앞으로는 생활 맥락을 잘 다루는 마케터가 디지털 소비자의 시간을 점유하게 될 것이다.

넓이가 횡단적 환경에 해당한다면, 길이(length)는 종단적 환경을 결정한다. 이는 개인의 이력, 히스토리, 일생 등 과거 행동의 이력이 만든 맥락을 말한다. 시간의 축을 길게 보고 관리하는 것이다. 종단적 접근은 데이터로 쌓인 과거의 행적들을 통해 미래를 예측할 수 있다는 장점이 있다. 개인의 과거 데이터가 쌓이면 마케터가 예비할 수 있는 것들이 많아진다. 전자가 '관심의 싸움'이라고 한다면, 후자는 '관계의 싸움'이다. 따라서 마케터는 관심과 관계의 축으로 콘텍스트를 만들고 관리할 수 있어야 한다.

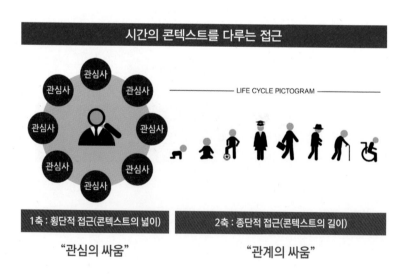

시간의 콘텍스트를 다루는 접근

관심사 / LIFE CYCLE PICTOGRAM

1축 : 횡단적 접근(콘텍스트의 넓이)	2축 : 종단적 접근(콘텍스트의 길이)
"관심의 싸움"	"관계의 싸움"

고객생애가치(CLV)

신규 고객을 창출하는 것과 기존 고객을 유지하는 것 중에서 어느 쪽이 더 어려울까요?
많은 연구 결과에서 알 수 있듯이 신규 고객 창출입니다.
이는 기업이 왜 고객생애가치를 중요하게 여겨야 하는지의 근거를 제공해 줍니다.

고객생애가치(Customer Lifetime Value: CLV)란
단순히 한 번 우리 제품·서비스를 구입했을 때의 가치를 넘어
고객이 우리 제품·서비스를 이용하는 총 기간 내에
얼마만큼의 이익을 가져다 주는가에 대한 것입니다.

이는 상품 판매에 대한 이익을 장기적인 관점에서 극대화하는 전략입니다.
즉, 고객 한 명이 평생 동안 얼마의 이익을 가져다 주는가를 계산하는 것입니다.

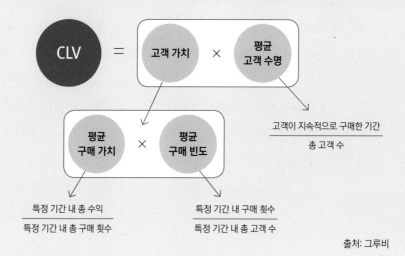

출처: 그루비

디지털에서는 4P가 4V로 치환된다

지금은 과거와는 달리 마케팅 환경이 많이 바뀌었다. 중요한 것은 '제품'에서 '소비자'로 마케팅의 구심점이 이동하고 있다는 것이다. 요즘 마케팅에 맞게 소비자 중심으로 마케팅 전술을 다시 짠다면 어떤 접근이 유용할까? 과거의 마케팅믹스는 4P(제품, 가격, 유통, 촉진)를 활용해 소비자를 구매로 유도하는 것이었다. 하지만 연결의 시대에는 소비자가 직접 정보를 발신하고, 그들끼리 정보를 교환하면서, 상호 영향을 주고받는 정보의 주체가 되었으므로, 정보 소비자를 응대할 수 있는 새로운 마케팅믹스가 필요하다. 그럼, 4P의 각 영역에서 어떻게 고객 가치가 전환되고 있는지 살펴보자.

① '제품(Product)'에서 '경험 가치(Value of Experience)'로

'제품'이 기업 중심이라면, '경험 가치'는 고객 중심으로 제품을 바라보는 관점이다. 마케터는 우리 제품의 '장점'이 아닌 고객에게 제공되는 '가치'를 중심에 두고 전략을 짜야 한다. 과거의 소비자들은 가격과 품질을 만족하는 제품을 찾았지만, 디지털 세계에서는 제품의 본원적 특성보다 서비스, 콘텐츠, 경험 등의 감성적 요인에 가치를 더 많이 부여하는 잠재적 제품이 각광받는다. '어떻게 좋은 제품을 만들 것인가'에서 '어떻게 제품을 매개로 소비자의 경험을 디자인할 것인가'가 중요한 전략의 핵심이 되고 있다. 디지털에서 제품을 팔려는 마케터보다 소비자의 삶을 파는 마케터가 더 큰 기회를 얻게 될 것이다.

② '가격(Price)'에서 '비용 가치(Value of Cost)'로

제품은 중간 유통들을 거쳐 소비자의 손에 들어가게 되므로, 가격은 보통 원가를 중심으로 마진이 가산되는 구조를 가진다. 하지만 디지털에서는 채널별로, 시간별로, 상황별로 거래가 이루어지는 조건이 다르므로 개별적으로 형성되는 시장 원리에 따라 가격이 결정되는 특징이 있다. 즉, 원가 중심의 가격 결정이 아니라, 인공지능에 의해 개인의 정황에 따라 최적화된 가치 책정 방식으로 가격이 노출되는 것이다. 또한 소비자가 제품과 서비스를 얻기까지 들이는 공수도 고객 경험 안에 포함되기 때문에 제품·서비스의 가격은 심리적인 영향을 크게 받아 결정되는 경향이 있다. 이렇듯 디지털에서의 가격은 개인에 따라 탄력적으로 변동될 여지가 크기 때문에, 마케터는 다양한 시장 변화에 민첩하게 대응할 수 있는 가격 컨트롤 전략을 구축할 수 있어야 한다.

③ '유통(Place)'에서 '교환 가치(Value of Exchange)'로

오프라인의 소비자는 상품을 구입하기 위해 유통점을 찾았지만, 디지털 소비자는 언제 어디서든 원하는 제품과 서비스를 즉시 구매할 수 있다. 여기에 옴니채널 시스템까지 더해져, 소비자들은 온·오프라인의 구분 없이 상품을 손에 넣을 수 있는 다양한 접점을 갖게 되었다. 최근에는 디지털 마케팅의 확대로 광고뿐 아니라 유통 채널에서도 소비자의 이동 동선을 따라 그들을 쫓게 되었다. 이커머스 업체는 개인화 추천 서비스를 도입하면서 고객이 구매할 만한 상품들을 개인의 사이트에 진열하고 있으며, 배송 역시 로켓 배송, 새벽 배송, 당일 배송 등 고객의 일상으로 교환의 접점을 밀어넣고 있는 중이다. 제품이 매장의 매대를 떠나 디지털의 고객 일상으로 들어가게 되면서 일상을 점유하기 위한 교환 가치는 더욱 고도화되고 있다.

④ '촉진(Promotion)'에서 '소통 가치(Value of Communication)'로

촉진은 마케팅 중에서 특히 광고·프로모션에 해당한다. 광고를 통해 브랜드 메시지로 고객을 당기고, 판촉을 통해 고객을 구매로 밀면서, 광고(advertising)와 판매 촉진(sales promotion)은 소비자와 밀당하는 대표적인 마케팅 도구로 활용되고 있다. 과거에는 촉진의 주도권이 완전히 기업에 있었다. 하지만 디지털에서는 제조사가 일방적으로 내보내는 광고보다 제품을 경험해 본 소비자 입에서 나오는 추천이 더 강력한 메시지가 된다. 소비자의 리뷰와 구매 후기가 SNS와 커머스의 주요 요소가 되면서, 기업이 취해야 하는 촉진의 방향은 소비자와의 원활한 소통으로 옮겨 가고 있다. 모바일이 생활의 지면이 되면서 콘텐츠 소비를 방해하는 푸시형 광고에 눈살을 찌푸리는 이들이 많아졌기 때문이다.

제품을 알리고 판매하는 데 소비자와의 소통이 무엇보다 중요한 도구이다. 이제는 광고로 제품을 무작정 알리려고만 하지 말고, 소비자가 콘텐츠를 생산할 수 있도록 소비자를 제3의 마케터로 인식하는 열린 자세를 갖춰야 한다. 디지털 마케팅은 기업이 단독으로 할 수 있는 일이 아니다. 우리 브랜드의 홍보대사로 소비자를 레버리지해야 가능해진다.

뉴노멀 마케팅 시대, 4P에서 4V로의 전환

디지털 생태계에서는 마케팅의 전 과정이 연결되는 하나의 플랫폼에서
경험 가치, 비용 가치, 교환 가치, 소통 가치로 세콤게 정의 & 통합되어서 제공되어야 한다.

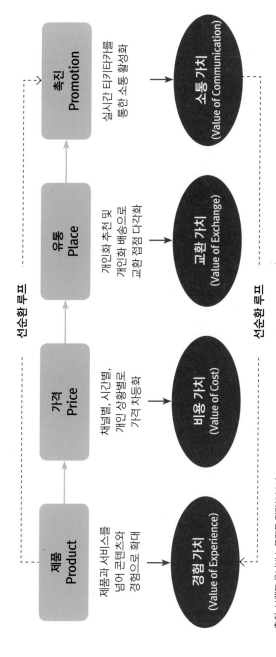

출처: 브랜드 유니버스 플랫폼 전략(2021)

12장

디지털 여정을
알아야 하는 이유

———

소비자는 디지털에서 어떻게 움직이는가
구매에 앞선 사전 행동들이 존재한다
구매의사결정은 어떻게 바뀌고 있을까

MARKETING
WAVE

소비자는 디지털에서 어떻게 움직이는가

트래픽은 어디서 오는가

소비자들이 디지털에서 어떻게 움직이고 있는지 좀 더 세밀히 살펴보자. 디지털에서 가장 중요한 것은 '트래픽(traffic)'이다. 디지털에서는 지금도 어마어마한 트래픽이 생기고 있으며, 검색과 소셜은 트래픽으로 인한 디지털 연결을 더 촘촘히 만드는 원천이 된다. 검색과 소셜은 모두 인바운드 트래픽(inbound traffic: 외부에서 내부로 유입되는 트래픽) 소스이지만, 성향은 각기 다르다. 그렇기에 디지털 마케터는 소비자 행동에 높은 관여를 보이는 검색 트래픽과 소셜 트래픽을 잘 다룰 수 있어야 한다.

검색 트래픽에 대한 이해

먼저, 검색을 살펴보자. 검색 트래픽은 검색창에 궁금한 키워드를 입력해서 유입되는 방문자 수를 뜻한다. 우리가 검색할 때는 보통 구글, 네이버 등의 검색 엔진에서 키워드를 입력하며 정보를 찾아간다고 생각하지만, 많은 수의 검색 트래픽은 보통 아마존이나 쿠팡 같은 이커머스 플랫폼에서 일어난다. 또한 요즘은 많은 사람들이 텍스트가 아닌 동영상 포맷에 친숙해져서 유튜브 역시 검색 플랫폼으로 여겨지는 추세이다.

검색 트래픽은 퍼널의 상위에서 브랜드 인지도를 높게 하는 데 기여한다. 그뿐 아니라 검색 키워드에는 사용자의 자발적인 궁금증과 구매 의지가 담겨져 있으므로, 퍼널 하단에서 쇼핑으로 연결될 확률도 높다. 네이버가 이커머스를 도입하게 된 이유도 사람들이 쇼

출처: 디지털광고협회

핑몰인 아마존에서 검색하는 비율이 점점 높아지기 때문이다.

검색을 유의해서 봐야 하는 이유가 뭘까? 보통 국내 마케터들은 '디지털 마케팅' 하면 배너 광고 위주의 광고 노출을 먼저 생각한다. 이는 메시지 노출형 광고에 해당한다. 하지만 적극적으로 광고를 피해 다니는 디지털 환경에서는 단순 노출만으로 온전한 성과를 만들어 내기 어렵다.

네이버의 메인 화면을 떠올려 보자. 이는 거대한 광고판과도 같다. 많은 기사들 사이에서 화면을 가득 메운 배너 광고들과 검색창에 입력된 검색 키워드를 통해 노출되는 검색 결과들까지, 알고리즘을 타고 각자의 의도를 가진 광고들이 소비자의 시선에 닿는다. 소비자는 광고보다 정보를 더 가치 있게 느끼기 때문에, 보통 배너 광고보다 검색 광고의 결과를 콘텐츠라고 여긴다. 검색 데이터 기반의 인텐트마케팅 회사인 어센트코리아(Ascent Korea)는 '고객의 구매 여정에서 검색의 역할과 영향력이 점점 커지고 있다'는 연구 결과(탐색자의 90%가 검색 결과를 신뢰하며, 탐색자의 95%가 검색을 통해 브랜드와 제품을 발견하고 인지한다, 2023 발표 자료)를 제시한 바 있다.

디지털에서 '키워드(keyward)'의 중요성은 아무리 강조해도 지나치지 않다. 키워드는 디지털 세상을 이끄는 내비게이션이다. 인기 키워드는 사람들이 많이 다니는 번화가와도 같아 많은 사람을 유입시키는 게이트가 된다. 따라서 마케터가 갖춰야 할 중요한 역량은 검색 상단에 우리 브랜드가 노출되도록 하여 오가닉 트래픽(organic traffic)을 만드는 일이다.

소비자는 디지털 여정이 막힐 때마다 어느 사이트에 있든 검색창에 원하는 키워드를 입력하기 때문에 디지털 행태에서 검색이 차지하는 비중은 매우 높다. 하지만 마케터가 특히 검색 행동을 유념해야 하는 이유는 검색창이 생긴 이후로 사람들은 굳이 브랜드명을 기억하지 않기 때문이다. 이러한 행동은 어떤 변화를 가져오게 될까?

소비자는 수시로 검색창을 통해 최신 정보를 업데이트 받기 때문에 굳이 특정 브랜드를 기억에 남길 필요도 없고, 오히려 많은 대안속에서 더 나은 의사결정을 할 수도 있다. 디지털광고협회의 자료(2023)에 따르면 디지털 소비자 전체의 약 58% 고객이 브랜드 스위처라는 보고가 있다. 이제는 단순히 브랜드명을 기억시키기 위해서 집행했던 과거의 마케팅 방식에서 벗어나 고객의 검색 리스트에 들어갈 수 있는 새로운 마케팅 접근을 개발해야 한다.

소셜 트래픽에 대한 이해

다음으로 소셜은 어떠한가? 소셜 트래픽은 소비자의 피드에 올라가는 콘텐츠를 매개로, 개인 네트워크에 연결되어 있는 지인들 간의 커뮤니케이션을 통해 사이트 유입자를 얻는 것이다. 소셜 트래픽은 지인들 간의 소통에 근간하므로 우리 사이트로 고객을 유입시키기 이전 단계들에서 고객의 체류와 참여를 독려하는 데 유리하다.

검색 트래픽 vs. 소셜 트래픽

사람들이 검색 플랫폼과 소셜 플랫폼을 사용하는 행태에는 적지 않은 차이가 있다. 우선, 검색 플랫폼을 사용하는 사람들은 특정한 목적을 가지고 검색 결과를 기대하며 검색창에 키워드를 입력한다. 따라서 검색하는 사람들은 보통 사이트를 방문하거나 물건을 구매하려는 준비가 되어 있는 경우가 많다. 검색 내용은 주로 제품에 대한 사용법이나 성능 비교 등 질문에 답변하는 설명조의 내용들로 구성된다. 그렇기에 이들은 검색 결과를 디지털상에 공유하거나 지인들과의 상호작용 같은 소셜 활동은 잘 하지 않는다.

반면, 소셜 플랫폼을 사용하는 사람들은 특별한 목적 없이 사람들의 생활을 살피고 나의 일상을 공유하기 위해 SNS에 머무른다. 이들은 특별한 의도를 가지고 행동하진 않지만, 일단 관심이 끌리는 것에는 시선을 집중하고 참여하며 이를 지인들에게 전파하는 적극성을 보인다. 소셜에 업로드되는 콘텐츠 역시 지극히 일상적이거나, 유행하는 트렌드에 관련되거나, 개인의 스타일이 잘 묻어나는 감성적인 내용들이 많다.

그 밖에도 검색은 처음 1~2페이지 정도로 한정된 공간에 트래픽이 몰린다는 특징이 있으나, 소셜은 다양한 콘텐츠가 보는 이의 관심사와 친분에 따라 마구잡이로 보여져 트래픽이 분산되는 특징이 있다.

트래픽의 양에 있어서도 검색은 (특별한 이벤트가 있지 않고서는) 매일 해당 키워드를 검색하는 사람들이 수가 상한선 이상으로 크게 급증하지 않지만, 소셜은 하나의 콘텐츠라도 트래픽 양에 제한 없이 엄청난 수의 사람들에 의해 공유될 수 있다.

트래픽의 지속 시간에서도 검색과 소셜은 완전히 다르다. 검색에서 퀄리티 높은 콘텐츠는 오랫동안 검색 결과에 노출될 수 있으나, 소셜 미디어는 매일 업데이트되는 신규 콘텐츠가 피드를 금세 덮어버리므로 콘텐츠 수명이 상당히 짧은 편이다.

이처럼 검색과 소셜은 다른 패턴을 가지고 디지털 공간을 채운다. 하나의 소비자가 검색과 소셜의 두 가지 행동을 모두 보이기 때문에 마케터는 이 두 트래픽의 성질을 이해하고 이를 협력해서 잘 활용할 수 있어야 한다. 그렇다면 서로 이질적인 두 경로를 어떻게 함께 활용할 수 있을까? 소셜 콘텐츠는 현재의 이슈 트렌드가 무엇인지 파악하는 데 중요한 지표가 되고, 검색은 사람들의 필요와 관심의 흐름을 알 수 있게 해 준다. 사람들은 결국 디지털에서 생활의 필요를 충족하고 사회적 이슈 가운데서 사회의 일원이 되길 원한다. 따라서 두 트래픽의 흐름을 잘 파악하여 검색엔진 최적화(Search Engine Optimization: SEO)의 노력을 기울인다면, 디지털에서 선택받는 오가닉 콘텐츠(organic contents)를 제작하는 데 실질적인 도움을 받을 수 있다.

검색(search) vs. 소셜(social)

검색과 소셜 미디어는 콘텐츠 마케팅의 핵심이다.
두 채널 모두 인바운드 트래픽 소스이지만,
오디언스, 행동, 결과가 모두 매우 다르다.

 VS.

	이용 심리	
검색 이용자는 특정 요구를 가지고 답을 찾기 위해 구체적인 기대를 가지고 검색창에 입력한다.		소셜 이용자는 구체적 목표 없이 시간을 보내기 위해 소셜미디어에 접속한다.
검색 이용자는 자세한 사용법이나 질문에 대한 답변 같은 사실 기반 콘텐츠를 주로 소비한다.	**토픽의 맥락**	소셜 이용자는 감정적인 반응을 불러 일으키거나 유행하는 주제를 담은 콘텐츠를 주로 소비한다.
검색 이용자는 긴 형식이나 상세한 텍스트를 효과적인 콘텐츠로 인식한다.	**콘텐츠 개시 형식**	소셜 이용자는 짧은 형식의 비디오나 눈길을 끄는 이미지를 효과적인 콘텐츠로 인식한다.
검색에서는 사용자가 입력한 내용을 기반으로 오디언스를 타기팅한다.	**유료 타기팅**	소셜에서는 인구 통계와 행동에 근거하여 오디언스를 타기팅한다.
검색 이용자는 높은 의도를 가지고 구매할 가능성이 높지만 공유 및 상호작용할 가능성은 낮다.	**행동 전환**	소셜 이용자는 특별한 의도없이 콘텐츠를 그냥 둘러보면서 관심이 가면 방문하거나 지인에게 공유한다.

출처: Orbit Media Studios

구매에 앞선 사전 행동들이 존재한다

　디지털 마케터들이 관심을 보이는 것은 '구매'이다. 하지만 무수히 파편화되어 있는 디지털에서는 구매까지 가기 위해 많은 사전 행동의 다리를 놓아야 한다. 전통 마케팅에서도 사전 행동에 대한 연구를 했었다. 광고 활동의 궁극적인 목적이 매출 증가에 있다 하더라도 모든 광고 활동이 즉각적으로 매출을 만들어 낼 수 있는 것은 아니기 때문이다. 보통 광고 노출에서 구매 사이에는 시차가 존재하므로, 중간 변수들의 개입을 고려하지 않은 채 광고 효과를 바로 매출로 귀결시키는 확대 해석의 우를 범하지 않아야 한다.

　광고주들이 많은 비용을 들어 광고를 집행하는 이유는 광고를 통해 어떤 효과를 보길 원하기 때문이다. 여기서 우리는 광고 효과를 이해하는 데 두 가지 관점, 즉 매출을 지향하는 ① 마케팅 관점과, 매출까지 가는 데 나타나는 ② 커뮤니케이션 관점이 존재함을 알 수 있다.

　여기서는 커뮤니케이션 관점에서의 광고를 좀 더 살펴보자. 커뮤니케이션 관점에서는 광고를 '제품이나 서비스의 잠재적인 고객에게 정보나 설득 메시지를 전달하여 광고주가 원하는 행동을 유도하는 것'으로 본다. 특히 이 관점에서는 구매 이전의 과정들을 연구해서 매출이 발생하지 않는 문제 요인을 파악한 뒤, 광고 캠페인을 통해 구매까지의 고객 여정을 관리할 수 있게 해 준다.

　일반적으로 많이 사용되는 커뮤니케이션 변수는 인지적 차원, 태도적 차원, 행동적 차원으로 나뉜다. 인지적 차원은 광고에 노출된 이후 제품이나 브랜드에 대한 정보를 기억하고 지식을 얻는 정도를 말한다. 태도적 차원은 광고를 통해 제품이나 브랜드에 대한 호감이나 선호도가 얼마나 형성되었는지를 말하고, **행동적 차원**은 광고를 통해 제품이나 브랜드에 얼마나 구매 의향이 생기고 구매 행동을 보이는지를 말한다.

이 세 가지 차원은 소비자를 인식에서 행동까지의 단면을 나눠서 마케팅 커뮤니케이션의 효과를 측정하는 접근이다. 또한 파편화된 디지털에서 소비자를 구매로 이끌어 내기까지의 과정을 관리하는 데 효과적인 프레임이다.

소비자 정보처리 단계

주로 사용되는 커뮤니케이션 변수는 아래의 인지적 차원, 태도적 차원, 행동적 차원이 있다.

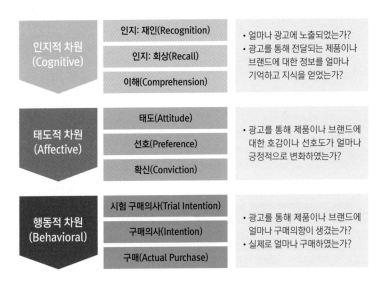

인지적 차원 (Cognitive)	인지: 재인(Recognition)	• 얼마나 광고에 노출되었는가?
	인지: 회상(Recall)	• 광고를 통해 전달되는 제품이나 브랜드에 대한 정보를 얼마나 기억하고 지식을 얻었는가?
	이해(Comprehension)	
태도적 차원 (Affective)	태도(Attitude)	• 광고를 통해 제품이나 브랜드에 대한 호감이나 선호도가 얼마나 긍정적으로 변화하였는가?
	선호(Preference)	
	확신(Conviction)	
행동적 차원 (Behavioral)	시험 구매의사(Trial Intention)	• 광고를 통해 제품이나 브랜드에 얼마나 구매의향이 생겼는가?
	구매의사(Intention)	• 실제로 얼마나 구매하였는가?
	구매(Actual Purchase)	

구매의사결정은 어떻게 바뀌고 있을까

마케팅 커뮤니케이션 차원에서 광고 효과를 정의해 보니, 디지털에서 매출을 올리려면 고객의 구매 여정을 잘 파악하고 면밀히 관리하는 것이 얼마나 중요한지를 알 수 있다. 전통적 마케팅에서부터 초연결의 디지털 시대에 이르기까지 소비자의 구매의사결정은 점진적이고 다각적으로 발전해 왔다. 아래 그림은 브랜드 인식에서 구매에 이르는 과정이 어떻게 진화해 왔는지의 흐름을 담고 있다.

매스 커뮤니케이션 시대에는 광고 성과를 소비자 인지 차원에서 단계적으로 관리하였으나, 디지털이 보편화되면서 이런 과정이 순차적이 아닌 순환적 과정의 흐름으로 바뀌고 있음을 알 수 있다. 온라인과 오프라인이 결합되고 다양한 접점에서 구매가 일어나면서 디지털상에서 연결된 고객 접점을 중심으로 구매 여정을 파악하기에 이르렀다. 이렇듯 소비자의 구매의사결정에 대한 연구들은 소비자 경험의 최적화

소비자의 구매의사결정에 대한 연구들			
의식의 흐름에서 점차 행동의 흐름으로 발전			
인지적		행동적	
단계적 접근	순환적 접근	맥락적 접근	경험적 접근
AIDA	McKinsey	MOT	CDJ
AIDMA			
AISAS			
SIPS			
5A			

를 위한 방향으로 점차 진화하고 있다.

인지적·단계적 접근

전통적 마케팅에서는 구매의사결정과정을 관리하기 위해 소비자의 인식을 위계적 모델로 구성했다. 초기에는 사용했던 프레임워크는 AIDA 모델(1913)이었다. AIDA는 고객이 처음 브랜드의 존재를 알게 되는 '주목(Attention)' 단계, 관심이 생기는 '흥미(Interest)' 단계, 가지고 싶은 마음이 생기는 '욕구(Desire)' 단계를 거쳐 구매라는 '행동(Action)'으로 연결되는 과정을 거친다고 주장하였다.

시장에 대안 상품들이 많아지면서 소비자들은 자기 마음에 드는 브랜드를 기억에 남겨야 했다. 이에 AIDA 모델도 구매 전에 이를 떠올리는 '기억(Memory)' 단계를 추가하게 되면서 AIDMA 모델(1920)로 발전되었다. 한동안 AIDMA 모델이 소비자의 의사결정과정을 잘 설명하는 듯했으나, 인터넷이 등장하고 소비자가 브랜드를 검색(search)하고, 구매 결과를 공유(Share)하는 행동이 나타나면서 AISAS 모델(2004)로 또 한 번의 진화를 거쳤다.

그 이후 SNS 커뮤니케이션이 대세가 되면서 고객과의 수평적 소통을 중요시한 모델로 심화되었다. SIPS 모델(2011)은 '주의'보다는 '공감'으로 소비자의 눈길을 끌고, 제품을 단순히 '구매'하는 것이 아닌 기업 활동에 '참가'하는 정서적 연결에 초점을 맞췄다.

최근에는 소비자를 중심으로 초연결 생태계를 담은 5A 모델(2016)이 널리 사용되고 있다. 5A는 인지(Aware), 호감(Appeal), 질문(Ask), 행동(Act), 옹호(Advocate)의 단계로 이루어져 있다. 이 모델의 특징은 구매 이전의 정보 탐색과 구매 이후의 소비자 행동이 구매의사결정에 큰 역할을 하며, 진성 고객의 살아 있는 정보가 중요해지고 있음을 시사한다. 또한 구매의사결정과정의 끝은 '구매'가 아니라, '옹호' 행동을 보이는 팬을 확보하는 것이 연결의 시대에 생존할 수 있는 법칙이라고 설명한다.

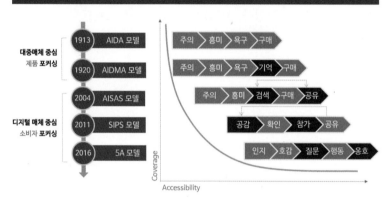

인지적 · 순환적 접근

맥킨지는 2009년에 인지적 · 단계적 접근과는 다른 새로운 아이디어를 제시했다. 그는 디지털 기술의 발달로 소비자 정보력이 상승함에 따라 단계적 접근으로는 구매 행동을 설명하기 어렵다고 보았다. 따라서 소비자의 구매과정이 한번 물건을 사고 끝나는 선형(lineal)이 아닌, 미래의 결정에 따라 끊임없이 피드백되는 환형(circular) 구조를 갖는다고 주장했다. 그의 모델은 '**최초 고려군**(Initial consideration set), **적극 비교**(Active evaluation), **구매 순간**(Moment of purchase), **구매 후 경험**(Post purchase experience)'으로 구성된다. 맥킨지의 모델은 기존의 단계적이던 소비자 구매 행동 모델을 순환적 프로세스로 볼 수 있는 시각을 제시하며, 이후 디지털 생태계에 적합한 고객 구매 여정으로의 발전에 초석을 놓았다.

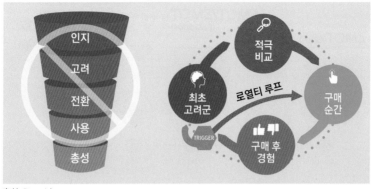

행동적 · 맥락적 접근

MOT(Moment Of Truth)는 구매 시점의 고객 접점 관리를 위해 2004년 P&G가 개발한 개념이다. MOT는 고객이 기업과 만나는 '진실의 순간'을 의미한다. 이는 고객이 제품이나 브랜드를 만나는 찰나에 고객이 느끼는 감정과 이미지를 잘 관리하여, 고객 경험을 개선하고 제품 판매를 증가하는 방법을 연구하는 데 활용된다.

고객이 제품을 만나는 순간은 크게 4가지 유형으로 구분된다. 'FMOT(First Moment Of Truth)'는 소비자가 제품·브랜드를 소매점에서 처음 만나게 되는 순간을, 'SMOT(Second Moment Of Truth)'는 소비자가 구매한 제품을 경험하는 순간을, 'TMOT(Third Moment Of Truth)'는 고객이 사용한 제품에 대해 피드백하거나 주변 사람들에게 공유하는 순간을 말한다. 2011년에는 구글(Google)이 매장에 직접 방문하기 이전에 PC, 스마트폰, 태블릿 등 인터넷을 기반으로 제품을 접하게 되는 모든 순간을 'ZMOT(Zero Moment Of Truth)' 라는 개념으로 언급하며, 디지털 접점의 중요성을 알린 바 있다.

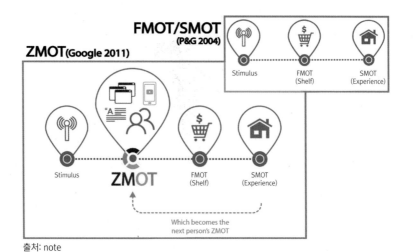

출처: note

행동적 · 경험적 접근

최근 온라인 환경에서의 정보 탐색 행동에 적합한 것으로 제안된 모델이 바로 '고객 구매 여정(Consumer Decision Journey: CDJ)'이다. CDJ가 과거의 구매 의사결정 모델과 다른 것은 고객 행동에 초점을 맞췄다는 점이다. 과거에는 소비자의 여정을 탐색할 데이터가 부족했기 때문에 브랜드에 대한 기억이나 태도를 중심으로 마케팅 과정을 관리했다. 하지만 지금은 디지털상의 고객 흔적들을 모아 브랜드를 알게 되고, 구매하고, 사용하는 전 단계의 모든 행동을 관리할 수 있게 되었다. 따라서 최근 디지털 마케터의 관심사는 소비자의 구매 여정을 단계별로 구분하여 이를 최적화하는 데 있다.

마케터는 고객의 구매 여정을 관리하기 위해 이를 전체적인 고객 경험의 관점으로 접근해야 한다. 마케터는 고객이 첫 번째 접점부터 마지막 접점까지 마케팅 목표를 달성하기 위해 '고객 여정 지도(Customer Journey Map)'를 그려 관리해야 한다. 고객 여정 지도는 소비자가 자신의 욕구를 제품이나 브랜드로 해결해 나가는 프로세스를 고객 접점(touch points)으로 시각화한 것이다. 고객 여정 지도에는 각 접점에서 일어나는 주요 이벤트, 고객의 행동을 유발하는 동기나 고객 경험, 그리고 만족 불만족의 내용이 감정 상태와 함께 요약되어 있다.

고객은 구매에 이르기까지 다양한 접점에서 마케팅 정보를 접하게 되는데, 자신의 목적에 따라 접점들을 옮겨 다니는 동안 마케터가 의도한 처음의 목표에서 점차 멀어질 수 있다. 따라서 마케터는 고객 여정 지도를 통해 고객이 자신이 의도한 목표대로 행동하도록 동기부여가 되는 자극을 계속 주어야 한다. 이처럼 자사 브랜드에 대한 고객 여정 지도를 잘 구축해 놓으면 비즈니스에 대한 고객 경험 관리와 구매 행동을 일으키기 위한 전략적 커뮤니케이션을 단계적으로 수행할 수 있다.

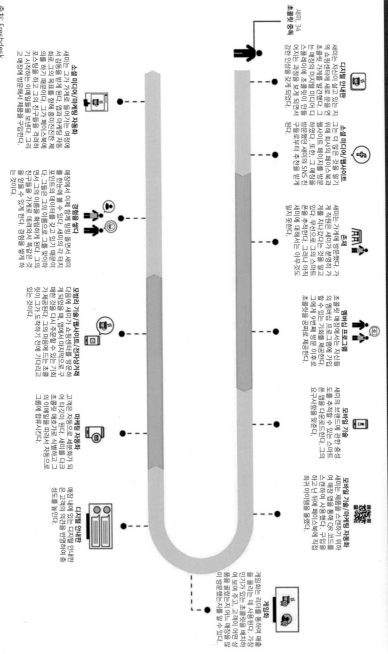

세미, 34
초럴원 총독

디지털 인식단계
세미는 자신이 살고 있는 지역 소상공인의 새로운 얼굴이 되고자 한다. 그 일환으로 소셜 미디어를 활용하기로 결정했다. 그 과정에서 디지털 여정에 초점을 보게 되면서 경험의 인상을 갖게 되었다.

소셜 미디어/웹사이트
그녀는 더 많은 것을 알기 위해 회사의 웹사이트를 방문하기로 했다. 또한, 그 여정을 통해 방문했던 세미의 구매 경험을 추천받게 된다.

조사
세미는 가게에 방문한다. 가게에 있는 세미가 부탁하기 어려운 것을 알고 있다. 부분으로 그의 스마트폰을 추천한다. 그래서 스마트폰에서 세미에 대해하기는 아무것도 알지 못한다.

캠페인 프로그램
초럴원 매장에서는 자신들의 캠페인 프로그램에 가입할 수 있는 기회를 제공한다. 그래서 9번째 방문 이후로 초럴실을 공제로 제공한다.

모바일 기술/마케팅 자동화
세미의 브랜드에 관한 충성 도를 측정할 수 있는 스마트폰 앱을 다운로드한다. 그의 요구사항을 맞춘다.

모바일 자동화
고객은 자동으로 세분화가 되어 타깃이 된다. 세미를 다 초럴원 애호가로 식별하고 그의 이메일을 떠나서 자동으로 그림에 합류시킨다.

게임화
게임화는 리드를 통하여 매출을 올리는 데 사용된다. 가장 인기가 있을 때, 세미를 배치하여 보이다 추고, 고객이 어떤 상품을 공유하는지 아는 매장 상 이메일엔즈 방문객수를 높인다.

디지털 안내판
매장 내에 있는 디지털 안내판은 고객의 의견을 받아야하는 ...

경험을 쌓다
세미는 그가 가게로 들어가는 ...

소셜 미디어/마케팅 자동화
세미는 그가 가게를 들어가는 ...

모바일리 기술/웹사이트/전자상거래
다음에 세미가 쇼핑센터를 방문하 ...

출처: Freshdesk

고객 여정 지도를 만들어 보자

고객여정지도는 고객이 제품과 서비스를 만나는
모든 경험의 접점을 생생하고 체계적으로 시각화하여,
이를 고객의 입장에서 이해할 수 있도록 도와주는 도구입니다.

고객 여정 지도는 고객이 제품을 언제 어떻게 왜 만나는지,
어떤 매력을 느끼는지, 그 결과가 어떤 목표로 이어지는지와 같은
일련의 행동 과정을 시간의 축으로 가시화하여, 고객이 경험하는
빈틈이나 문제점을 찾아내어 조치하고 수정할 수 있도록 도와줍니다.

1단계 타깃 페르소나를 설정하여, 정확한 고객의 특성을 규정합니다.

2단계 제품 경험을 하는 데 나타나는 고객 여정의 각 단계를 설정합니다.

3단계 각 단계별로 나타나는 고객 행동을 통해 고객 접점을 구성합니다.

4단계 다양한 조사를 통해 각 접점에서의 감정, 만족·불만족, 개선과제, 해결방안 등을 도출합니다.

청바지 구매를 위한 고객 여정 지도

스트릿 패션 스타일에 민감한 A씨

특징
- 최신 패션과 스타일에 관심이 많아 패션 인플루언서를 팔로잉 한다.
- 시즌별로 패션 핫 스팟을 방문하며 패션 시장 트렌드를 탐색하는 것을 좋아한다.
- 스트릿 패션 관련 콘텐츠를 SNS에 자주 업로드한다.

추구 사항
- 합리적인 가격대에서 최대한 스타일을 구현하고 싶다.
- 누구나 스트릿 패션을 시도해 볼 수 있도록 정보를 제공하는 스트릿 패션 인플루언서 활동을 하고 싶다.
- 최신 스트릿 패션에 대해 새롭고 다양한 정보를 공유하고 함께 소통할 수 있길 희망한다.

구분	모델 탐색/검색	비교 분석	인지, 흥미	상세 정보 탐색	구매 검토	구매 전환
접점	인플루언서 사이트, 쇼핑 버티컬앱 (무신사 등)	커뮤니티 리뷰	인플루언서 사이트, 자사 SNS 계정	인플루언서 사이트, 브랜드 사이트	이커머스 사이트, 자사몰 사이트	이커머스 사이트, 자사몰 사이트
행동	카테고리 상품 직접 검색 또는 키워드로 타깃 카테고리 검색	상품 리스트 결과물 중 다양한 상품 비교	상품군에 대한 추가 검색 심화 및 정보 습득 강화 요구	특정 상품에 대한 상세 정보 접근으로 세부 제품 정보 탐색	구매 대상 상품을 장바구니 담기로 예비 구매 행위	결제/주문으로 최종 구매 전환
감정	"청바지 하나 사야겠다."	"음, 어떤 상품이 좋은거지."	"이 브랜드가 괜찮은걸?"	"후기도 좋고 괜찮은데, 살까?"	"일단 장바구니에 담아 두고, 혹시 더 싼 게 있나 보자."	"좋아, 구매 완료! 이제 배송만 기다리자!"
개선 과제	사용자 의도에 맞는 범위/카테고리 탐색 접근이 쉽지 않은 어려움	제품들 간의 핵심 비교 지표를 확인하기가 어려운 리스트 정보 구성	검색 심화를 돕기 위한 필터 옵션의 활용도 낮음	제품 구매 검토로 넘어 가기 위한 필수 정보 (리뷰 등)가 지나치게 소극적으로 다루어짐	장바구니에 담은 뒤 무조건 장바구니로 이동하여 구매를 강요하는 듯한 불편함	결제 완료 메시지만 띄우고 세부 정보를 보여 주지 않아 배송 정보가 잘 들어 갔는지 불안함
해결 방안	카테고리 세분화 및 검색엔진 대응 검색어 인덱싱	최저가 비교, 판매자 평가 등 제품 비교에 필요한 핵심 지표 강화	사이즈 조건, 우수 판매자 필터 등 유사 제품 간의 차이가 생기는 세부 필터 조건 강화	필수 안내 정보 및 다른 구매자 리뷰 정보에 대한 접근성 강화 및 콘텐츠 강화	장바구니에 담은 뒤 다른 상품을 더 탐색하겠느냐는 팝업 노출로 사용자 선택권 강화	결제 완료 시 최종 결제 완료된 상품 정보 및 배송 정보를 요약하여 제공

출처: 브런치스토리

13장

디지털 여정을
이해하는 방식

——

구매가 일어나기까지의 심리적 과정
그들이 디지털에서 탐색하는 방식
그들이 디지털에서 구매하는 방식
그들이 디지털에서 소비하는 방식

MARKETING
WAVE

구매가 일어나기까지의 심리적 과정

소비자의 구매의사결정과정

앞서 소비자가 구매에 이르기까지 복잡한 여정을 거치고 있음을 알았으니, 이제 각 단계에서 소비자가 어떻게 의사결정을 하는지를 살펴보자. 제품의 구매는 단번에 일어나지 않는 경우가 많다. 따라서 구매까지 가는 데 마음속에서 고민하는 단계들을 정리한 것이 구매의사결정과정이다. 구매의사결정은 보통 '문제 인식 단계' '정보 탐색 단계' '대안 평가 단계' '구매 결정 단계' '구매 후 행동'의 5가지 단계를 거치게 되는데, 구매자의 특성, 제품 유형, 구매 상황에 따라 단계를 건너뛰거나 순서가 바뀌는 경우도 있다.

① 문제 인식 단계

구매과정은 소비자가 내적 동기로써 구매에 대한 욕구를 인식하는 것에서부터 시작한다. 마치 허기짐이나 갈증처럼 생리적인 동기에서 욕구가 발생하거나, SNS에 올라온 친구의 해외여행 사진에서 여행에 대한 욕구가 생길 수도 있다. 내부적으로 발생하는 욕구를 문제로 인식한 순간, 소비자는 제품이나 서비스에 대한 필요성을 느끼기 시작한다. 따라서 이 단계에서는 소비자의 흥미를 유발할 수 있는 콘텐츠를 제공해야 한다.

② 정보 탐색 단계

문제가 인식되었으면 본격적으로 정보 탐색이 시작된다. 문제를 해결하기 위해서 어떤 대안들이 존재하며, 각 대안들은 어떤 특징과 장점이 있는지 등을 다양한 루트로 탐색한다. 보통 광고, 리뷰, 추천, 경험 등 다양한 온·오프라인 채널들을 통해 정보 소스를 얻게된다. 이 단계의 소비자는 문제해결이라는 목적을 달성할 수 있는 콘텐츠에 주의를 기울이므로, 마케터는 가급적 제품이나 브랜드, 구매 결과의 사용성에 대한 정보가 잘 전달될 수 있도록 콘텐츠를 제작해야 한다.

③ 대안 평가 단계

다양한 루트를 통해서 정보를 탐색했으면, 선택된 대안들에 대해 비교·평가하는 단계로 넘어간다. 이때 소비자는 가격 대비 품질, 가격 대비 가치를 따지며 실제로 구매할 만한 제품인지의 근거를 찾는다. 개인마다 구매 기준에 차이가 있고 경쟁사보다 더 나은 가치를 제공해야 선택될 수 있으므로, 마케터는 타깃이 원하는 매력적인 구매의 근거를 제시할 수 있어야 한다. 사실 제품을 구매해서 사용해 보기 전까지는 구매가 주는 심리적 위험이 존재하므로 소비자들은 가급적 친구, 온라인 후기, 판매원 등으로부터 조언을 구하려고 한다. 이때 디지털에서는 리뷰, 후기 영상, 인플루언서 등이 큰 영향을 미친다.

④ 구매 결정 단계

구매 결정 단계에서는 대안 평가를 토대로 최종 구매 결정을 내린다. 일반적으로는 자신이 가장 선호하는 브랜드를 구매하지만 구매 의도가 실제 구매로 연결되는 데는 두 가지 요소가 개입된다. 첫 번째 요소는 '타인의 태도'이다. 자신이 중요하다고 생각하는 사람이 하는 조언이나 그들의 시선이 브랜드 선택에 영향을 미친다. 두 번째 요소는 예기치 않은 '상황적 요인'의 발생이다. 구매 의도는 있으나 상황이 변하거나 여의치 않으면, 이전에 했던 의사결정의 고민들이 무산되고 만다. 브랜드 선호에 의한 구매 의도가 항상 실제 구매 선택으로 이어지는 것은 아니다. 특히 디지털에서는 상황 변수의 영향이 크므로 고객의 이탈이 자주 일어남을 염두에 두어야 한다.

⑤ 구매 후 행동

일단 구매가 일어났다고 하더라도 소비자의 행동이 끝난 것은 아니다. 구매 결과에 대해 만족할 경우에는 주변 사람들이나 SNS에 자랑하기 쉽고, 불만족한 경우는 짜증나고 불편한 감정을 해소하기 위해 구매 후기에 악평을 남길 수도 있다. 정말 만족한 고객은 충성도를 보이며 다시 방문하기도 하고, 혼자 오지 않고 지인들을 데려오거나 주변에 홍보하기도 하니 구매 이후의 고객 관리가 중요해질 수밖에 없다. 최근에는 텍스트뿐만 아니라 동영상으로도 구매 리뷰를 남기는 경향이 있는데, 한번 남겨진 영상은 디지털에 영원히 남아 잠재 고객들에게 지속적인 영향을 미치게 된다.

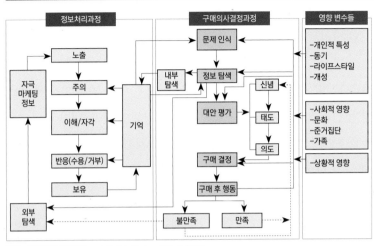

소비자 구매의사결정과정

| 정보처리과정 | 구매의사결정과정 | 영향 변수들 |

정보처리과정: 자극 마케팅 정보 → 노출 → 주의 → 이해/자각 → 반응(수용/거부) → 보유 / 기억 / 외부 탐색

구매의사결정과정: 문제 인식 → 정보 탐색 → 대안 평가 → 구매 결정 → 구매 후 행동 / 내부 탐색 / 신념 → 태도 → 의도 / 불만족 · 만족

영향 변수들:
-개인적 특성
-동기
-라이프스타일
-개성

-사회적 영향
-문화
-준거집단
-가족

-상황적 영향

출처: 소비자 행동의 EKB(Engel-Kollat-Blackwell Model) 모델

디지털에서의 구매의사결정과정

지금까지는 일반적인 구매의사결정과정에서 나타나는 소비자의 내적 프로세스를 설명했다. 위 그림에서 보듯이 이러한 심리 단계는 외부의 마케팅 환경이나 사회·문화적인 변수들의 영향을 받는다. 그럼 디지털에서는 어떨까? 디지털에서도 일반적인 의사결정과정을 거치지만, 과거의 이론에서는 다루지 않았던 정보처리의 환경이 존재한다.

전통적 마케팅에서는 마케터가 소비자의 '구매' 상황에만 집중해 있었다. 하지만 디지털은 소비자가 구매뿐만 아니라 생활의 전반을 경험하는 곳이기 때문에 디지털에서 체류하는 동안 매 순간 마케팅 자극에 노출될 수밖에 없다. 우리가 디지털에서 마케팅 자극에 접촉하는 양상은 다음의 3가지 유형으로 이루어져 있다. 하나의 양상은 디지털 사이트를 열었을 때 나의 의도와는 상관없이 마케팅 자극에 '① 노출(exposure)'되는 경우다. 네이버나 구글은 이미 검색 광고나 배너 광고로 뒤덮여 있으며, 다양한 애플리케이션 역시 그 안에 담고 있는 많은 콘텐츠가 광고이거나 유통으로 연결되는 구조로 되어 있다. 디지털 사이트가 광고판이라고 해도 과언이 아니다.

또 다른 양상은 특정 사이트에 의도적으로 들어와서 그 안의 내용들을 '② 탐색(exploration)'하면서 머무는 경우이다. '오늘의집'에 포스팅된 인테리어 소품들을 눈팅하며 보는 경우도 있고, 내가 좋아하는 인플루언서의 인스타그램을 이리저리 구경하는 경우도 있다. 이렇게 특정 사이트에 관심을 가지고 들여다보면서 다양한 콘텐츠를 접하게 되는데, 이런 콘텐츠들을 보다 보면 없던 욕구가 생겨나는 일이 비일비재하다. 이는 놀면서 구매하는 경우에 해당한다.

마지막은 궁금하고 필요한 내용을 아예 '③ 검색(search)' 창에 입력해서 좀 더 적극적으로 문제의 해결을 찾아 나서는 경우이다. 이 때는 이미 욕구가 존재한 상태에서 해결책을 찾아 움직이게 되므로 앞의 두 양상과는 출발이 다르다. 검색 행동은 의도가 명확하기 때문에 찾는 콘텐츠에도 문제해결을 위한 힌트가 담겨 있어야 한다. 그만큼 검색은 구매로 연결될 가능성이 높은 타깃들에게 주로 나타나는 행동이다.

이렇게 디지털에서의 접촉은 노출, 탐색, 검색의 3가지 유형으로 나뉜다. 디지털 접촉은 검색에서 탐색이나 노출로 흘러갈 수도 있고, 탐색하다가 더 세부적으로 검색을 하는 행동으로 넘어가기도 한다. 디지털은 욕구의 '인식' 이전에 자극에의 '접촉'이 중요한 화두이므로, 무엇보다 고객과의 접촉을 위한 접점 설계가 중요해진다. 따라서 마케터는 디지털에서의 구매의사결정과정을 다루는 데 있어서 문제 인식 단계와 정보 탐색 단계에서 고객과의 접점을 세밀히 설계해야 한다.

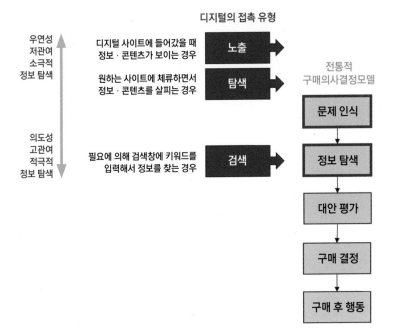

디지털에서의 구매의사결정과정

디지털의 접촉 유형

우연성
저관여
소극적
정보 탐색

디지털 사이트에 들어갔을 때
정보 · 콘텐츠가 보이는 경우
노출

원하는 사이트에 체류하면서
정보 · 콘텐츠를 살피는 경우
탐색

의도성
고관여
적극적
정보 탐색

필요에 의해 검색창에 키워드를
입력해서 정보를 찾는 경우
검색

전통적
구매의사결정모델

문제 인식

정보 탐색

대안 평가

구매 결정

구매 후 행동

그들이 디지털에서 탐색하는 방식

디지털에서의 소비자 행동을 좀 더 자세히 살펴보기 위해 '탐색' '구매' '소비' 행동을 구분해 보자. 앞서 언급했듯이 디지털에서의 정보를 접하게 되는 경우는 상당히 광범위하다. 우리가 디지털을 생활의 공간으로 이용하면서 항상 로그온되어 있다 보니, 디지털에서는 정보 탐색의 비중이 상당히 크다고 할 수 있다.

정보의 실체가 다채로워졌다

디지털이 지금처럼 활성화되기 전에 소비자는 마케터에 의해 통제되는 상업적 원천을 주요 정보원으로 삼았다. 그때는 TV 광고가 가장 중요한 마케팅 정보의 전달 수단이었다. 하지만 지금은 소비자가 정보의 주체인 시대이다. 기업도 더 많은 소비자에게 클릭 받을 수 있도록 정보와 콘텐츠를 생산하고, 타깃 고객이 많이 다니는 길목을 찾아서 콘텐츠를 노출시킨다.

그러면서 정보의 내용도 많이 달라졌다. 요즘은 제품의 장점을 어필하는 제조사 관점의 정보보다, 소비자의 사용성이나 경험에 부합하는 정보와 콘텐츠가 각광받는다. 사실 정보라는 표현이 무색할 정도로 소비자는 콘텐츠를 소비한다. '정보'의 사전적 의미는 어떤 자료나 소식을 통해 얻는 '지식의 총량'을 의미한다. 소비자가 디지털에서 얻고자 하는 것은 지식이 아닌 경험이다. 그런 의미에서 정보보다는 콘텐츠가 더 적합한 표현이다. 콘텐츠이기에 디지털에 들어서자마자 자연 노출도 되고, 좋아하는 사이트를 돌면서 마음에 드는 콘텐츠를 탐색하기도 한다. 따라서 마케터는 디지털 소비자의 시선을 얻기 위해 다양한 콘텐츠를 잘 다룰 수 있어야 한다.

디지털 소비자들이 접하고 찾게 되는 콘텐츠에는 어떤 것들이 있을까? 첫째, '소셜미디어 콘텐츠'이다. 1인 미디어 시대가 열린 만큼, 개인 소비자들은 자신의 SNS에 수시로 일상을 공유한다. 이를 통해 자신을 표현하고, 디지털 지인들의 '좋아요'를 받으며, 누군가와 연결되고 소속된 느낌을 받고 산다. 이는 마케팅 정보라기보다 소비자의 라이프이다. 그리고 이러한 일상적인 콘텐츠가 다른 소비자의 구매 행동에도 지대한 영향을 미친다.

둘째, '리뷰 콘텐츠'이다. 리뷰 콘텐츠는 구매 리스크를 줄이려는 소비자의 정보 탐색 욕구로 인해 그 영향력이 점점 커지고 있다. 리뷰가 없는 제품은 판매가 잘 일어나지 않는다. 그만큼 얼굴도 모르는 누군가의 리뷰일지라도 디지털에서는 상당한 신뢰를 갖는다. 따라서 마케터는 우리 제품에 리뷰가 달렸는지, 어떤 리뷰가 달렸는지, 언제 소비자들이 리뷰를 남기는지, 진성 리뷰를 어떻게 얻을 것인지 등을 고민해야 한다.

셋째, '인플루언서 콘텐츠'이다. 언제부터 마케팅 영역에 '인플루언서(influencer)'라는 새로운 영향력자들이 등장하기 시작했다. 초기에는 팔로워 100만 명 이상의 '메가(mega) 인플루언서'가 관심을 받았는데, 점차 팔로워 10만 이상의 '매크로(macro) 인플루언서'를 거쳐, 지금은 거의 일반인에 버금가는 '마이크로(micro)' 또는 '나노(nano) 인플루언서'가 쇼핑 시장을 견인하고 있다. 팔로워 수가 줄어들면 영향력의 범위는 작을 수 있지만, 이들은 일반인과 유사한 느낌을 주면서 나름의 전문성과 친근함을 가지고 자신의 영역에서 공감 있는 영향력을 행사하고 있다.

소비자들이 다른 마케팅 자극보다 인플루언서에게 큰 영향을 받는 이유는 명확하다. 제품에 대한 꼼꼼한 정보력, 진정성 있는 콘텐츠와 매력적인 어필 능력 덕분에 사람들은 인플루언서의 검증력을 선호한다. 이들이 영향을 미치는 부분은 정보의 탐색과 평가이다. 이때 인플루언서가 제힘을 발휘하기 위해서는 브랜드와 인플루언서가 잘 매칭되어야 하므로, 브랜드는 자신의 매력을 어필하는 데 시너지를 일으킬 수 있는 인플루언서를 고려하게 된다.

넷째, '경험 콘텐츠'이다. 사람들이 디지털에서 진짜 원하는 정보가 무엇일까? 광고가 아니다. 바로 콘텐츠이다. 특히 이들이 원하는 것은 자신의 삶을 돕는 경험의 콘텐츠이다. 디지털에는 스포츠든, 요리든, 여행이든 개개인의 취향과 관심에 따라 다양한 콘텐츠들이 넘쳐 난다. 그리고 이러한 경험의 콘텐츠를 중심으로 사람들이 모이고 연결된다. 이렇게 모여 나눈 소통의 정보들이 커뮤니티에 넘친다. 이런 콘텐츠 소비 맥락을 잘 활용한 기업들이 버티컬 플랫폼 앱들이다. '당근' '오늘의집' '무신사' '스타일쉐어' 같은 플랫폼들은 콘텐츠와 커뮤니티로 소위 대박을 쳤다.

고객이 원하는 정보는 소비자의 진짜 정보이다. 그들은 제품 소개도, 리뷰도 아닌, 경험 그 자체를 원하는 것이다. 그 정도로 디지털 소비자의 눈높이는 섬세하다. 이미 개인 미디어가 된 디지털에서 경험은 오가닉 트래픽을 일으키는 절대 콘텐츠이다. 경험 콘텐츠를 막강하게 만드는 데 직접 콘텐츠를 생산하고 유통하는 실제 소비자들이 움직인다. 그렇기에 새로운 시대의 마케팅 커뮤니케이션 중심에는 소비자가 있어야 한다. 소비자와의 대화는 마케팅 메시지를 바이럴 콘텐츠로 발전시키는 힘을 발휘한다. 이런 관점에서, 앞으로 기업은 고객들이 자발적으로 브랜드 경험을 공유하고 확산시킬 수 있도록 의미 있는 콘텐츠 소스를 제공해야 할 것이다.

디지털에서 탐색하는 다양한 정보

인스타그램 위치 스토리와 해시태그 스토리

인스타그램의 일상 공유 콘텐츠

카페24의 인기 크리에이터

출처: Byline Network

병원 온라인 리뷰

정보를 유통시키는 것은 알고리즘이다

요즘 디지털에서 정보가 전달되는 과정을 생각해 보자. 사람들은 습관적으로 정보를 브라우징하고, 종종 내 글과 사진들을 SNS 피드에 업로드하거나 제품 사용에 대한 리뷰를 남긴다. 정보 전달 과정의 이면에서는 이 모든 행동이 데이터로 쌓여 알고리즘의 통제권으로 들어간다. 정보의 용량은 이제 사람의 힘으로 관리할 수 있는 범위를 넘어섰다. 적합한 타깃을 찾고 어떤 사이트에 어떤 정보를 노출시킬지는 알고리즘의 관할이 되었다.

디지털에서는 내가 남긴 행동들이 AI에 의해 파악되어 내 피드는 큐레이션된 정보들로 채워진다. 모두 다 똑같은 화면을 보는 것이 아니라 나와 연관성이 있는 사이트와 정보들이 알고리즘에 의해 걸러져서 보여지는 것이다. 소비자 역시 알고리즘의 도움으로 불필요한 정보의 홍수 속을 헤매지 않고도 시시각각 새롭게 등장하는 정보들을 손쉽게 접할 수 있게 되었다. 어찌 보면 이제 정보의 통제권은 소비자에서 알고리즘으로 넘어갔다고 해도 과언이 아니다.

따라서 마케터들은 소비자 외에 알고리즘의 작동법까지 연구해서 마케팅을 기획해야 한다. 알고리즘이 선택하지 않은 정보는 메인 화면에 오르지 못하고 그렇게 되면 소비자 눈에조차 띄지 못하기 때문이다. 앞으로 개인 맞춤형 서비스는 점점 더 고도화될 것이다. 마케터 역시 개인의 관심 이력과 현재의 트렌드를 반영하는 알고리즘에 선택되기 위해, 개인의 콘텍스트에 기반한 콘텐츠 제작에 노력을 기울여야 한다.

네이버 알고리즘 이해하기

네이버 블로그는 씨랭크(C-RANK)와 다이아 플러스(D.I.A.+)
알고리즘을 통해 양질의 글을 상위에 노출하고 있습니다.

C-RANK 검색 로직

콘텐츠가
블로그 주제에 맞게
작성되었는가?

블로그의
콘텐츠 품질이
우수한가?

블로그의
콘텐츠는 어떻게
반응되는가?

맥락
(Context)

내용
(Content)

연결된
소비/생산
(Chain)

출처의 신뢰도/인기도
(Creator)

C-RANK는 문서 자체보다 해당 문서의
출처인 블로그의 신뢰도를 평가하여 양
질의 글을 선별하는 알고리즘입니다.

꾸준히 한 주제에 관한 양질의 글을 제
공하면 상위에 노출될 수 있습니다.

D.I.A.+ 검색 로직

D.I.A.: Deep Intent Analysis

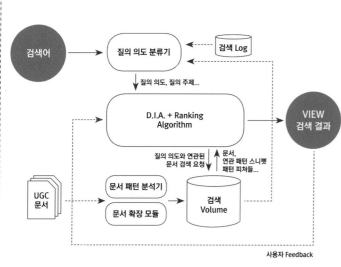

검색어

질의 의도 분류기

검색 Log

질의 의도, 질의 주제...

D.I.A. + Ranking
Algorithm

VIEW
검색 결과

질의 의도와 연관된
문서 검색 요청

문서,
연관 패턴 스니펫
패턴 피처들...

UGC
문서

문서 패턴 분석기

문서 확장 모듈

검색
Volume

사용자 Feedback

D.I.A.+는 네이버에서
양질의 글을 선별하기
위해 개발한 알고리즘으
로, 고객의 니즈에 부합
하는 콘텐츠 주제와 키
워드를 발굴하여 검색
의도에 맞는 문서를 상
위 노출시킵니다.

낚시성 글이 아닌, 사람
들의 공감을 사는 좋은
글, 오래 읽을 수 있는 글
은 상위 노출될 수 있습
니다.

그들이 디지털에서 구매하는 방식

구매는 유통에서만 이루어지지 않는다

디지털에서는 제품을 구매할 수 있는 채널이 무궁무진하다. 그리고 구매할 수 있는 방식도 상당히 다채로워졌다. 커머스 사이트뿐만 아니라, 버티컬 앱, 유튜브 인플루언서 영상, 숏폼 커머스, 메타 커머스 등 다양한 채널에서 판매 기능을 선보이며 커머스 시장이 비약적으로 성장하고 있다. 구매 방법도 일반 구매 외에 구독, 중고구매, 선물하기, 라이브커머스, 공동구매, 클라우드펀딩 등 다양하게 마련되어 있다. 소비자들도 더 이상 디지털에서 전형적인 쇼핑 프로세스를 거치지 않는다. 이들이 하는 쇼핑은 단순한 제품 구매가 아니다. 구매이기에 앞서 콘텐츠 소비이고, 아이디어에 대한 투자이다. 과거에 보지 못한 쇼핑의 혁명이 오고 있다.

쇼핑의 두 유형: 목적형 vs. 발견형

디지털에서 제품이 팔리는 방식을 보면 크게 '검색(Search)'과 '발견(Discover)'으로 이루어짐을 알 수 있다. 구매자는 필요에 의해 물건을 '찾기도(검색)' 하지만, 여기저기 기웃거리다가 눈에 띄는 제품을 '만나(발견)' 구매하는 경우도 부지기수이다. 여기서 검색을 통해 정확히 원하는 상품을 찾아가는 쇼핑을 **'목적형 쇼핑'**, 자유롭게 탐색 활동을 하다가 눈에 띄어서 구매하게 되는 쇼핑을 **'발견형 쇼핑'**이라고 구분할 수 있다.

이렇게 다른 방식의 쇼핑에 대응하기 위해서는 과거의 유통 채널 전략 외에 '검색'과 '발견'이라는 소비자의 구매 유형에 따른 마케팅 전략이 필요하다.

최근에는 생성형 AI의 등장으로 인해 목적형 쇼핑에 변화가 생기고 있다. AI에는 '키워드'가 아닌 '질문'을 바로 던져지므로, 검색 결과가 아닌 솔루션이 제공되자 검색 트래픽이 줄어드는 현상을 우려하게 된 것이다. 검색 광고 수요가 줄어들게 되면 앞으로는 발견형 쇼핑을 통한 마케팅의 기회가 더 늘어날 것이라는 전망이다. 탐색형 유저들의 모먼트를 공략하는 것이 더 의미 있어질 것이라는 이야기이다. 이렇게 되면 무엇보다 콘텐츠의 힘이 중요해진다. 다양한 접점에서 마케터가 노려야 할 것은 구매하고 싶은 소비자의 마음이기 때문이다.

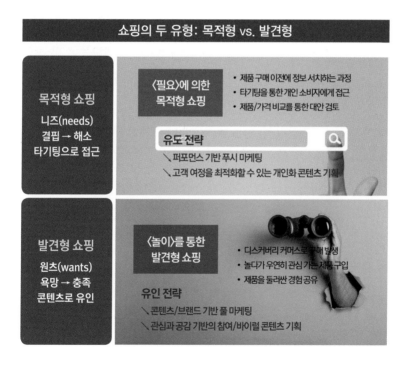

그들이 디지털에서 소비하는 방식

일단 상품을 구매하고 나면 어떤 일이 일어날까? 소비자들은 온라인에서 구매 후 행동을 어떻게 하고 있을까? 소비자의 모든 행동은 욕망에 근거할진대, **구매 후 행동들에 어떤 욕망이 내재되어 있는지 살펴보자.**

사람들은 디지털에서 자기의 정체성을 드러내고 싶어 하고, 사람들에게 호응받고, 의견을 주고받으며, 자기만의 세상을 즐기고 싶어 한다. 그러는 중에 소비가 일어난다. 이들이 SNS 피드에 올리는 콘텐츠를 보면 일상을 공유하는 와중에 자신이 소비한 제품과 브랜드가 자연스럽게 드러난다. 구매 이후의 과정에서 발생하는 소비 경험의 공유가 새로운 정보로써 디지털 세상에 업로드된다.

소비에 대한 욕망이 바뀌고 있다. '필요'보다 '의미'이고, '소유'보다 '경험'이다. 경험이 점점 더 중요해지는 이유는 지금이 물질적 필요가 충족된 시대이기 때문이다. 상품은 넘쳐 나고, 품질은 평준화되었으며, 취향에 따라 원하는 상품을 다양하게 소비하고 싶어 하는 심리가 만연하여, 물질과 필요에서 경험과 의미로 무게중심이 옮겨 간 것이다. 고객의 마음을 얻을 수 있는 특별한 브랜드가 되지 못한다면, 결국 제 살 깎아 먹는 가격 경쟁의 늪에 빠질 수밖에 없다.

소비자의 마음을 사기 위해서는 어떻게 해야 할까? 그들에게 '와우(WOW)'를 느끼게 해 주면 된다. WOW에는 기대를 초월하여 놀라움을 선사하는 즐거움이 있다. WOW는 개인적인 감성으로만 느낄 수 있으며, 내가 경험한 것을 다른 사람에게도 알리고 싶어 하는 자발성을 품고 있기도 하다. WOW를 경험한 고객은 브랜드와 기업을 옹호하고 스스로 팬이 되길 자청한다. 연결성이 높은 시대에 기업은 WOW의 경험으로 자신의 영역을 넓혀야 한다. 소비자에게 WOW를 느끼게 하려면 마케터는 철저히 고객 관점에서의 즐거움을 설계해야 한다. 고객이 우리 브랜드에서 WOW의 기쁨을 누리고, 함께 한다는 소속감으로 기업과 소통한다는 느낌을 받으면, 그들은 기꺼이 자신의 시간과 감정을 내어놓기 때문이다.

만족 · 불만족의 감정 표현

만족과 불만족은 소비자가 제품을 구입한 이후 느끼게 되는 후속 감정이다. 만족스러운 고객들은 제3의 마케터가 되어 스스로 제품을 홍보해 주지만 제품의 품질이나 사용성이 기대에 미치지 못해 부정적인 감정을 품은 고객들은 만족한 고객들과 다르게 반응한다. 원래 나쁜 소문은 좋은 소문보다 더 멀리, 더 빠르게 퍼져 나가는 법이다. 불만족은 불쾌한 감정을 불러일으키기 때문에 이를 해소하기 위해서라도 이들은 부정적인 구전을 퍼뜨린다. 이들은 SNS를 통해 기업과 제품에 대해 부정 리뷰를 남기며, 또 다른 피해자가 생기지 않도록 자신의 경험을 적극적으로 공유한다. 따라서 기업은 리뷰 사이트를 통해 고객의 만족도를 정기적으로 측정하고 관리해야 한다.

자기 표현을 위한 '콘셉질'

소비자의 마음에 드는 제품일수록 구매에 대한 충족감이 높아진다. 소비자의 마음 깊숙이 자리 잡은 브랜드는 그를 드러내 주는 또 하나의 수단이 된다. 휴대폰을 손에 쥐고 자신만의 세상을 이룬 소비자들은 다양한 소비를 통해 자신을 표현하고 디지털 세상을 꾸미며 살아간다. 내가 남과 달라야 나의 존재감이 더 의미 있게 드러나는 법이다. 많은 제품과 브랜드 역시 남들과 다른 방식으로 나를 표현하고 차별화된 이미지와 정체성을 드러내기 위한 방편으로 소비된다. 이들은 단순히 유명한 연예인이 썼기 때문에 나도 사고 싶다기보다, 얼마나 나에게 잘 어울릴 것인지를 살피며 상품을 구매한다.

이러한 특성은 디지털 네이티브인 Z세대의 소비 성향을 보면 알 수 있다. 그들은 독특한 개성을 드러낼 수 있는 개인화된 서비스를 선호하며, 특별한 나만의 무언가를 찾기 위해 다양한 사이트를 탐색하길 주저하지 않는다. 이들은 '콘셉트'가 없는 제품에는 감동받지 않는다. 이들이 보여 주는 소비의 실체는 디지털 아이디로 살아가고 있는 자신에 대한 콘셉트화된 표현이다. 그렇기에 마케터는 브랜드를 통해 소비자 개개인이 자신에게 특별하고 의미 있는 경험들을 소비할 수 있도록 세심한 관심을 기울여야 한다.

제품의 '소유'보다 '의미'를 소비

요즘에는 상품보다 굿즈가 더 높은 가치로 거래되는 것을 자주 목격한다. 왜 젊은 세대들은 굿즈에 열광할까? 이들의 굿즈 소비 행태에는 당장 쓸모 있지 않아도 기꺼이 구매하려는 경향이 묻어 있다. 상품의 기능은 중요하지 않다. 이들이 몇 개 안 되는 한정판 굿즈를 통해 충족하고 있는 것은 희소성 있는 물건을 득템했다는 우월감과 감각 있는 소비를 했다는 자기 만족 등의 심리적 경험이다. 이는 상품의 소유가 주는 가치 그 이상이다.

핸드메이드 상품이 눈에 띄는 것도 내 안목과 맞닿아 있는 물건에 더욱 마음이 가기 때문이다. 나만을 위한 개인화된 물건, 특별한 의미와 경험을 품은 물건은 뭐가 달라도 다르다. 심리적 애착까지 덧붙인 더 고도화된 차별화 전략이다. 디지털에서는 개성이 살아 있는 수공예품, 이를 만드는 작가와의 만남, 내가 원하는 컬러와 디자인으로 제작된 나만의 커스텀과 같은 의미를 담은 소비가 자주 일어난다. 상품 이상으로 어떤 의미를 담을 것인지, 이를 디지털의 연결 기술로 어떻게 확장해서 소비자에게 정서적인 충족감을 줄 것인지를 고민하는 것, 이것이 진화된 상품 기획의 방향이다.

'스토리'는 퍼뜨리고 싶은 재미

스토리에는 사람들을 불러 모으는 힘이 있다. 마케터는 이미 오래전부터 브랜드에 '스토리'를 입히고, '캐릭터'를 붙이며 브랜드를 친근하게 만들기 위해 노력해 왔다. 브랜드가 캐릭터의 성격과 감정을 가지고 표현되는 순간, 고객은 브랜드를 하나의 인격체로 느끼게 된다. 캐릭터가 개연성을 가지고 살아 숨 쉬기 위해서는 탄탄한 세계관과 스토리텔링이 필요하다. 디지털에서 세계관 마케팅이 뜨는 이유도 소비자의 과몰입을 유도하기 위해서이다. 이러한 과몰입은 소비자에게 또 다른 재미와 즐거움을 선사한다. 브랜드 세계관 속에서 생동감을 얻은 캐릭터가 '떡밥'을 던지면 팬들은 뜨겁게 호응한다. 고객과 브랜드는 스토리를 통해 활발히 소통하며 정서적 연결을 이어 나간다. 더불어 세계관의 세계에 공감하는 사람들이 몰려들며 자연스럽게 커뮤니티가 형성되는 효과도 노릴 수 있다.

관계를 넘어 '팬'으로

최근 이커머스 시장의 추이를 보면 과거의 유통과는 확연히 다른 점을 알 수 있다. 상품 라인업을 쭉 늘어놓고 가격 프로모션으로 소비자들을 유인했던 쇼핑몰이 최근에는 다양한 미디어 기능과 소셜 기능을 첨가하며 쇼핑의 즐거움을 배가시키고 있다.

'스타일쉐어'처럼 자신의 스타일에 대해 커뮤니티 공간에서 소통하며 구매를 즐기게 하는 쇼핑몰, '마이리얼트립'처럼 원하는 타입의 여행 가이드와 고객을 매칭해서 한 사람만을 위한 투어를 기획해 주는 여행사, '배짱이들(배달의민족 팬)'을 위한 놀이의 공간과 참여 이벤트를 개최하며 배달 서비스를 영위하는 배달업체 등, 쇼핑의 즐거움은 구매의 순간을 벗어나 자신을 표현하고 서로 교류하는 시간들로 확장되고 있다.

디지털에서의 소비는 철저히 관계에 기반한다. 자유롭게 자기를 표현하고, 댓글과 콘텐츠로 소통하면서 형성된 정서적 유대 위에서 자연스럽게 판매가 이루어지는 공간. 이렇게 소통이 구매가 되고, 구매가 다시 소통이 되는 곳이 디지털이다.

따라서 기업은 이제 소비자와 어떤 관계를 맺으면서 자연스럽게 구매를 이끌어 낼 수 있을지 고민해야 한다. '컨슈머'가 아니라 '팬슈머'가 필요하다는 말이 괜히 나오는 것이 아니다. 아이돌 같은 팬덤은 아니더라도, 우리 브랜드에 반응하는 확실한 커뮤니티를 확보하는 데 마케팅 자원을 아끼지 말아야 한다.

누구라도 크리에이터

과거의 소비와는 달리 지금의 소비는 '생산'의 개념을 포함하고 있다. 일반 소비자도 스마트폰을 통해 구매한 상품을 가지고 다양한 창작 활동을 하기 때문이다. 손쉬운 UX/UI의 스마트폰 덕분에 창작은 더 이상 부담스러운 일이 아니다. 지금은 모바일과 와이파이만 있으면 누구든, 어디서든 크리에이터로 변신할 수 있다.

이런 창작은 개인적으로 일어날 수 있지만, 집단 창작의 형태로도 나타난다. 개인 소비자는 서로의 콘텐츠에 댓글로 의견을 주고받으며 소통을 키워 나간다. 또한 크루 활동을 통해 함께 콘텐츠를 만들기도 하고, 서로 후원하며 함께 성장해 나가기도 한다. 디지털에서는 생산과 놀이의 경계가 없다. 다양한 사이트를 돌아다니면서 자신을 표현하고 일상을 남기며 즐겁게 노는 동안 창작 활동은 자연스럽게 일어난다. 마케터가 할 일은 마음껏 놀 수 있도록 판을 깔아 주는 것이다.

디지털은 '소비'가 아닌 '소비 놀이'의 공간

디지털에서는 판매 방식이 바뀌고 있다. 경험, 놀이, 교류에 판매가 붙고 있고, 역으로 판매에 경험, 놀이, 교류가 붙고 있다. '팔지 말고 놀게 하라'는 말이 나올 정도이다. '무신사'만 보더라도 체류 시간이 긴 고객이 물건을 구매하는 빈도도, 리뷰를 남기는 빈도도 높다. 마케터의 목적은 즐겁게 놀게 해서 오래 머물게 하고, 많이 구매하게 하고, 그들의 진짜 경험을 남기게 하는 것이다.

디지털은 단순히 물건을 사는 곳이 아니다. 다양한 경험을 하면서 서로의 체험을 나누는 놀이의 장, 교류의 장이다. 여기서 브랜드가 해야 하는 역할이 나온다. 바로 브랜드를 구심점으로 하는 '디지털 놀이터'를 만들어 주는 것이다. 대표적인 사례가 '29CM'이다. 이곳은 온라인 쇼핑몰이 아니다. 브랜드 공간이다. 오프라인에서 놀고 쇼핑하던 경험을 디지털에서 똑같이 하고 있는 것이다. 29CM 안에서의 쇼핑은 발견하고, 표현하고, 즐기고, 연결하고, 경험하는 동안 일어난다.

이제 마케팅 전략의 핵심은 '고객에게 우리 브랜드의 독보적인 차별점을 잘 알리자'가 아니라, '고객에게 어떤 의미 있는 경험을 줄 것인가'가 되어야 한다. 또한 '판매 기반의 제품 소비'가 아닌 '관계 기반의 콘텐츠 소비'가 이루어지도록 해야 한다. 이 과정에서 자연스럽게 참여와 창작이 이루어지며, 팬과 브랜드가 함께 하는 생산-소비-확산의 브랜드 문화가 형성되도록 힘써야 한다. 이제 디지털은 '구매'가 아닌 '생활'과 '문화'의 공간이 되었음을 잊지 말자.

취향 콘텐츠로 힙한 쇼핑몰이 된 29CM

독보적 자원을 확보하는 방법
상품 → 서비스 → 콘텐츠 → 경험으로 고객 가치 확장

취향이 콘텐츠가 되는
힙한 쇼핑몰, 29cm

멸종 위기 동물들의 스타일북 29 Animals

29CM 팝업 스토어

다양한 컬처 콘텐츠 담은 브랜드 코멘터리 운영

'슬기로운 29생활' 오리지널 콘텐츠

위클리 에세이

29 선물가게 프로젝트

냇물이 모이면 강을 이루고
강이 모이면 바다를 이룬다.

제4부

마케팅 작동 원리의 변화

디지털 웨이브를 만들어라

MARKETING
WAVE

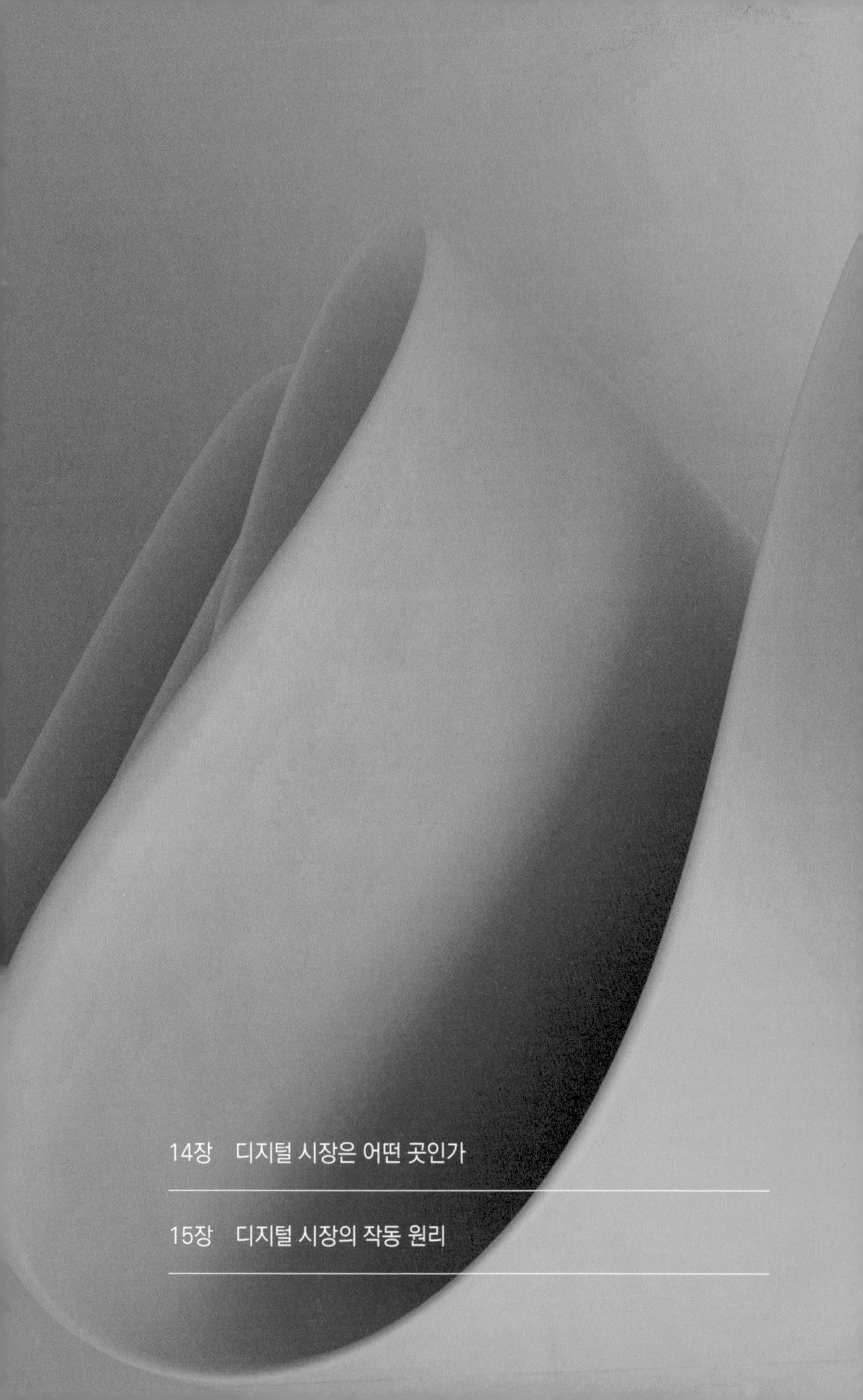

14장 디지털 시장은 어떤 곳인가

15장 디지털 시장의 작동 원리

14장

디지털 시장은
어떤 곳인가

———

'고객 지향'의 의미
'관계'는 디지털 시장의 기본 단위이다
디지털은 개인들이 모인 공동체 시장이다
공동 창조의 힘은 '커뮤니티'에서 나온다
마케팅에 영혼을 담아라

MARKETING
WAVE

'고객 지향'의 의미

매출은 마케터에게 최종 성적표와 같은 것이다 보니, 많은 마케터들은 우리 제품을 사줄 새로운 수요에 집중하는 경향이 있다. 이들은 매출을 올리기 위해 새로운 고객을 끊임없이 찾아서 제품을 알리고, 잠재 고객에게 구매를 독려해야 한다고 생각한다. 기존 고객들은 언제 또 구매의 마음을 먹을지 모르기 때문에, 이들은 기존 고객 유지에 드는 비용을 다소 부담스럽게 느낀다. 보통의 마케터는 고객 관리를 언제 성과가 날지 모르는 장기전으로 여기기 때문에 대부분 고객 관리에 취약한 면모를 보인다.

하지만 실제 매출의 많은 부분은 기존 고객들에 의해 만들어진다. 고객 유지 비율을 5%만 높여도 이익이 적게는 25%에서 많게는 95%까지 올라간다거나, 8%의 충성도 높은 재구매 고객이 전체 매출의 40%를 차지한다는 연구 결과들이 나올 만큼 고객 유지는 비즈니스의 성공에 중요한 척도가 된다. 실제로 기존 고객은 이미 해당 브랜드에 익숙하고 경험을 통해 신뢰도를 갖게 되므로 신규 고객을 확보하는 것보다 기존 고객을 유지하는 것이 마케팅 비용도 훨씬 적게 든다.

그럼, 디지털에서는 어떠할까? 스크롤을 내리면 끝도 없이 나오는 상품들, 온라인 사이트 안에서 수시로 손짓하는 광고 콘텐츠 사이에서 특정 브랜드에 대한 충성도를 갖기란 여간 어려운 일이 아니다. 그러다 보니 디지털에서는 신규 고객 획득에 집착하는 경향이 더욱 심해진다. 대부분의 디지털 마케터들이 구글 광고, 네이버 광고, 메타 광고 등에 매달려 많은 광고비를 쓰고 있지만, 중간에 이탈하는 소비자들이 많아서 매출까지 고객 트래픽을 연결시키기가 상당히 어렵다. 그래서 중간에 손실되는 비용을 줄이기 위해서라도 타기팅을 고도화하여 마케팅 효율을 높이려고 한다.

디지털에서 역시 신규 고객을 구매로 연결시키기 위해서는 기존 고객보다 더 많은 마케팅 비용을 쏟아야 한다. 특정 사이트에 들어온 신규 고객에 비해 기존 고객이 구매를 완료할 확률이 9배나 더 높다고 하니, 구매 전환율 측면에서도 기존 고객을 상대하는 것이 더 효과적이다. 하지만 디지털에서 기존 고객이 보이는 낮은 충성도로 인해, 많은 마케터들은 기존 고객 유지냐, 신규 고객 유치냐의 무게중심 사이에서 답 없는 갈등을 반복한다.

어떻게 이런 문제를 처리할 수 있을까? 고객이 만족하면 그들이 알아서 우리 제품을 홍보해 준다는데, 고객을 만족시키는 것만으로 그들의 충성도를 기대할 수 있을까? 이는 디지털의 생리를 이해해야 풀리는 문제이다. 고객 만족은 여전히 제품 중심의 개념이다. 제품이 좋으면, 즉 제품이 그들의 필요를 충족하면 고객은 만족한다. 이것은 고객을 피주체자로 보는 과거의 접근이다.

지금의 고객은 과거와 달리 수동적이지 않다. 그들은 디지털 환경을 생활의 공간으로 여기고 자신의 환경을 스스로 구축하는 삶의 주체자로 살아간다. 마케터는 디지털을 고객의 주체적인 공간으로 여기고, 그들이 원하는 삶의 터전으로 만들어 주려는 자세로 접근해야 한다. 이는 '제품 중심'의 접근이 아니라 지극히 '소비자 중심'의 접근이다. 그리고 이러한 접근에서는 브랜드의 경험을 그들의 삶의 경험으로 여기게끔 '고객 만족'이 아닌 '고객 지향'의 마음으로 다가가야 한다. 앞으로의 마케팅은 고객 지향으로 설계되어야 신규 고객을 유치하거나 기존 고객을 유지하는 데 유리해진다. 이것은 고객 가치에서부터 출발

하는 마케팅의 본질이자, 기업이 고객 지향을 최우선 목표로 삼아야
하는 이유이다.

'고객 지향'의 의미

디지털이 자기 정체성과 자기 관련성이라는 '고객 지향'의 접근으로 다뤄질 때,
고객에게 필요, 의미, 재미의 가치를 제공하며 고객 생활의 터전으로서 의미를 갖는다.

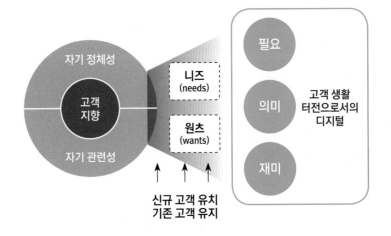

어느 직장인의 하루

6 : 00	7 : 00	9 : 00
기상 모바일 알람	**출근길 준비** 유튜브 시청	**출근** OTT 드라마 시청

12 : 00
점심 식사 맛집 검색

18 : 00	15 : 00
퇴근 온라인 쇼핑	**업무** 화상 회의

20 : 00
운동 스마트워치 체크

21 : 00	23 : 00
휴식 넷플릭스 시청	**취침** 팟캐스트 청취

- **6:00** 모바일 알람으로 지정한 음악 소리에 눈을 뜬다.
- **7:00** 눈뜨자마자 카톡으로 메시지를 확인하고 유튜브를 시청하며 출근 준비한다.
- **8:00** 출근길에 OTT 드라마를 시청한다.
- **12:00** 점심 시간에는 회사 인근 맛집을 검색한다.
- **13:00** 오늘 먹은 새로운 파스타 사진을 인스타그램에 업로드한다.
- **15:00** 업무 시간에 외주업체와 화상 회의로 보고서를 리뷰한다.
- **17:00** 오후에 짬날 때 겨울 코트를 검색하고 리뷰를 살펴본다.
- **18:00** 퇴근길, 지하철에서 내일 아침 먹을 다이어트 식단을 온라인으로 구매한다.
- **19:00** 주말에 친구와 함께 볼 영화를 예매한다.
- **20:00** 헬스 트레이닝 앱으로 운동하며 스마트워치로 오늘 운동량을 체크한다.
- **21:00** 밤에는 거실 TV로 넷플릭스 최신 미드를 시청한다.
- **22:00** 자기 전 친구들과 카카오톡으로 채팅을 한다.
- **23:00** AI 기기가 들려 주는 팟캐스트를 청취하며 잠자리에 든다.

'관계'는 디지털 시장의 기본 단위이다

　고객 지향 마케팅을 하면 어떤 혜택이 있을까? 앞서 이야기한 대로 신규 고객 유치나 기존 고객 유지에 좀 더 자연스러운 흐름을 만들 수 있다. 어떻게 이것이 가능할까?

　마케터가 항상 주목하는 것은 잠재 고객이다. 그들은 누가 우리 제품과 브랜드에 반응하고 우리에게 호의를 베풀 것인가에 촉각을 세운다. 전통 마케팅에서는 잠재 고객을 영입하는 방편으로 광고나 홍보, 매장 프로모션을 주로 활용하고, 간간이 사용자의 구전(WOM)의 도움을 받았다. 반면, 디지털에서는 그 어떤 것보다도 기존 고객의 리뷰가 절대적인 영향을 미친다. 광고를 보고 제품을 알게 되더라도 고객 후기를 읽고 동영상 리뷰를 찾아보면서 구매 결정의 여부를 따진다. 이처럼 오늘날에는 소비자의 경험이 정보로서 가치를 지니고 이들의 자발적인 공유가 기업 마케팅의 사활을 결정하는 중요한 요인이 된다.

　이들이 자발적으로 정보를 공유하는 이유는 무엇일까? 이들에게 디지털은 자기 표현의 공간이자, 생활의 장소이자, 관계의 터전이라고 했다. 디지털 소비자의 공유 행동 이면에는 자신이 누구인지에 대한 표현과 나를 지지하는 사람들과의 관계를 형성하고 유지하고 발전시키고 싶은 마음이 존재한다. 이처럼 디지털은 '관계'를 기반으로 해서 작동되는 시장이다.

　기업은 이런 디지털 관계성을 어떻게 활용하고 있는가? 마케터들이 고객을 유치하기 위해 자주 쓰는 방법은 마케팅 캠페인에 참여하는 사람들에게 포인트를 지급하거나 할인 쿠폰을 주는 등의 리워드 방식이다. 관계 기반의 디지털 세계에서 기업이 쉽게 취하는 방식은 억지로 고객과 관계를 맺으려고 하는 1차원적인 시도이다. 생각해 보라. 이렇게 해서 진정한 관계가 형성되겠는가. 이렇게 해서 디지털 생태계에서 장기적인 비즈니스가 가능하겠는가.

디지털 생태계를 잘 활용하는 방법은 관계성에 근거를 둔 마케팅 기법이어야 한다. 그리고 관계를 작동시키는 방법은 소비자의 순수한 내적 동기에 근거한 자발적인 참여를 활용하는 것이어야 한다. 관계는 상호호혜적이다. 무엇을 주면 무엇을 얻게 되어 있다. 마케팅은 기브앤테이크의 논리로 작동된다고 했다. 무엇을 주고 무엇을 얻을 것인지, 마케터들은 디지털 세계 안에서 우리 브랜드가 제시하는 관계의 논리를 잘 설정해 놓아야 한다.

그러기 위해서 마케터는 디지털 관계성을 전략의 주축으로 삼아야 한다. 일단 소비자 간의 연결고리를 활용하여 그들의 네트워크를 작동시킬 수 있어야 하며, 브랜드와 소비자 간의 밀접한 관계를 형성하여 장기적으로 네트워크를 확장해 나가야 한다. 이렇게 관계성을 세팅한 후에는 소비자의 자발적 움직임을 이끌어 낼 수 있도록 강력한 매력 요소를 설계해 두어야 한다. 마케터는 우리 브랜드에 관심 있는 소비자들과 의미 있는 관계를 형성하여, 그들이 우리 마케팅 활동에 더 많이, 더 자주, 더 깊게 반응하도록 해야 한다. 이제 시장은 마케터가 세분화하여 관리해야 하는 대상이 아닌, 소비자와 함께 윈-윈 하는 구조로 움직이는 동맹의 파트너십으로 변하고 있다.

디지털은 개인들이 모인 공동체 시장이다

많은 마케터들이 '디지털 마케팅'을 한다고 하면, 다양한 빅데이터를 한데 모아 개인의 동선을 쫓아다니는 개인화 마케팅을 주로 생각한다. 이것은 디지털을 반쪽 면만 보고 대응하는 처사이다.

앞서 이야기했듯이 디지털의 실체는 네트워크 기반의 롱테일 공간이다. 그리고 디지털 시장은 롱테일의 개인들이 취향을 기반으로 모여 있는 공동체 시장이다. 디지털은 0과 1의 디지털 기호로 만들어진 세계라 기술이 발전할수록 점점 더 스마트해지고 있지만, 그 면면을 살펴보면 가장 개인적이면서도 집단적인, 즉 인간적인 공간으로 진화하고 있음을 깨닫게 된다.

혼자이지만 혼자가 아니게, 네트워크란 힘을 얻은 소비자들은 디지털에서 자신들 중심의 생태계를 만들어 간다. 같은 취향의 개인들이 모인 커뮤니티라는 공동체 문화가 생태계를 결집시키는 아교로 작용한다.

이런 환경에서 디지털 마케팅은 어떻게 진행되어 왔을까? 전통 마케팅 모델에서는 소비자를 기업의 반대쪽에 두고 성과를 만들어 주는 타깃으로 여겼다. 타깃은 기업의 일방적인 메시지로 설득시켜야 하는, 경쟁사에게 뺏길 수 없는 공략의 대상이다. 이러한 접근은 디지털을 매출 관리의 최적의 공간으로 보는 비즈니스 중심의 시선이다.

이런 차원의 마케팅은 고객 지향적인 접근과는 거리가 멀다. 디지털은 소셜미디어를 기반으로 정보가 교류되고 생활이 공유되는 공간이다. 지금은 잘 꾸며 놓은 기업의 정보보다 인스타그램이나 유튜브에서 만나는 사람들의 정보가 더욱 가치를 발한다. 하지만 아직도 많은 마케터의 눈에 SNS는 TV 영상을 대체하는 온라인 매체이며, 쌈박한 캠페인으로 조회수나 팔로워를 늘리기 좋은 일방적인 마케팅 활동의 채널로만 보이는 듯하다.

광고 포맷은 동영상, 숏폼, 라이브 등으로 다채로워졌지만, 기업이 디지털 시장을 다루는 방식은 과거와 별반 차이가 없다. 기업이 디지털 콘텐츠로 소비자를 통제할 수 있다는 생각이 뿌리 깊게 자리잡고 있어서, 고객과 함께 움직이는 공감 있는 캠페인이 잘 나오지 않는 것이다.

차이는 디지털이라는 공간을 바라보는 시선이다. 디지털을 '비즈니스의 장'으로 보는 시선을 거두고, 소비자의 '삶의 장소'로 보는 시선으로 바라보자. 소셜미디어가 관계성에 기반한 생활 터전이 된 만큼, 기업도 소비자가 자기 삶의 연장에서 자발적으로 참여하고 싶은 브랜드 공동체라는 통찰적인 전략을 마련해 두어야 한다.

디지털에서의 소비자는 브랜드와 같은 곳을 바라보는 공동체 구성원이어야 한다. 브랜드 가치에 공감하고 이를 내 삶의 의미로 받아들이는 사람이야말로 브랜드를 가슴 깊이 품고, 어떤 일이 있어도 지지하며, 함께 만들어 가는 브랜드 공동체의 일원이 될 것이다. 필립 코틀러 박사가 이야기한 '공동 창조(Co-Creation)'의 실체가 여기 숨어 있다.

공동 창조의 힘은 '커뮤니티'에서 나온다

소비자는 디지털에서 항상 무엇과 연결되어 있다. 지인들과의 연결, 상품과의 연결, 기업과의 연결, 취향의 공동체와의 연결. 이 중 가장 강력한 힘을 발휘하는 것은 취향의 공동체, 바로 '커뮤니티'이다. 따라서 디지털 공간은 마치 대중의 움직임처럼 눈에 보이지 않는 커뮤니티의 힘을 활용할 수 있어야 한다. 그리고 커뮤니티를 형성하고 작동시키려면 브랜드가 살아 숨 쉬는 자신만의 '철학(philosophy)'과 독특한 '캐릭터(character)'를 갖추고 있어야 한다. 자기 정체성이 있는 브랜드는 (기업에서 만든 것일지라도) 개인 소비자들과 연결되기 시작한다.

가장 개인적인 공간에서 왜 커뮤니티라는 공동체가 중요해질까? 유사한 관심사와 취향을 가진 사람들이 모인 그곳에서 나를 더 잘 드러낼 수 있고 즐겁게 호응할 수 있기 때문이다. 이미 디지털은 필요를 충족시키는 구매의 공간을 넘어, 오프라인과는 다른 삶을 살아가는 심리·사회적인 공간이 되었기 때문이다. 이것이 우리가 디지털에서 성별, 나이, 직업, 거주지 등의 인구통계학적인 물리적 변수들 외에 관심사, 취향, 스타일, 욕망, 가치 등의 심리적 변수들에 관심을 가져야 하는 까닭이다.

여기서 제품은 필요를 충족시키는 소유의 대상이 아닌, 자기를 표현하고 사람들과 관계를 형성시켜 주는 '사회적 매개물'이 된다. 관점의 차이가 전략의 차이를 낳는다. 과거에는 시장을 유사한 고객군으로 묶어 그들 마음속에 경쟁 우위를 차지하는 시장세분화와 포지셔닝 기법으로 접근했다. 하지만 디지털을 중심으로 하는 뉴노멀 마케팅에서는 브랜드의 영혼과 철학을 담은 독자적 가치로 우리의 취향에 반응해 줄 타깃 커뮤니티를 찾는 데 집중해야 한다.

디지털을 장착하고 있는 오늘날의 소비자들은 파편화되듯 자신만의 세계에 산다. 분산된 개인들을 모으기 위해 강력한 취향의 커뮤니티가 필요해진 만큼, 기업은 과거의 수직적 자세를 버리고 이들과 어떻게 협력해서 공동 창조를 이룰 수 있을지 수평적인 마음으로 다가가 보자.

	전통 마케팅	뉴노멀 마케팅
소비자 인식	구매 주체로서 소비자	연결 주체로서 소비자
소비자 지위	개인으로서 소비자	사회적 존재로서 소비자
분석 변수	성별, 나이, 직업, 거주지 등 인구통계적 변수	관심사, 취향, 스타일 등 심리·사회적 변수
제품 의미	필요 충족의 대상	자기 표현의 매개
소비 목적	소유 및 경험	인정 및 소속감
시장 접근	공통점을 바탕으로 구분된 타깃 소비자	취향을 바탕으로 응집된 타깃 커뮤니티
브랜드 지향	차별적 우위	독자적 가치

마케팅에 영혼을 담아라

전 맥도날드 최고 마케팅 책임자인 래리 라이트(Larry Light)는 '브랜드 포지셔닝의 시대가 저물었다'고 선언한 바 있다. STP 전략의 마지막 단계인 포지셔닝은 우리 제품의 차별적 우위를 타깃 소비자 머릿속에 심겠다는 의도를 품고 있다. 따라서 포지셔닝을 구축하기 위해서는 시장을 어떻게 쪼갤 것인지의 '시장세분화 기준'과, 무엇을 우리의 차별적 경쟁력으로 어필할 것인지의 '경쟁 우위(USP)'가 준비되어 있어야 한다. 두 내용 모두 기업 주도적으로 시장을 재단하는 수직 하향식 마케팅 방법이라고 할 수 있다. 디지털 마케팅의 생리를 이해한 지금, 소비자 머릿속에 주입식으로 브랜드 정보를 심는 작업은 시대에 뒤떨어진 발상임을 알 수 있다. 이것이 우리가 포지셔닝에 힘을 빼야 하는 이유이다.

포지셔닝이 아니라면 어떻게 우리 브랜드를 알려야 할까? 소비자는 개인으로 존재하지 않고 그들이 속한 커뮤니티에서 다른 개인들과 연결해서 움직이는 사회적인 존재이다. 따라서 커뮤니티라는 공동체가 마케팅 전략의 기본 단위가 되어야 한다. 따라서 소비자가 자발적으로 참여하여 같은 목표를 함께 추구하는 브랜드 공동체의 구축이 뉴노멀 시대의 시장 접근법이 되어야 한다. 해답은 명확해졌다. 경쟁적 차별화를 위한 '시장 쪼개기 전략'이 아니라 브랜드 미션과 철학을 구심점으로 삼은 '시장 당기기 전략'이 필요하다

무수한 상품이 수요를 초과한 시대, 품질력의 보편화로 우위를 가늠하기 어려운 시대. 지금은 '어떤 가치를 가졌는지'가 구매를 결정하는 기준이 된다. 이제는 상대적 우위의 '차별화(difference)'가 아닌 나

만의 절대 가치를 담은 '독특함(uniqueness)'이 관건이다. 우리 브랜드를 사랑할 수밖에 없는 존재의 가치를 담은 영혼의 브랜딩을 해야 한다. 소비자의 머릿속에서 경쟁 우위를 가지고 비즈니스를 하는 자세가 아니라, 소비자의 마음을 사서 그들의 삶에 침투하는 자세로 비즈니스 철학을 세워야 한다. 다시 말하지만 마케팅은 매출을 올리는 기법이 아니다. 마케터의 자세는 비즈니스를 관리하는 마케팅 철학에서 나온다는 것을 기억해라.

15장

디지털 시장의
작동 원리

———

소비자에서 출발하는 콘텍스트 설계법
'과녁'에서 '파동'으로
디지털 웨이브가 작동하는 방식
디지털 웨이브는 트래픽에서 출발한다
디지털 웨이브를 일으키기 위한 트래픽 만들기
뉴노멀 마케팅을 한다는 것은

MARKETING
WAVE

소비자에서 출발하는 콘텍스트 설계법

디지털 마케팅의 출발은 제조사 마인드를 소비자 마인드로 바꾸는 데서 시작된다. 그럼, 디지털 마케팅에서 바라봐야 하는 '소비자 마인드'란 무엇을 말하는가? 디지털은 소비자의 세상이다. 과거에는 미디어가 기업의 홍보 창구였는데, 지금은 미디어가 그들 생활의 공간임을 잊지 말아야 한다. 여전히 많은 마케터가 착각하고 있는 것은 기업이 미디어를 통제할 수 있다는 생각이다.

디지털 마케팅을 한다고 하면, 대부분 무수한 채널들 사이에서 어떻게 우리 브랜드를 노출시킬 것인가를 첫 번째 과업으로 삼는다. 그래서 소비자의 시선을 빼앗기 위해 그들의 디지털 흐름에 어떻게 침투할 것인지를 고민한다. 하지만 이런 접근은 많은 광고비 투입 대비 미흡한 성과, 끊임없는 A/B 테스트, 지속성 없는 마케팅 활동으로 인해 소비자의 외면을 살 뿐만 아니라 마케터 역시 지쳐 떨어지게 만든다.

어떻게든 소비자의 시선에 들려고 자극적인 카피와 이미지로 단순 노출을 노리는 푸시 마케팅은 한계가 있다. 일방적인 침투가 아닌 소비자의 콘텍스트를 이해해서 그들의 삶에 적합하고 어울리는 브랜드 경험을 줌으로써 그들의 삶에 스며들어야 한다.

문제는 소비자의 콘텍스트를 이해해서 그들의 삶에 스며들어야 한다는 것이다. 어떻게 가능할까? 디지털 공간의 주체는 소비자가 되었지만, 이를 통제하는 것은 따로 있다. 기업도 소비자도 아닌, 바로 연결의 네트워크이다. 기술적으로는 우리가 '알고리즘(algorithm)'이라고 부르는 것이다. 모바일에 쌓인 데이터를 분석하여 개인 소비자의 미디어 환경을 구축하는 것이 바로 인공지능이기 때문이다.

많은 디지털 마케터들이 구글이나 유튜브의 알고리즘 체계를 파악하려고 하는 것도 소비자의 미디어 환경에 들어가 한 번이라도 더 노출되게 하려는 심산이다. 개인 소비자가 어떤 콘텐츠에 '좋아요'를 누르는지, 어떤 채널을 구독하는지, 어떤 상품을 어느 시간대에 어떤 방식으로 구입하는지 등 소비자의 디지털 행동이 그들의 콘텍스트를 구성한다. 인공지능 알고리즘이 정확하게 이용자를 파악하고 이에 부합하는 광고를 적절히 노출시킬 때, 브랜드의 궁극적인 목표인 매출이 일어날 가능성이 커진다.

그렇다면 마케터는 어떻게 해야 하는가? 알고리즘에게 소스를 제공하고 있는 원천, 즉 소비자를 움직이게 해야 한다. 소비자가 자발적으로 참여할 수 있도록 그들의 콘텍스트에 충실한 브랜드 경험을 제공해 주어야 이것이 데이터화되어 알고리즘 체계 안으로 들어간다. 즉, 개인 소비자의 디지털 세상을 구축하는 데 마케터가 할 수 있는 일은 그들의 콘텍스트를 이해해서 그들이 원하는 고객 여정을 끊임없이 창출하는 방식으로 콘텐츠를 제공하는 일이다.

'과녁'에서 '파동'으로

시장 접근 방식의 변화: 도달 vs. 확산

앞서 개인 소비자의 시장에 접근하기 위해 콘텍스트의 관점이 필요하다고 했는데, 이와 더불어 시장의 작동 원리에 대해서도 언급해보겠다. 디지털 마케터가 갖춰야 할 마케팅 감각은 흥미로운 콘텐츠를 제작하고 숫자를 올리는 예산관리 능력에만 있지 않다. 어느 책에서도 제시하기 어려운 디지털 세계의 흐름을 읽는 것이다.

디지털의 흐름을 읽고 관장하기 위해서는 시장에 접근하는 방식을 이해해야 한다. 우리가 지금까지 알던 시장 접근법은 마치 '과녁'에 화살을 꽂듯, 타깃 소비자의 머리에 우리가 원하는 메시지를 심는 과정과 같았다. 하지만 디지털의 시장 접근법을 파악하려면 '연결'이

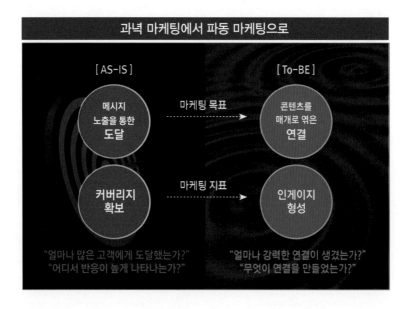

라는 키워드를 떠올려야 한다. 소비자가 접하는 사이트 수가 기하급수적으로 늘어나고 있으므로 디지털에서는 브랜드나 메시지를 전달하기 위해 소비자가 있는 곳을 '찾아가야' 한다. 아니면 소비자가 스스로 우리 브랜드 주위로 '찾아오게' 해야 한다. 그리고 소비자의 연결 네트워크를 활용해 우리 브랜드가 널리 '퍼져 나가게' 해야 한다.

디지털의 작동 원리는 개인을 움직여 흐름을 만들게 하는 것과 같다. 과거 매스미디어 시대에는 기업이 시청률 높은 미디어를 선점하고 일방적인 메시지를 송출했는데, 지금은 소비자의 네트워크를 타고 메시지가 흐르게 해야 한다. 마치 바람이 물결을 일으켜 물살이 흘러가며 거세지듯, 디지털 메시지 역시 파동을 일으키며 이슈로 번져 디지털 세상에 퍼져 나간다. 기존에는 길도 나무도 기업이 모두 뚫고 심었다. 하지만 지금은 소비자가 다닐 수 있게 길은 기업이 다지고, 그 위로 소비자들이 오고 다니며 풀과 나무를 심는 형국이다. 이러하듯, 마케터가 해야 할 일은 트래픽이 다니도록 고객 여정을 설계하고 트래픽을 모아 파동을 일으키는 것이다. 즉, 디지털 시장은 파동으로 움직이므로 '도달'을 넘은 '확산'의 방식이 필요하다.

'확산'이라는 개념이 머릿속에 명확히 있지 않으면, 마케터는 조회수, 도달률, 좋아요, 댓글과 같은 지표의 함정에 빠지기 쉽다. 당장 눈앞의 숫자를 올리기 위해 병맛 콘텐츠로 브랜드를 망가뜨리거나, 즉각적인 액션을 만들어 내기 위해 프로모션 위주의 영업 마케팅을 하기 일쑤이다. 그들은 '숫자'를 만들어 내는 것이 디지털 마케터의 역할이라고 느낀다. 재미 위주의 콘텐츠는 판매로 이어지지 못하고, 영업 위주의 콘텐츠는 단기 매출에 그치는데도 말이다.

아이러니하게 성과 지향의 디지털 마케팅을 잘하기 위해서는 좀 더 장기적인 관점의 마케팅 안목이 필요하다. 2~3개월 집중적으로 캠페인을 집행하고 난 후 성과를 보고했던 과거의 마케팅 운영 방식이 아니라, 장기적인 목표 안에서 그때그때 파동을 일으키고 흐름을 관리하는 새로운 마케팅 운영 방식이 필요하다. 그리고 이를 위해서는 브랜드를 중심으로 소비자들이 열광할 수 있는 '공감' 설계가 필요하다. 그래야 파도가 거세지고 오래간다. 이제 마케터들은 자신의 브랜드를 매력적으로 만들어 디지털 웨이브를 일으키는 데 자원과 전략을 집중해야한다.

우주 만물은 진동하는 에너지

우리가 보는 만물은 작은 입자의 모임이지만
그 입자를 쪼개고 쪼개서 미시세계로 들어가 보면
놀랍게도 입자는 사라지고 진동하는 에너지만 남는다.
이는 20세기 과학의 새로운 영역인 양자역학이 발전하면서 밝혀졌다.

양자역학에 의해 우리는 모든 만물의 본질이
파동이라는 것을 알게 되었다. 우주 만물은 진동하는 에너지이며
우리가 들을 수 있거나 들을 수 없는 아름다운 파동의 소리를 내고 있다.

파동에 대해 연구한 학자들은 물질의 파동과 인간의 감정은
서로 연결되어 있다고 한다. 예를 들면, 인간의 어두운 감정은
주로 금속과 파장이 같다고 한다. 초조한 감정은 수은, 분노는 납,
슬픔과 연민은 알루미늄, 걱정과 불안은 카드뮴, 망설임은 철,
인간관계의 스트레스는 아연과 대응된다.

이처럼 우리들의 감정이나 의식도
에너지이자 파동이라 할 수 있으며 이를 측정할 수가 있다.
'심신의학의 창시자'인 미국의 디팩 쵸프라(Deepak Chopra) 박사는
"정신과 육체는 하나의 에너지장에 있다.
당신이 에너지장을 이용한다면 마음의 변화를 통하여
육체의 변화를 만들어 낼 수 있다."라고 하여
파동으로 연결된 마음과 육체의 관계를 설명하였다.

출처: (글) 대순회보

디지털 웨이브가 작동하는 방식

　이제 마케터들은 단편적인 캠페인 성과가 아니라 전체적인 흐름을 보면서 '디지털 웨이브(Digital Wave)'를 만든다는 생각을 해야 한다. 마치 운전하듯이 말이다. 운전을 잘하는 사람은 앞뒤에 놓인 차만 주시하는 것이 아니라 전체 차량의 흐름을 본다. 디지털 마케팅도 마찬가지이다. 적은 비용으로 큰 효율을 얻으려면, 나아가 단기 성과가 아닌 장기 비즈니스를 하려면 트래픽의 흐름을 만들 수 있는 노하우가 필요하다. 그럼 어떻게 단편적인 트래픽을 디지털 웨이브로 키울 수 있을까?

　디지털 흐름을 쉽게 이해하기 위해 호수 면에 돌을 던지는 상황을 떠올려 보자. 돌이 던져진 자리를 중심으로 원형의 물결이 가장자리로 퍼져 나간다. 물결의 한 지점에서 생긴 진동이 사방으로 퍼져 나가는 것이 '물결파'이다. 이처럼 어떤 진동이 주위로 전파되어 나가는 것을 '파동(wave)'이라고 부른다. 파동이란 공간이나 물질의 한 부분에서 생긴 주기적인 진동이 시간의 흐름에 따라 주위로 멀리 퍼져 나가는 현상을 말한다.

　이처럼 디지털 캠페인의 운영 방식을 파동에 빗대면 감을 잡기가 수월해진다. 파동의 특징을 이해하려면 시간의 흐름을 멈추고 파의 공간적 모양을 관찰하거나, 시간의 흐름에 따라 특정 지점의 물결이 오르락내리락하는 양상을 지켜봐야 한다. 파동의 특징을 나타내는 주요 용어들을 통해 디지털 캠페인의 본질을 통찰해 보자.

파동의 특징
　시간의 흐름을 멈춘 상태에서 관찰한 파동을 기술하기 위해서는 진폭, 파장, 매질 등의 용어를 알아야 한다. 다음의 개념들에 빗대면 디지털 마케팅의 특징을 좀 더 쉽게 이해할 수 있다.

① 진폭: 파동의 크기를 말한다. 진폭이 크면 물결의 에너지가 크기 때문에 큰 파급력을 갖는다. 이때, 가장 높게 올라오는 지점을 '마루', 낮은 지점을 '골'이라고 부른다. 마케팅에서도 화제성이 높은 이슈가 진폭의 크기를 키울 수 있다. 적정 위치를 찾아(타기팅), 자극을 주면(콘텐츠), 운동량이 점점 커지면서(이슈), 큰 파장을 만들게 된다(효과).

② 파장: 파동의 크기는 진폭으로 알 수 있고, 파동의 길이는 파장으로 알 수 있다. 사회적 이슈가 길게 가거나, 2차, 3차로 이슈가 재생되는 여운이 긴 캠페인은 긴 파장으로 디지털상에 오래 남는다.

③ 매질: 매질은 에너지를 이동시키는 매개물이다. 퍼져 나가는 물결 위에 나뭇잎을 띄워 보면 나뭇잎이 멀리 나아가지 않고 한곳에서 오르락내리락하는 모습을 관찰할 수 있다. 물은 그 자리에서 상하로 이동만 할 뿐 실제는 에너지가 옮겨 가는 것이다. 파동은 에너지를 전파할 뿐 물과 같은 매개 물질을 직접 이동시키지는 않는다. 이처럼 디지털에서 파동을 통해 퍼져 나가는 것은 '제품'이 아니라 제품에 담긴 '의미'이다. 단순한 제품 홍보가 아닌 브랜드 가치와 영혼을 담은 캠페인이 디지털상에서 파급력을 가지고 널리 바이럴되는 양상이 이와 유사하다.

④ 반사와 굴절: 파동은 외부 자극에 의해 반사되고 굴절되기도 한

다. 디지털에서도 개인 소비자들을 거치며 원래의 메시지가 변형되거나 확대·재생산되는 일이 비일비재하게 일어난다.

파동의 종류

파동의 크기는 파동을 일으키는 초기 자극이 얼마나 센지에 따라 결정되지만, 파동이 전달되면서 매질이 얼마나 탄력적인지(탄성), 촘촘하게 밀집되어 있는지(밀도)에 의해서도 결정된다. 이러한 파동의 움직임은 파동의 종류를 결정한다. 파동은 크게 '종파(縱波)'와 '횡파(橫波)'의 두 가지 종류로 나뉜다.

종파는 매질의 상태가 변화하는 방향이 파동의 진행 방향에 대해 평행인 것으로 '조밀파'라고도 불린다. 대표적인 예가 음파이다. 종파는 파동이 빽빽하게 밀집되어 짧게 치고 빠지는 양상을 보인다. 디지털에서의 종파는 잔잔하게 일어나는 물결처럼 개인에 의해 형성되는 파동으로 보면 된다. 필요에 의해 클릭을 누른다든가, 마음에 들어 '좋아요'를 누르는 등의 개인적인 움직임들이다. 종파를 일으키는 자극은 필요, 관심사, 개인적인 취향으로 소비자를 당기는 것들이다.

반면, 횡파는 매질 상태의 변화 방향이 파동이 진행하는 방향에 수직인 것을 말한다. 종파보다 파동 간의 거리가 넓어 진동이 상하로 크게 출렁이는 것을 볼 수 있다. 빛이나 전파가 순수한 횡파의 예이다. 디지털에서의 횡파는 브랜드 매력으로 눈에 띄는 임팩트를 주면서 개인 소비자와 커뮤니티를 동시에 움직여 자발적인 참여를 유도하는 자극을 들 수 있다. 이때, 진폭이 크고 파장이 길수록 팬덤이 형성된다.

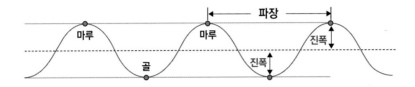

디지털 웨이브가 작동하는 방식: 파동의 특징과 유형

적정 위치를 찾아(타기팅) → 자극을 주면(콘텐츠)
→ 운동량이 점점 커지면서(이슈) → 큰 파장을 만들 수 있다(효과)

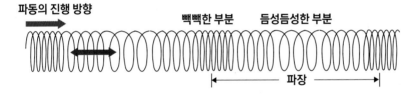

[종파: 개인이 움직이는 방식]

"관심과 취향 콘텐츠로 자극"

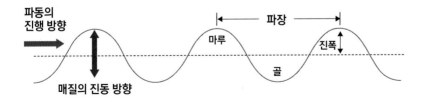

[횡파: 커뮤니티가 움직이는 방식]

"브랜드 열망으로 어필"

디지털 웨이브는 트래픽에서 출발한다

앞서 설명한 것처럼 디지털에서는 시장을 쪼개는 STP가 아닌, 자극(콘텐츠)과 매질(제품)을 통해 파동(브랜드 이슈)을 만들고 확산시켜 트래픽의 흐름을 운영하는 마케터의 안목이 필요하다. 이렇게 디지털 웨이브를 일으키려고 자극을 주어도 막상 트래픽이 발생하지 않으면 우리의 캠페인은 존재하지 않은 것과도 같다. 점점 더 많아지는 플랫폼과 콘텐츠들 사이에서 지금도 실시간 확장되고 있는 디지털 생태계. 그렇기에 디지털에서 가장 중요한 일은 트래픽을 만드는 일이다. 트래픽을 통해 파동을 일으켜야 마케팅 효율이 높아질 수 있다. 이것이 많은 마케터들이 노출과 도달에 심혈을 기울이는 이유이다.

디지털에서는 사람들을 모으는 것이 매출을 목표로 하는 것보다 더 효과적이다. 그리고 트래픽을 만든다는 것은 소비자에게 자발적으로 우리 사이트에 방문할 이유, 우리 제품을 구입할 이유, 제품 사용 후기를 올려야 할 이유를 만들어 주는 것과 같다. 따라서 디지털 마케터는 고객을 유입시키고, 체류시키고, 유지시킬 수 있는 트래픽 관리 전략을 구축해 두어야 한다.

파동을 일으키기 위해 우선 해야 할 일은
트래픽을 만드는 일이다.

Traffic	=	자발적으로 방문할 이유	=	Access

접속의 3단계

유입 → 체류 → 유지

디지털 웨이브를 일으키기 위한 트래픽 만들기

트래픽 형성의 두 가지 접근

디지털은 '효율'의 공간이기도 하면서 '공감'의 공간이기도 하다. 디지털이 가진 이중성을 잘 이해하고 양면을 잘 공략해야 한다. 그렇다면, 트래픽을 어떻게 만들어야 할까? 트래픽은 다음 두 가지 접근으로 만들 수 있다.

① 효율 지향: 유도 기술을 활용하는 푸시(Push) 전략

효율을 지향하는 푸시 전략은 개인에게 다가가기 위해 기술을 활용하는 접근이다. 타기팅 알고리즘을 활용하여 잠재 고객을 우리 사이트로 유도해서 퍼포먼스를 높이는 방식으로 트래픽을 확보한다. 이는 데이터를 통해 고객을 분석하나 유료 광고를 이용하는 지극히 기업 주도적인 방법이다. 보통 타기팅 된 배너 · 검색 광고를 통한 '의도적 유입', 리타기팅 광고를 통한 '반복적 유입'을 들 수 있다. 이러한 접근은 개인 행태 추적에 기반한 퍼포먼스 마케팅이 적용되는 방식으로, 트래픽을 유도하기 위한 콘텐츠는 단계별 행동 전환을 의도하고 있다.

② 공감 지향: 유인 기술을 활용하는 풀(Pull) 전략

공감을 지향하는 풀 전략은 개인이 스스로 우리 브랜드로 찾아오게끔 매력으로 당기는 접근이다. 검색 알고리즘을 활용하는 검색엔진 최적화(Search Engine Optimization: SEO)로 자연스럽게 소비자의 트래픽을 확보하는 방식이다. 이는 특별한 비용 없이 소비자의 콘텐츠 맥락에 놓이고자 하므로 소비자 주도적인 방법이다. 보통 검색엔진 최적화를 통한 '자연적 유입', 트렌드 알고리즘을 활용하는 '대세적 유입', 취향 커뮤니티 안에서 가능한 '탐색적 유입'이 대표적인 유형이다. 이러한 접근은 개인의 취향과 공감으로 연결고리를 지어 커뮤니티를 작동시키는 방식으로, 개인과 공동체를 움직이기 위해서는 영혼을 담은 브랜딩이 필요하다.

어떻게 다양한 트래픽을 통합할 것인가

앞서 두 가지 유형의 트래픽이 존재함을 살펴보았다. 디지털의 J-커브를 만들기 위해서는 이 상반된 두 유형의 트래픽을 상호보완적으로 활용할 수 있어야 한다. 이는 타깃 알고리즘으로 파동의 시작점을 찾고, 취향으로 당기고 확산시키며 파동을 키우는 방식이다. 반대의 순서도 가능하다. 풀 전략으로 고객을 유인해 판을 벌리고, 푸시 전략으로 개인을 구매로 유도해서 불필요한 누수를 막고 효율을 극대화하는 것이다. 어떤 것도 가능하다. 핵심은 효율과 공감의 포인트를 잘 저글링해서 효과적으로 트래픽을 관리한다는 점이다.

관건은 어떤 개인을 건드려야 할지, 어떻게 확산시켜야 할지의 문제 풀이의 노하우다. 전자는 '타기팅 이슈'이고, 후자는 '콘텐츠 이슈'이다. 타기팅을 위해서는 개인의 맥락 정보가 필요하고, 콘텐츠 개발을 위해서는 타깃의 영혼을 건드릴 수 있는 무엇을 담아야 한다. 디지털 마케터는 어디를 자극시켜서 어떻게 파동을 일으키고 키울 것인지를 고민해야 한다.

● 트래픽 형성의 두 가지 접근 ●

지향점	효율 지향	공감 지향
접근 방식	Push 전략	Pull 전략
접근 기술	유도 기술	유인 기술
활용 기법	타기팅 알고리즘(유료)	검색 알고리즘(무료)
트래픽 유형	**의도적 유입** 타기팅 **반복적 유입** 리타기팅 **자연적 유입** 검색엔진 최적화	**대세적 유입** 트렌드 알고리즘 **탐색적 유입** 취향 커뮤니티
광고 기법	즉시 성과 지향의 마케팅 배너 광고 검색 광고 검색엔진 최적화	지속 성과 지향의 브랜딩 브랜드 콘텐츠 획득 활성화 유지 수익 추천

자발적 유입을 위한 검색엔진 최적화(SEO) 활용법

거듭 반복하지만, 디지털에서 가장 중요한 일은 트래픽을 만드는 것이다. 고객을 자신의 웹사이트로 유도하기 위해 보통 마케터들이 시도하는 것은 배너 광고나 검색 광고이다. 이 광고들은 집행이 쉽고 성과 또한 측정하기가 좋아서 대부분의 마케터가 쉽게 접근하는 방법이다. 하지만 노출해야 하는 사이트가 너무 많고, 사람들이 많이 검색하는 키워드의 광고는 경쟁이 치열하므로, 타깃에게 도달하는 데 생각보다 광고비가 많이 들어간다는 한계가 있다.

빠르게 매출을 올려야 한다면 어쩔 수 없이 광고를 통한 노출을 고려하겠지만, 무제한 예산을 사용할 수 없다면 SEO를 반드시 고려해야 한다. SEO는 웹사이트 내에 있는 콘텐츠가 검색엔진에서 상위에 노출될 수 있도록 알고리즘의 특성을 고려해 웹사이트의 구조나 콘텐츠를 최적화하는 작업이다. SEO를 활용하면 다양한 관련 검색 키워드를 통해서 브랜드나 콘텐츠를 최대한 많은 사람들에게 무료로 노출시킬 수 있다. 물론 SEO의 효과를 보기 위해서는 초기에 시간과 인력을 많이 투입해야 하겠지만, 장기적으로 봤을 때는 유료 광고만을 집행했을 때보다 브랜드 인지도 강화나 매출 증대에 훨씬 더 큰 이익을 가져다줄 수 있다.

그럼에도 불구하고 SEO는 바로 성과가 나기 어렵고 지속적으로 콘텐츠 관리를 해야 한다는 어려움이 있어, 많은 기업이 SEO에 대한 투자에 소홀함을 보인다. 이러한 어려움으로 인해 기업이 SEO 활동을 간과한다면 타깃 도달력 약화로 경쟁사에게 고객을 획득할 기회를 빼앗기고, 궁극적으로는 시장 점유율을 확대하는 데 어려움을 겪게 될 수 있다.

검색 광고(SEM)

일반적인 키워드 광고로
키워드 검색 시,
검색엔진의 광고 링크에
위치시키도록 하는
유료 광고

검색엔진 최적화(SEO)

웹사이트 내에 있는
콘텐츠가 검색엔진의
검색 결과 상위에 나타날
수 있도록 최적화하는 과정
(무료 진행 가능)

꾸준히 게시물을 올리는데 왜 방문자 수는 그대로일까?
어떻게 해야 내 사이트/글이 검색엔진 첫 페이지에 뜰까?

검색엔진의 알고리즘은 어떻게 작동할까?
알고리즘이 내 글을 잘 찾아내도록 하려면
어떻게 해야 할까?

검색엔진 최적화를 위한 효과적인 방법

온 페이지 콘텐츠: 검색 키워드와 웹 페이지 사이의 관련성을 높여서 검색 노출을 개선하는 작업

핵심 키워드 찾기: 인기 검색어를 조사하고 핵심 키워드를 뽑아서 콘텐츠 제작에 반영

링크 걸기: 웹페이지 콘텐츠를 서로 링크로 연결해서 콘텐츠 사이의 연관 관계를 보여 주는 작업

웹사이트 구조 최적화: 로딩 속도, 보안, 사이트 내의 동선, 모바일 최적화 등 기술적인 요소 점검

메타 데이터와 태그: 포털 검색에 더 쉽게 노출되도록 사이트 URL(태그 수정), 메타 데이터 수정

소셜미디어 공유 얻기: SNS에도 콘텐츠가 노출되도록 웹 페이지/포스트에 공유 버튼 추가

오프 페이지 콘텐츠: 외부 사이트의 콘텐츠에 자사 콘텐츠로의 링크를 게재하는 것 (댓글/좋아요/구독)

검색엔진 최적화를 위해서는 타깃 연관성 있는 콘텐츠를 구준히 생성해서 온라인상의 존재감을 극대화하고, 인기 검색에 맞는 핵심 키워드를 관리하여 콘텐츠 품질을 올리고, 콘텐츠와 콘텐츠, 콘텐츠와 사이트를 연계하여 사이트 확장성을 증대시키는 방안을 연구해야 한다.

양

"콘텐츠가 풍부히 많아야 한다"

사이트에 콘텐츠가 풍부히 많을수록 검색엔진에 노출되는 페이지 수 증가

블로그를 가진 기업은 그렇지 않은 기업보다 검색엔진에 노출되는 페이지 수가 434% 많다.

일관된 콘텐츠를 제작하는 사이트가 그렇지 않은 곳보다 검색엔진 인덱싱 페이지가 평균 400% 이상 높다.

+ 질

"콘텐츠가 관련되게 좋아야 한다"

사이트 방문자 수를 늘리는 핵심 요소는 양질의 콘텐츠이다.

콘텐츠를 받은 사람들에게 노출시킬 수 있으려면 키워드와 검색 알고리즘에 대한 이해가 필요하다.

사용자와 관련된 콘텐츠 키워드로 콘텐츠를 작성하면 콘텐츠 노출 순위를 높일 수 있는 기회를 얻을 수 있다.

검색 유입의 답은 '키워드'에 있다.

- 웹페이지 순위 상승
- 외부 사이트 연계 개선
- 고객 반응 향상

검색엔진 최적화를 개선하기 위한 콘텐츠 가이드는 ① 일단 콘텐츠가 풍부히 많아야 한다는 것과 ② 콘텐츠를 관련되게 좋아야 한다는 것, 두 가지 조건을 충족시키게 되면 자사 사이트의 콘텐츠는 외부 사이트에 노출 빈도가 늘어나고 웹페이지 순위도 상승하는 효과를 얻게 된다.

검색엔진 최적화를 위한 키워드 활용 방법

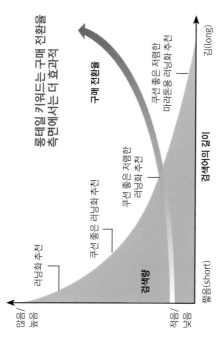

롱테일 키워드는 구매 전환율 측면에서는 더 효과적

구매 전환율

구선 좋은 저렴한 마라톤용 러닝화 추천

구선 좋은 저렴한 러닝화 추천

구선 좋은 러닝화 추천

러닝화 추천

검색량

검색어의 길이

많음/높음

적음/낮음

짧음(short)

긴(long)

롱테일 키워드는 숏테일 키워드에 비해 검색 빈도나 트래픽은 낮지만, 검색엔진 사용자들이 원하는 바와 가장 일치하는 구체적이고 싶도 싶은 콘텐츠로 연결해 주므로 높은 구매 전환율을 가지고 있다.

1. 자사 제품과 관련된 주요 키워드를 파악해라

- 검색엔진 최적화를 통해 자사 웹사이트를 주요한 키워드로 검색할 때 상단에 노출시킬 수 있음
- 따라서 타깃 소비자들이 우리 제품을 구매하려고 하거나 관련 정보를 찾으려 할 때 주요 사용하는 검색 키워드가 무엇인지 파악하는 것이 중요

2. 롱테일 키워드를 개발해라

- 구체적인 단어들의 조합으로 이루어진 롱테일 키워드는 단일 키워드에 비해 검색량은 적지만 경쟁이 치열하지 않으며 고객이 숨겨진 니즈를 잘 반영할 수 있음(예) 가로수길 카페 → 가로수길 인테리어가 예쁜 카페 등)

3. 키워드 검색량과 경쟁 정도를 함께 고려해라

- 자사 제품과 관련도가 높으면서도 무난한 검색량과 경쟁이 심하지 않은 키워드로 결정해야 함(예) '강남 맛집' '가로수길 카페' 같이 높은 검색량을 가진 인기 키워드는 단가가 비쌈)

뉴노멀 마케팅을 한다는 것은

디지털 소비자의 개인정보에 대한 이슈가 대두되면서 쿠키 제로 시대가 도래할 것이란 예측이 계속되고 있다. 소비자의 이동 동선을 추적하기 어려워지면서 리타기팅 광고의 한계도 현실화되고 있다. 사람들의 이동 동선에 따라 노출시켰던 배너 광고도 성과를 올리기 위한 해답이 되기 어려워졌다.

그러면서 자연스럽게 마케터의 관심은 검색 광고로 무게중심이 기울게 되었다. 이제 소비자에게 검색되지 않으면 노출의 기회도 얻지 못할 것이며, 우리 사이트로 유입이나 매출도 꿈꾸기 어려워졌다. 하지만 검색 결과의 상위 단에 노출되기 위한 광고 경쟁 역시 점점 심화되고 있고, 생성형 AI에 의해 질문의 방식조차 바뀌고 있어서, 고객 유입을 위한 최선의 전략은 자연 유입으로 귀결되는 추세이다.

챗GTP라는 인공지능과 함께 살아가야 하는 시대. 사람들은 어떤 형태로든 궁금한 것을 키워드 또는 질문으로 검색창에 입력한다. 인공지능의 덕분으로 키워드를 통한 콘텐츠 노출의 기회가 줄어드는 것이지, 사람들의 욕구가 섬세해질수록 그들의 의도를 품은 질문은 더욱 정교화될 것이다. 질문이 많아질수록 사람들의 검색과 질문의 여정은 데이터로 변환되어 디지털에 남게 된다.

디지털 생태계에서 일어난 파동은 곧 사람들의 유입을 의미하며, 그곳에 메시지의 전달과 매출의 기회가 발생함을 뜻한다. 따라서 디지털 마케팅의 승패는 '누가 파동을 크고 길게 만들 것이냐', 그리고 '어떻게 2차, 3차 파동을 연속해서 만들 수 있을 것이냐'에 달려 있다. 이제 디지털 마케터가 갖춰야 할 역량은 파동으로 고객 여정을 활성화시키고 최적화시키는 전략과 기술이다.

그러려면 소비자의 구매 상황을 이해하고 기브앤테이크의 논리로 선택의 옵션을 주는 역할이 중요해진다. 소비자와 유리한 밀당을 하기 위해서는 디지털 안에서 소비자의 질문을 살피고 이에 답하는 과정에 익숙해져야 한다. 이에, 소비자의 인텐트(intent: 의도)를 아는 것이 무엇보다 중요하다.

디지털은 짧으면서도(단기 성과) 길게(장기 관계) 움직여야 하는 공간이다. 달리 공감 마케팅이 아니다. 소비자들은 서로의 이야기와 리뷰에 귀 기울이고 있는데, 정작 기업은 왜 고객의 목소리에 귀 기울이지 않는가. 이제는 말하기가 아닌 듣기 능력이 필요한 때이다. 고객을 도와라. 그리고 고객을 돕기 위해 그들의 목소리를 들어라. 이것이 디지털 트랜스포메이션 시대에 마케터에게 요구되는 제1의 기술이다.

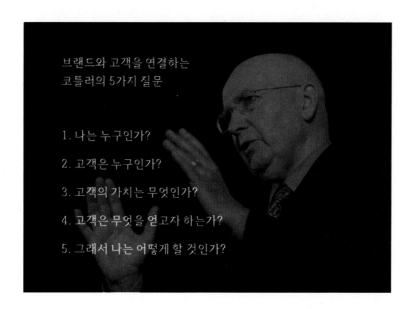

가장 강력한 결합은
완전히 다른 이질적인 것의 융합이다.

제5부

뉴노멀 마케팅 전략과 실행

하이테크와 하이터치의 결합

MARKETING
WAVE

16장

디지털 마케팅 레버리지 전략

———

하이테크와 하이터치가 만난다는 것은
보이지 않는 마케팅과 보이는 브랜딩
디지털 여정 관리를 통해 파동의 길을 닦아라
단계별 콘텐츠의 힘으로 파동을 일으켜라
브랜드와 퍼포먼스를 결합하여 파동을 키워라
풀 & 푸시 전략으로 마케팅을 오케스트레이션 해라
실시간 관리에 따라 파동의 크기 · 속도 · 길이가 달라진다

MARKETING
WAVE

디지털 마케팅의 기술이 날이 갈수록 진화하고 있다. 기술을 익혀서 적용하기도 전에 또 다른 기술이 나오는 터라, 많은 디지털 마케터들이 트렌드를 따라가기에도 벅찰 정도이다. 기술을 안다고 마케팅을 잘할 수 있을까? 아니다. 마케팅의 본질을 놓치지 않은 차원에서 마케터에게 주어진 문제를 잘 풀어야만 한다.

기술이 가져온 혁신에 힘입어 마케팅도 디지털 트랜스포메이션이 필요한 시점이다. 더 정확히는 디지털 기술력으로 마케팅의 역량을 레버리지해야 한다. 연결 네트워크로 이루어진 디지털 세계에서 기술은 어떤 역할을 해야 할지, 디지털에 존재하는 사회적 연결을 마케터는 어떻게 활용해야 할지, 기술을 등에 업고 취향으로 연결되는 마케팅은 어떤 모습일지, 우리는 정확히 뉴노멀 마케팅의 실체를 파악해야 한다. 우리는 어떻게 디지털을 레버리지해야 할까? 이제, 무수한 점과 선으로 이루어진 디지털 세상에서 고객에게 다가가고, 존재감과 가치를 어필하여, 우리 브랜드로 유입시키는 새로운 마케팅의 모습을 살펴보자.

하이테크와 하이터치가 만난다는 것은

디지털에서 마케팅을 하려면 기술의 측면과 인간의 측면을 함께 고려해야 한다. 앞서 디지털 마케팅 키워드 맵에서 데이터, 인공지능, 가상현실로 구현되는 기술적인 영역과 콘텐츠, 커뮤니티, 스몰 브랜드가 펼치는 인간적인 영역이 혼재되어 있는 것을 확인했다. 현상의 실체들은 수면 위로 드러났다. 마케터에게 필요한 것은 현상 이면에 흐르는 마케팅 맥락이다. 과연 뉴노멀 마케팅의 청사진은 어떤 모습일까?

코틀러는 이를 '하이테크(High-Tech)'와 '하이터치(High-Touch)'의 융합이라고 표현했다. 하이테크는 어떤 것인가? 디지털은 기본적으로 개인 단위의 공간이다. 모래알 같은 개인의 행동들이 데이터로 남겨져 마케터에게 제공된다. 이들은 고객의 행태 데이터를 가지고 타기팅 기술을 활용하여 개인의 필요로 큐레이션된 세상을 제공한다. 기술이 없으면 불가능한 일이다.

디지털은 여기서 그치지 않는다. 무수한 개인이 관심과 취향의 연결고리로 이어져 개인 간의 무한 연결을 만들기도 하고, 커뮤니티에 귀속되어 그 안의 무수한 개인들과 또 다른 연결을 만들기도 한다. 이때부터는 사회적 자아가 발동하여 디지털 관계성이 드러난다. 드디어 개인 소비자는 자아의 열망을 펼치고 교류할 장을 얻었다. 자기 표현으로 소통이 활발해지는 디지털 사회에 대한 이해가 필요한 부분이다. 이는 하이터치의 영역이다.

스마트폰을 잘 활용하려면 '휴대폰 기기'라는 하드웨어와 '모바일 서비스'라는 소프트웨어가 함께 작동해야 하는 것과 같은 이치이다.

이처럼 디지털 시장에 대한 접근은 '기술'과 '인간'의 양측에서 발생하는 새로운 생태계의 이해로부터 출발해야 한다. 그래야 디지털로 레버리지되는 J-커브를 제대로 작동시킬 수 있다.

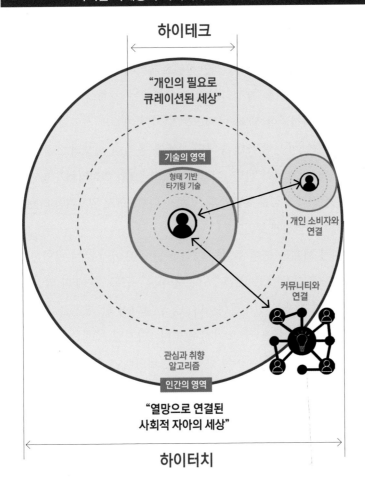

디지털 마케팅의 하이터치 & 하이테크 영역

하이테크

"개인의 필요로 큐레이션된 세상"

기술의 영역

형태 기반 타기팅 기술

개인 소비자와 연결

커뮤니티와 연결

관심과 취향 알고리즘

인간의 영역

"열망으로 연결된 사회적 자아의 세상"

하이터치

보이지 않는 마케팅과 보이는 브랜딩

디지털을 '현미경'으로 보면 마이크로한 연결이 보이고, '망원경'으로 보면 롱테일로 이루어진 무한 확장된 공간이 보인다. 디지털 광고만 가지고는 끝을 알 수 없는 디지털 공간에서 마케팅을 효과적으로 펼치기 어렵다. 관건은 우리 브랜드와 우리 콘텐츠를 디지털 공간에 흐르게 하는 것이다. 유기적인 콘텐츠 유통이 필요하다.

오가닉 트래픽을 활성화시키기 위해서는 기계의 영역과 인간의 영역을 합체시켜야 한다. 마케터는 디지털 기술과 소비자 심리를 이용해서 매스 마켓이 아닌 롱테일 마켓을 움직여 시장의 흐름을 만들고 파동을 일으켜야 한다. 디지털이 하이테크와 하이터치가 함께 작동하는 공간이라는 점을 유념할 때, 비로소 디지털에서 일으켜야 하는 파동의 종류가 다양하게 보인다.

디지털 세계는 눈에 보이는 영역과 눈에 보이지 않는 영역이 나눠져 있다. 우리가 보는 것은 '조회' '좋아요' '구독' '구매'와 같은 숫자로 남아 있는 행동 변수들뿐이다. 정작 알아야 할 개인 소비자의 욕망과 관계의 흐름은 잘 보이지 않는다. 디지털 세계는 인공지능에 의해 설계되나, 인공지능의 밥이 되는 데이터는 소비자의 인텐트에 의해 생성된다. 따라서 마케터는 백엔드(backend)에서 작동하는 '하이테크 전략'과 프론트엔드(frontend)에서 작동하는 '하이터치 전략'을 동시에 작동시켜야 한다. 하이테크 전략은 눈에 보이지 않는 트래픽의 진원지를 찾는 것이고, 하이터치 전략은 진원지에서 나온 트래픽을 더 큰 파동으로 만드는 자극제를 던지는 것이다. 디지털 마케터는 눈에 보이지 않은 인프라 영역에서 데이터와 인공지능을 기반으로 '개인화 마케팅'을 작동시키는 동시에, 눈에 보이는 캠페인 영역에서 브랜드 매력으로 모인 커뮤니티가 작동되도록 '브랜드 공동체'를 형성해야 한다.

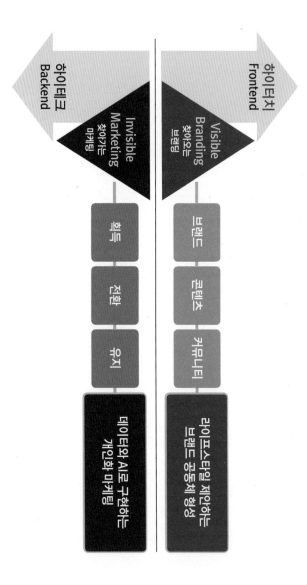

전략 유형	하이테크 전략 (인공지능 개인화)	하이터치 전략 (취향 커뮤니티)
접근 방법	**"파동의 진원지를 찾아가기"** 기계/알고리즘으로 접근해서 소비자의 필요와 관심 맥락에 노출하여 타깃을 유입시키는 전략	**"크고 길게 파동 키우기"** 인간적 감성/취향으로 접근해서 소비자의 관여와 참여를 유도하며 커뮤니티를 작동시키는 전략
활용 기법	인공지능 알고리즘	취향 알고리즘
활용 데이터	행동 이력 & 로그 데이터	관심사 & 트렌드 데이터
고객 혜택	관심 & 필요의 충족	관여 & 참여를 통한 소속감
기업 혜택	브랜드 노출 & 효율 극대화	라이프스타일 제안 & 관계 (팬덤) 형성
핵심 전략	Push 전략 (개인 TPO에 침투하는 타깃 마케팅)	Pull 전략 (브랜드 매력을 구심점으로 커뮤니티 형성)
전략 특성	Invisible Marketing (찾아가는 마케팅)	Visible Branding (찾아오는 브랜딩)

디지털 여정 관리를 통해 파동의 길을 닦아라

디지털 여정 설계를 위한 타깃 페르소나 구축하기

트래픽은 방향을 규정하기 어려울 정도로 무작위로 뻗어 나가지만, 마케터는 트래픽의 이동을 조정할 수 있다. 파동의 길을 만들면 무한대의 디지털 공간에서 흩어지는 트래픽을 모아 흐름을 만들 수 있다. 자연스러운 흐름을 만들기 위해 일단 고객에 대한 관찰부터 시작한다. 디지털이 소비자의 생활 공간인 만큼, 우리가 '고객 여정'이라고 부르는 그들 삶의 단면들을 따라가 보자.

고객 여정을 설계하기 위해서는 타깃의 삶이 명확히 그려져야 한다. 그러기 위해서는 일단 타깃이 누구일지 구체화를 해야 한다. 이때 사용하는 기법이 '타깃 페르소나(Persona)'이다. 원래 페르소나는 그리스 극에서 배우들이 쓰던 '가면'을 가리키는 용어인데. 마케팅에서는 그 제품이나 서비스를 사용할 가상의 고객에 대한 정의를 말한다.

페르소나를 설정할 때는 이름, 성별, 나이, 직업, 라이프스타일 등 기본 정보 외에 고객의 상황, 정보 탐색 행동, 문제점, 원하는 상태, 요구사항까지 포함해서 정확히 타깃이 어떤 유형의 사람일지 선명하게 그려 넣는다. 이때 특히 중요한 것은 고객의 디지털 니즈와 함께, 제품을 구매할 때 느끼는 불편함이 무엇이고 이를 어떻게 해결하고 있는지, 그리고 궁극적으로 어떤 삶의 목표를 가지고 어떤 가치를 추구하며 사는지 등을 유심히 살피는 것이다.

이는 과거의 타기팅과는 다르다. 전통 마케팅에서는 시장을 넓게 잡아서 공략해야 시장 점유율을 높일 수 있고 그로 인한 매출도 증대할 수 있다고 본다. 하지만 디지털에서는 뾰족하게 접근해서 점차 넓혀 가는 방식으로 진행해야 한다. 그렇지 않으면 어떤 타깃에게도 우리의 메시지가 걸리지(노출 & 유입) 않는다. 그렇기에 타깃 페르소나를 설정해 마케팅 전략을 구체화하는 것이다. 강력하게 찔러야 파동이 생김을 잊지 마라.

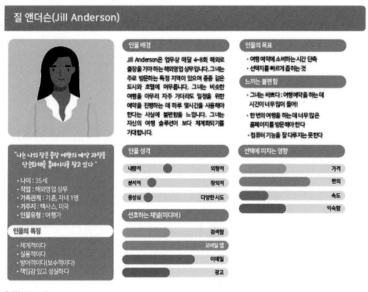

질 앤더슨(Jill Anderson)

인물 배경
Jill Anderson은 업무상 매달 4~8회 해외로 출장을 가야 하는 해외영업 상무입니다. 그녀는 주로 방문하는 특정 지역이 있으며 종종 같은 도시와 호텔에 머무릅니다. 그녀는 비슷한 여행을 아무리 자주 가더라도 일정을 위한 예약을 진행하는 데 하루 몇 시간을 사용해야 한다는 사실에 불편함을 느낍니다. 그녀는 자신의 여행 솔루션이 보다 체계화되기를 기대합니다.

인물의 목표
· 여행 예약에 소비하는 시간 단축
· 선택지를 빠르게 좁히는 것

느끼는 불편함
· 그녀는 바쁘다 : 여행 예약을 하는 데 시간이 너무 많이 들어!
· 한 번의 여행을 하는 데 너무 많은 홈페이지를 방문해야 한다
· 컴퓨터 기능을 잘 다루지는 못한다

"나는 나의 잦은 출장 여행의 예약 과정을 단순화해줄 홈페이지를 찾고 있다."
· 나이 : 35세
· 직업 : 해외영업 상무
· 가족관계 : 기혼, 자녀 1명
· 거주지 : 텍사스, 미국
· 인물유형 : 여행가

인물의 특징
· 체계적이다
· 실용적이다
· 방어적이다(보수적이다)
· 책임감 있고 성실하다

인물 성격
내향적 ────── 외향적
분석적 ────── 창의적
충성심 ────── 다양한 시도

선호하는 채널(미디어)
검색창
모바일 앱
이메일
광고

선택에 미치는 영향
가격
편의
속도
익숙함

출처 : Xtensio.com

타깃 페르소나를 통한 디지털 여정 상상하기

타깃 페르소나를 통해 잠재 고객의 행동반경이 파악된다면, 고객 여정 지도를 통해 소비자의 마음속에 연이어 일어나는 수많은 욕구와 필요의 순간들(micro moments)을 연결해야 한다. 즉, 디지털에서 효율적이고 효과적인 성과를 만들어 내기 위해서는 고객의 여정 전체를 보는 넓은 시야가 필요하다.

고객 여정을 분석하는 가장 큰 목적은 고객 여정을 따라 각 단계별로 고객의 필요와 불편함을 분석하여 이상적인 마케팅 흐름을 설계하는 것

이다. 디지털 마케팅에서 고객 여정의 일반적인 단계는 다음의 구매 의사결정의 단계별로 나눠진다.

① 인지 단계

제품에 노출되어 관심이 생기고 제품이나 브랜드의 존재에 대해 인지하는 첫 번째 단계이다. 이 단계의 소비자들은 상품에 대한 관심 정보나 호기심을 자극하는 요소에 반응한다. 이때는 배너·검색 광고, SNS, 카페·블로그, 커뮤니티 등 다양한 디지털 매체를 통해 고객 유입을 목표로 삼는다.

② 탐색 단계

아직 브랜드를 결정하지 않은 상태이므로, Non-brand 키워드로 탐색을 이어 가거나, 브랜드 혹은 상세 스펙 키워드로 제품에 대한 추가 정보를 탐색하고 꼼꼼히 비교 분석하는 단계이다. 이때는 제품의 상세 정보, 성능, 가격 등 제품 구매를 위한 핵심 정보를 잘 노출시키는 것이 관건이다.

③ 경험 단계

구매를 고려하고 있는 브랜드의 성능이나 차별점을 직·간접적으로 경험하는 단계이다. 주로 텍스트나 동영상을 기반으로 사용 후기 또는 리뷰를 살피며, 구매에 위험 요소는 없는지를 경험적으로 점검한다. 이 단계에서는 진정성 있는 실구매 후기를 제공하며 구매 확신을 주는 것이 필요하다.

④ 구매 단계

브랜드에 대한 직·간접적인 경험을 통해 구매에 확신을 가지고 구매로 전환하는 단계이다. 구매 전환으로 유도하기 위해서는 가격, 할인/무료 혜택, 포인트, 결제, 배송 등 베스트 딜(best deal)을 할 수 있는 다양한 구매 혜택을 명시해 주는 것이 좋다.

⑤ 공유 단계

고객이 제품을 구매한 후 사용 경험을 공유하는 단계이다. 보통 제품 사용법, 사용 후기, 문제점, 자랑 등이 공유된다. 쇼핑몰이나 SNS, 커뮤니티에 공유된 자발적인 사용 후기는 인지 단계에서 잠재 고객을 유입하는 정보가 되므로 진정성 있는 리뷰를 작성할 수 있도록 기존 고객의 자발적 참여를 독려해야 한다.

⑥ 옹호 단계

제품을 구매한 고객에게 추가적으로 필요한 사항을 지원하는 등 멤버십 관리를 통해 장기적인 고객 관계를 형성하는 단계이다. 충성도가 높은 고객들은 재구매나 지속 방문뿐 아니라, 브랜드 활동에 기꺼이 참여하고 다른 소비자들에게도 긍정적인 영향력을 행사하므로 기업은 고객 유지에 각별한 관심을 기울여야 한다.

디지털 여정은 퍼널로 관리한다

디지털 여정은 매우 복잡하고 그 루트는 사람마다 천차만별인데, 어떻게 이를 마케팅에 적용할 수 있을까? 디지털 여정을 전략적 목표 관리의 툴로 활용하기 위해 쓰는 것이 '마케팅 퍼널(Marketing Funnel)' 이다.

퍼널은 유저의 행동을 추적하고 분석하는 기법으로, 사용자가 제품을 인지해서 구매로 이어지거나 이탈하는 과정을 깔때기로 표현한 것이다. 뒤로 갈수록 사용자가 줄어드는 형태가 깔때기와 같다고 하여 퍼널이라 불리게 되었다. 디지털상의 복잡한 소비자 여정들을 성과 중심으로 관리하기 위해 행동 기반의 퍼포먼스 퍼널인 AARRR(Acquisition, Activation, Retention, Revenue, Referral)이 주로 활용된다. AARRR은 잠재 고객들을 특정 사이트에 유입시키고, 유지시키고, 구매로 전환시키고, 추천하는 단계적 퍼널 관리 툴로써, 아래 5가지 지표로 구성되어 있다.

① 획득(Acquisition)
- 브랜드 인지도를 높이기 위해 방문자를 유입시키는 단계
- 어떻게 우리 제품을 처음 접하게 되었는가?

② 활성화(Activation)
- 방문자가 웹사이트를 사용하고 이용자로 전환하는 단계
- 사용자에게 긍정적인 경험을 제공하고 있는가?

③ 유지(Retention)
- 이용자가 서비스를 계속 이용하도록 유도하는 단계
- 제품이나 서비스의 재사용률은 어떻게 되는가?

④ 수익(Revenue)
- 이용자가 실제로 구매를 결정하고 결제를 완료하는 단계
- 돈을 주고 구매할 만큼 제품의 가치가 있는가?

⑤ 추천(Referral)

- 이용자가 서비스를 추천하고 다른 사람들에게 홍보하는 단계
- 사용자가 자발적 확산과 공유를 일으키고 있는가?

전통 마케팅 퍼널은 소비자 인식의 구조를 개념화한 것인 데 반해, AARRR 퍼널은 비즈니스의 성장을 단계적으로 측정하고 실행 가능한 솔루션으로 연결하여 성과를 최적화하는 도구이다. 퍼널 마케팅의 목표는 가급적 많은 소비자를 유입시켜서 각 단계에서 고객의 이탈을 최소화하고 전환을 극대화하는 것이다. 따라서 마케터는 고객의 유입 경로에 따라 성과를 분석해 볼 수 있는 시스템이 필요하다. 이때 대표적인 웹 로그 분석 도구가 웹사이트 방문자의 데이터를 수집해 마케팅 성과를 측정하고 개선하는데 사용하는 '구글 애널리틱스(Google Analytics)'이다.

CDJ과 Funnel 다루는 법

디지털은 무수한 경로로 이루어진 복잡한 생태계이므로, 특정 사이트로의 유입은 어려운 반면 이탈은 잦게 발생한다. 단번에 매출을 만들어 내는 것이 쉽지 않기 때문에 우리 사이트까지 들어오게 하기 위한 백저니(back-journey) 설계가 필요하다.

디지털 마케팅 기획의 핵심은 트래픽(파동을 만드는 원소)을 만들고 흐름을 관리하는 것이다. CDJ는 '소비자 관심 기반의 여정'으로 디지털 경험 설계라는 전략적 맥락을 제공하고, AARRR은 '기업 관리 기반의 퍼널'로 고객 행동을 유도하는 전술적 도구로 활용된다. 즉, 퍼널은 소비자의 행동을 기업 관점에서 재구성한 것으로, 복잡한 디지털 여정을 유영하며 다니는 소비자를 마케터의 퍼널로 담는 용도라고 할

수 있다. 퍼널은 고객을 잡아 담기 위한 마케팅의 도구이다. CDJ와 퍼널은 보는 관점과 접근 방식에서의 차이일 뿐 마케터는 이 둘을 연결시켜 용도에 맞게 활용해야 한다.

고객 여정 관리를 위한 이론적 틀: CDJ Vs. Funnel

- CDJ는 디지털 공간에서 고객들의 이동 동선을 인지 → 탐색 → 경험 → 구매 → 공유 → 옹호의 관점으로 정리한 시장 전반의 고객 퍼널을 뜻한다.
- Funnel(AAARRR)은 마케팅 KPI를 단계적으로 관리할 수 있는 관리 틀로 특정 브랜드나 제품에 초점을 맞춰 고객 퍼널을 표현한 것
  → CDJ를 Funnel로 관리하여 마케팅 효율을 극대화하는 것

Two 퍼널: CDJ(시장) × AAARRR(자사)

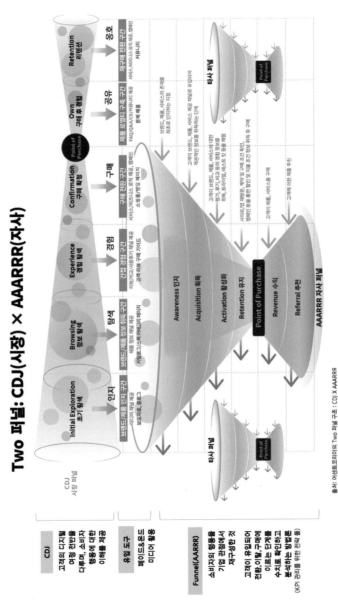

출처: 어센트코리아의 Two 퍼널 구조: CDJ X AAARRR

단계별 콘텐츠의 힘으로 파동을 일으켜라

요즘 뜨는 디지털 콘텐츠를 보면, 대부분 숏폼이나 병맛, 인플루언서 등의 성공 공식이 있는 것으로 보인다. 하지만 유행하는 트렌드를 따르는 것만이 대수는 아니다. 성공적인 콘텐츠는 마케터의 기획 의도가 충분히 반영되도록 제작된 것이며, 콘텐츠의 효과는 마케터의 기획 의도가 가장 효과적으로 전달되었을 때 드러난다.

콘텐츠가 목표한 고객에게 노출되었다고 해도 모든 소비자가 구매 고객이 되지는 않는다. 마케터는 고객 구매 여정의 단계별 특성을 이해하여 각 단계에 맞은 콘텐츠를 설계해야 한다. 구매 전환을 위해 일반적으로 활용되는 퍼널은 AARRR이지만, 복잡한 퍼널의 단계들을 간략하게 3단계로 묶어서 관리하기도 한다.

간소화된 퍼널은 고객의 관심을 일으키는 '상단 퍼널(Top of Funnel)', 적극적으로 고객을 공략하고 기업이 목표하는 행동을 유인하는 '중간 퍼널(Middle of Funnel)', 우리의 실제적인 구매 고객으로 전환을 이끌어 내는 '하단 퍼널(Bottom of Funnel)'로 분류된다.

① 상단 퍼널(Top of Funnel: ToFu)-브랜드 인지 단계

브랜드 인지도를 구축하는 단계로, 고객의 관심을 유도하는 것을 목적으로 한다. 이 단계에서는 브랜드 인지도를 통해 브랜드의 존재를 알리고, 자사 사이트로 트래픽을 유인하도록 콘텐츠를 설계해야 한다. 이때는 주목도 높은 콘텐츠(히어로 콘텐츠)를 제작하는 것이 중요하다. 고객의 관심사나 브랜드에 대해 지속적인 콘텐츠를 제공하면서 자사 채널로 잠재 고객을 유인해야 한다.

② 중간 퍼널(Middle of Funnel: MoFu)-퍼널 중간의 고려 단계

고객이 우리 제품에 대한 호의적 태도를 가지고 구매를 고려할 수 있게 고객을 공략하는 단계로, 고객의 행동 유인을 목표로 한다. 이 단계에서는 제품의 강점을 매력적으로 보여주어야 하므로 콘텐츠를 중심으로 보다 구체적인 관심을 이끌어 내는 것이 중요하다. 제품에 대한 자세한 설명이나 스토리를 제공하는 콘텐츠(허브 콘텐츠)를 통해 제품에 대한 궁금증을 해소시키고, 우리 제품의 강점을 소구하여 구매의 명분을 제공하는 동시에 고객과 브랜드 사이에 신뢰를 쌓아 나가야 한다.

③ 하단 퍼널(Bottom of Funnel: BoFu)-구매 및 로열티 단계

고객이 구매를 완료하고 로열티를 갖게 되는 단계로, 마침내 우리 고객으로 만드는 것을 목표로 한다. 이 단계에서는 고객이 구매를 최종 결정할 수 있도록 실질적인 도움(헬프 콘텐츠)를 제공해야 한다. 고객은 이미 브랜드에 대해 어느 정도 신뢰를 갖추고 있는 상태이므로, 세일즈 포인트(sales point)를 제공하여 이들을 구매로 이끈다. 이때, 쇼핑몰이나 소셜 네트워크 등의 플랫폼을 통해 할인 쿠폰을 제공하거나 다양한 혜택의 프로모션을 제공하는 것이 유리하다.

상단, 중간, 하단 퍼널별로 콘텐츠가 기획되었다면, 이를 텍스트, 이미지, 동영상 형태의 콘텐츠로 제작한다. 물론 콘텐츠는 블로그, 페이스북, 인스타그램, 유튜브 등 채널의 특성에 맞게 만들어져야 한다. 콘텐츠는 보통 키워드, 이미지, 영상 순으로 제작하는 경향이 있으나, 우리한테 더 잘 맞는 포맷에 집중해서 특화해 가며 확장하는 것이 좋다.

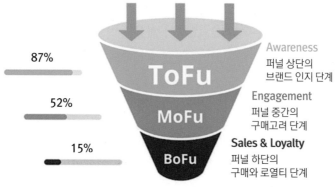

87%

52%

15%

Awareness
퍼널 상단의
브랜드 인지 단계

Engagement
퍼널 중간의
구매고려 단계

Sales & Loyalty
퍼널 하단의
구매와 로열티 단계

출처: 어센트코리아

퍼널	마케팅 목표	콘텐츠 예시	솔루션 예시
ToFu	• 브랜드 이미지 창출 　-제품에 대한 관심 및 　기대감 조성 　-자사 사이트로 유입 　유도	• 제품 소개 • 브랜드 고지 광고 • 브랜디드 콘텐츠	• 검색/배너/동영상 광고 • 보도자료/기사 • 검색엔진 최적화(SEO)
MoFu	• 제품에 대한 궁금증 　해소 　-제품에 대한 상세 　설명과 스토리텔링 　기반의 콘텐츠로 　구매 명분 제공 및 　신뢰 형성	• 제품 사용법 • 사용자 구매 후기 • 스토리 기반 콘텐츠 　광고	• 페이스북/인스타그램 　라이브 • 제품 구매 및 사용 후기 • 사용자 · 전문가 가이드
BoFu	• 구매 행동 촉구 및 　로열티 형성 　-할인/샘플 제공 　-오프라인 매장 유도	• 할인 쿠폰/프로모션 • 샘플/Test 버전 제공 • 데모 영상 • 경험 리뷰	• 쇼퍼블 콘텐츠 광고 • 세일즈 포인트 제공 • 제품 비교/시험판 　다운로드

LUSH 콘텐츠 사례

러쉬의 마케팅 퍼널은 핀터레스트를 통한 자연스러운 노출을 시작으로 쉽고 간단한 구매에 이르기까지 아주 매끄럽게 설계되어 있다.

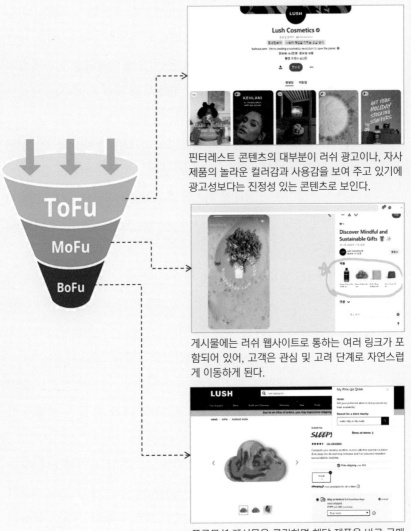

핀터레스트 콘텐츠의 대부분이 러쉬 광고이나, 자사 제품의 놀라운 컬러감과 사용감을 보여 주고 있기에 광고성보다는 진정성 있는 콘텐츠로 보인다.

게시물에는 러쉬 웹사이트로 통하는 여러 링크가 포함되어 있어, 고객은 관심 및 고려 단계로 자연스럽게 이동하게 된다.

프로모션 게시물을 클릭하면 해당 제품을 바로 구매할 수 있는 자사몰로 이동한다.

출처: 어센트코리아

브랜드와 퍼포먼스를 결합하여 파동을 키워라

많은 마케터들은 브랜드 마케팅에 더 집중해야 할지, 혹은 퍼포먼스 마케팅에 더 집중해야 할지 고민에 빠진다. 1990년대부터 20년간은 브랜드 마케팅의 시대였다. 2010년부터 퍼포먼스 마케팅이 등장하고 성과에 집중하게 되면서 브랜드 마케팅의 시대는 저문 것만 같았다. 한동안 '퍼포먼스'라는 새로운 지표에 마케터들은 열광했지만, 단기 매출이 아닌 장기 성장을 위해서는 콘텐츠 기반의 브랜드가 필요하다는 것을 깨닫기 시작했다.

최근에는 디지털 매체 중심의 퍼포먼스 마케팅뿐만 아니라 전통적인 매체를 활용한 브랜드 마케팅을 밸런스 있게 집행하며, 브랜드 홍보(장기 성과)와 매출 효과(단기 성과)를 동시에 추구하는 움직임에 나타나기 시작했다. 브랜드 마케팅과 퍼포먼스 마케팅이 결합된 새로운 마케팅 방식의 등장이다.

어떻게 이런 흐름이 나타나게 됐을까? 출발은 퍼포먼스 마케팅이 생각만큼 잘 작동되지 않는 지점이 있음을 알게 되면서부터이다. 브랜드와 퍼포먼스는 원래 작동 무대가 다르다. 본디 브랜딩은 머릿속에서, 퍼포먼스는 매체에서 작동되는 방식이다. 퍼포먼스는 '결과'의 언어이고, 브랜딩은 '과정'의 언어이다. 그럼, 어떻게 브랜드와 퍼포먼스를 결합할 수 있을지 살펴보자. 서로 다른 이 둘은 어떻게 섞이게 되었을까?

초반에는 퍼포먼스 마케팅이 성과를 만드는 데 유리했으나, 광고비를 계속 투입할수록 ROAS(광고수익률, Return On Ad Spend: 분자는 광고 수익, 분모는 광고 집행비로 계산)가 낮아져서 성장이 둔화되는 지점에 이른다. 퍼포먼스 마케팅이 한계에 직면하는 순간이다. 많은 기업들이 퍼포먼스 마케팅만으로는 지속적인 매출 성과를 만들어 내기 어려워 성과가 정점에 이르면 아이러니하게 브랜드 마케팅을 도입하는 양상을 보인다. 성과를 올리는 데 브랜드가 어떻게 영향을 미치는 것일까?

퍼포먼스 마케팅은 광고비 대비 수익 지표인 ROAS를 중심으로 효율을 극대화하는 마케팅 방법론이다. 하지만 광고비 규모가 커질수록 분모가 커지므로 광고 효율이 낮아지는 맹점을 보인다. 초반 시점까지는 퍼포먼스 마케팅이 유의미할 수 있지만, 시장 점유율이 커질수록 타깃 커버리지를 확보할 정도의 광고비가 필요하므로 퍼포먼스 마케팅은 힘을 잃게 된다.

퍼포먼스 마케팅이 한계점에 다다를 때, 이를 극복해 줄 수 있는 것은 재미있게도 브랜딩이다. 시장 점유율의 확대를 위해 공격적인 노출을 감행하는 것보다, 브랜드 아이덴티티와 독특한 차별성을 가지고 소비자 머릿속에 우리 브랜드를 각인시켜 주며 오가닉 트래픽을 만드는 브랜드 마케팅이 정체된 성과 그래프를 올려 주는 묘책이 된다.

그럼, 구체적으로 퍼포먼스를 올리는 데 브랜드 마케팅이 어떻게 작동하는지 살펴보자. 퍼포먼스 마케팅은 투입 대비 효율을 높이기 위한 수단이다. 따라서 리드타임이 길지 않으며 캠페인의 후광 효과(Halo Effect)도 크지 않다. 퍼포먼스 마케팅의 최대 장점은 빠른 시간 안에 KPI(Key Performance Index)를 달성시켜 주는 것이다. 하지만 이 모든 것은 일단 브랜드를 알고 있다는 가정에서 출발한다. 브랜드가 알려져 있지 않다면, 일단 브랜드명부터 알리고 브랜드에 대한 최소한의 신뢰부터 형성해야 퍼포먼스가 작동한다.

사실 브랜드가 독보적이라면 굳이 퍼포먼스 마케팅을 하지 않아도 된다. 구매 상황에서 그 브랜드를 떠올리게 될 것이니 말이다. 여기서 브랜드 마케팅의 역할은 '브랜드 인지도를 공략하며 저변을 확대'하는 것임을 알 수 있다. 퍼포먼스가 멈췄다면 브랜드 마케팅을 통해 브랜드명을 더 널리 알리고, 상세 정보를 통해 제품의 장점을 지속 어필하며 트래픽을 증가시킬 저변을 넓히는 것이다.

따라서 퍼포먼스 마케팅 적용을 고려할 때는 일단 해당 브랜드가 얼마나 알려져 있는지를 고려해야 한다. 브랜드 인지가 높을 경우는 바로 퍼포먼스 마케팅을 통해 매출을 유도하면 되지만, 브랜드 인지가 낮을 경우는 브랜드 마케팅을 집행하여 잠재 고객 모수를 마련한 후, 퍼포먼스 마케팅을 통해 매출을 강화해야 효과적이다. 따라서 마케터는 브랜드 인지도 여부에 따라 브랜드 마케팅부터 집행할지, 퍼포먼스 마케팅부터 집행할지를 우선 결정해야 한다.

이제 구분이 가는가? 퍼포먼스는 '빠르게 성과를 올리는' 효과, 브랜드는 성과를 만들 수 있는 '시장 사이즈를 키우는' 효과를 담당하고 있다는 것을. 브랜드 마케팅을 통해 인식의 기반을 확보한 후 퍼포먼스를 강화시켜야 2가지 마케팅 기법을 효과적으로 작동시킬 수 있다.

브랜드와 퍼포먼스의 결합

"퍼포먼스 마케팅의 성장 둔화를 어떻게 극복할 수 있을까?"

퍼포먼스 마케팅: 1단계

광고 효율 극대화 전략

정교한 타기팅

행동 기반 성과 측정

광고 최적화 수행

초반에는 퍼포먼스 마케팅이 유리, but 광고비 규모가 커질수록 성장 둔화되며 퍼포먼스 마케팅 한계에 직면

퍼포먼스 마케팅: 2단계

'효율'에서 '투자' 개념으로 전략 변경

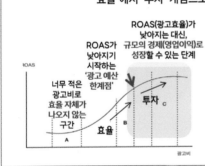

ROAS(광고효율)가 낮아지는 대신, 규모의 경제(영업이익)로 성장할 수 있는 단계

ROAS가 낮아지기 시작하는 '광고 예산 한계점'

너무 적은 광고비로 효율 자체가 나오지 않는 구간

어느 정도 퍼포먼스가 나오게 되면 자연 유입을 통한 시장 점유율 확대를 위해 '브랜드 인지도 강화' 필요

"어떻게 브랜드로 퍼포먼스 마케팅을 극복할 수 있을까?"

브랜드·퍼포먼스 마케팅의 등장
- 디지털 매체 중심의 퍼포먼스 마케팅뿐만 아니라 전통적인 매체를 활용한 브랜드 마케팅을 밸런스 있게 집행하며, **브랜드 홍보(장기 성과)와 매출(단기 성과)** 효과를 동시에 추구
- 브랜드 마케팅과 퍼포먼스 마케팅이 결합된 '그로스 브랜딩' 등장

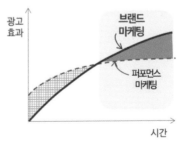

이처럼 브랜드와 퍼포먼스는 창과 방패와 같은 관계를 보인다. 디지털 마케팅을 효과적으로 수행하려는 마케터는 브랜드와 퍼포먼스를 잘 결합하여 쓰는 지혜가 필요하다. 마케터에게 중요한 것은 애써 만든 브랜드를 통해 지속적인 매출 성과를 만들어 내는 것이다. 이를 위해서는 앞서 언급한 디지털 마케팅 패러다임의 두 축인 브랜드-퍼포먼스, 콘텐츠-데이터를 결합한 새로운 솔루션이 필요하다. 최근에는 브랜드 방향성을 적은 비용으로 빠르게 검증하며 성과를 만들어 낼 수 있는 '그로스 브랜딩(Growth Branding)'이 등장하기도 했다.

디지털 마케팅의 무대가 넓어지고 있는 상황에서 고객 여정 관리를 위한 방법론도 브랜드 마케팅과 퍼포먼스 마케팅의 유기적인 결합으로 고도화되어야 한다. 마케터는 고객의 디지털 여정의 전 단계에 두 유형의 이질적인 마케팅 방법론을 결합해서 쓸 수 있어야 한다. 유입ㆍ체류 단계에서는 '브랜디드 콘텐츠'나 '개인화 콘텐츠'를 활용하고, 전환ㆍ구매 단계에서는 '쇼퍼블 콘텐츠'나 '전환유도 콘텐츠'를 활용하여 디지털 웨이브를 크고 길게 가져가야 한다. 이는 하이테크 전략과 하이터치 전략의 실행 가이드로 볼 수 있다.

이쯤 오니, 브랜딩과 퍼포먼스의 결합에 대한 마케팅적 함의가 느껴진다. 디지털에서의 브랜딩은 '브랜드 경험의 개인화'이다. 이는 디지털 기반의 개인화된 고객 여정을 브랜드의 색채로 감싸 안는 과정이다. 더불어 개인의 디지털 라이프에 브랜드가 속속들이 침투할 수 있는 기회를 만드는 것이다. 마케터는 고객의 모든 접점에서 개인 고객과 소통하는 '개인화 브랜딩의 시대'를 맞고 있다.

고객 여정 관리를 위한 브랜드·퍼포먼스 마케팅 시너지업

- 고객 여정 관리를 위해 브랜드 마케팅과 퍼포먼스 마케팅을 유기적으로 활용해야 하며, 두 유형의 마케팅은 여정의 전 단계에서 영향을 미치게 된다.
  - 유입 & 체류 단계 : ① 브랜디드 콘텐츠, ③ 개인화 콘텐츠 활용 가능
  - 전환 & 구매 단계 : ② 쇼퍼블 콘텐츠, ④ 전환유도 콘텐츠 활용 가능

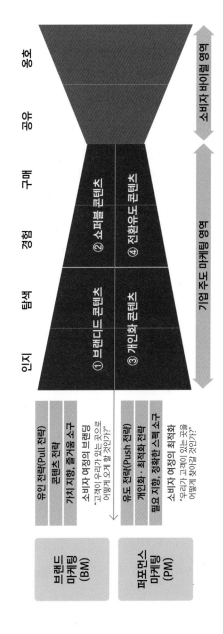

* BM: Brand Marketing, PM: Performance Marketing

풀 & 푸시 전략으로 마케팅을 오케스트레이션 해라

지금까지 알았던 통합 마케팅(IMC) 전략

디지털 마케팅 구성 요소들의 특징을 각기 이해하는 것도 중요하지만, 복잡한 디지털 생태계에 대응하기 위해서는 이들을 통합 커뮤니케이션의 관점으로 접근할 수 있는 전체적인 시야가 필요하다.

'IMC(Integrated Marketing Communication)'라고 불리는 통합 마케팅 커뮤니케이션은 광고, 판매 촉진, PR 등 다양한 커뮤니케이션 수단들을 유기적으로 결합하여 일관된 브랜드 메시지를 전달하는 것을 말한다. IMC는 개별적인 마케팅 집행보다 높은 효율과 뛰어난 효과를 발휘한다는 가정에 근거한다.

IMC가 성과를 만들어 내는 특징은 '전략의 지향성'과 '전술의 연속성'으로 설명된다. 전략의 지향성이란 IMC는 하나의 목표를 바라보고 진행되어야 한다는 의미이고, 전술의 연속성이란 모든 채널에서 발신되는 정보는 일관성이 있어야 한다는 뜻이다. 이는 단순히 오프라인에서만 적용되는 이야기가 아니다. 따라서 기업이 디지털 채널을 통해서 마케팅 활동을 펼칠 때도 다양한 디지털 마케팅 구성체들을 통합적인 시각으로 바라보고 이를 유기적으로 작동시키는 노하우가 필요하다.

디지털에서 통합 마케팅을 펼친다면

디지털에서의 통합 마케팅은 어떻게 펼쳐야 할까? 일단 디지털에서의 연결을 만들기 위해서는 각 채널의 활용 목적과 특징을 충분히 이해한 뒤, 이들을 유기적으로 연결해 강력한 시너지를 만들어야 한다. 이때 디지털에서의 통합 마케팅은 전통 마케팅과 기본 원리는 같지만, 작동 방식에서 차이가 있음을 이해하고 있어야 한다.

자, 당신이 통합 마케팅을 펼쳐야 하는 마케터라고 가정해 보자. 당신은 디지털 미디어 플래닝을 위해 무엇부터 고민하게 될까? 먼저 우리의 잠재 고객들이 어디를 주로 다니는지 알아야 할 것이다. 그리고 그 채널들에서 어떤 콘텐츠로 고객을 유입해 와야 할지 생각하게 될 것이다. 가장 난감한 것은 채널이 너무 많다 보니 뭐부터 시작해야 할지를 결정하는 일이다.

좀 더 쉽게 소비자에게 다가가기 위해 일단 그들이 어떻게 움직이는지 생각해 보자. 여기 '향수'를 사고 싶은 고객이 있다. 브랜드를 잘 모르기 때문에 일단 네이버나 유튜브에 '인기 향수' '향수 추천' '연예인 향수' 등의 키워드를 넣고 검색부터 한다. 검색 결과를 살피다가 새로운 브랜드를 알게 되면, 다시 검색창에 브랜드명을 입력해서 추가 검색을 이어 간다. 제품 상세 페이지에서 리뷰도 살펴보고, 인스타그램 해시태그 게시물도 확인하고, 유튜브 언박싱 영상도 꼼꼼히 시청한다. 그러다 어느새 자신의 일상에서 그 브랜드 광고가 따라다닌다는 것을 눈치챈다. 이것이 보통의 디지털 여정이다.

이런 일련의 고객 여정 안에 우리 콘텐츠를 노출시키지 못하면 우리는 고객을 확보할 기회를 놓치게 된다. 따라서 마케터는 잠재 고객의 행동 시나리오를 예측하여 고객의 접점들을 통합적으로 운영해야 한다. 이렇게 잠재 고객들의 구매 행동을 고려한 디지털 미디어 플래닝을 할 때, '트리플 미디어(Triple Media)' 전략이 유용하게 활용된다.

트리플 미디어를 활용한 디지털 마케팅 통합 전략

디지털에서 단 하나의 가장 효과적인 채널은 존재하지 않는다. 모든 매체는 나름의 특징과 한계를 가지고 있으므로, 그 특성에 맞게 다양한 채널을 전략적으로 혼합해서 활용하는 것이 필요하다. 트리플 미디어 전략은 통합 마케팅 관점에서 미디어 간의 연계를 보여 주며, 일반 소비자들이 고객층으로 유입되도록 설계될 수 있는 가이드를 제공한다.

트리플 미디어는 기업이 광고비를 지불하고 사용하는 '페이드 미디어(paid media)', 기업이 자체적으로 보유한 자사 미디어인 '온드 미디어(owned media)', 고객을 통해 획득한 '언드 미디어(earnded media)'로 구성된다.

대표적인 페이드 미디어는 영상 광고, 배너 광고, 검색 광고 등 비용을 지불하여 사용하는 유료 미디어로, 기업이 원하는 타깃과 노출량을 단기간에 확보하여 잠재 고객을 자사 사이트로 유입시키는 데 유용하게 활용된다.

온드 미디어에는 홈페이지, SNS 계정, 커뮤니티 등이 있으며, 고객에게 직접 정보를 제공하고 소통하는 고객 관계 구축의 채널로 주로 활용된다.

언드 미디어는 고객이 주도하는 소셜미디어, 카페·커뮤니티, 리뷰·체험단, 인플루언서 등이 속하며, 고객의 자발적 참여로 정보가 생성되고 확산되므로 바이럴 마케팅에 자주 활용된다.

지금도 디지털에는 무수한 채널들이 생기고 사라진다. 따라서 디지털 마케터는 개개의 채널들에 집중하기보다 전체적인 흐름을 보면서 페이드, 온드, 언드 미디어를 유연하게 활용하는 감각이 필요하다. 앞으로는 언드 미디어로 이슈를 퍼뜨려 '파동을 일으키고', 페이드 미디어로 유인해서 '파동의 길을 만들고', 온드 미디어로 쓸어 담아 '파동의 에너지를 우리 것으로 만드는' 마케팅 오케스트레이션(Marketing Orchestration) 전략이 필요하다.

**트리플 미디어를 활용한
마케팅 오케스트레이션(Marketing Orchestration) 전략**

"이슈를 퍼뜨려
파동을 일으켜라."

• 입소문·후기
• 개인 SNS
• 블로그·게시판
"이슈 확산/자발적 참여"

언드
미디어
(earned)

• 브랜드 홈페이지
• SNS 브랜드 계정
• 자사 쇼핑몰/커뮤니티
"고객 유입/체험 증가"

온드
미디어
(owned)

페이드
미디어
(paid)

• 전파·인쇄 광고
• DA/SA 광고
• SNS 광고
"노출/효율성 추구"

"파동의 에너지를
우리 사이트로 쓸어 담아라."

"트래픽을 유인해서
파동의 길을 만들어라."

자사 파널 위에서 본 트리플 미디어 시스템

광고 캠페인
paid media

소셜 미디어 AD
영상광고, 디스플레이 광고

다스플레이 AD
브랜드페널, 리타겟팅 애드 등

운드 미디어
owned media
홈페이지/앱/EC사이트/
블로그/CS/상품페이지 등

소셜 미디어 채널 자사운영
Social Media
Brand Official Account

DM
eDM/cDM
0.23%

검색 광고
1.56%

직접 유입
Direct Access
22.06%

PR
프레스 이벤트,
브로치포, 신제품
프레스 투어,
미디어 타이업 등

언드 미디어
earned media

검색엔진으로부터의
오가닉 트래픽

레퍼럴 트래픽
뉴스, 전문 웹매거진 제휴사이트, 리뷰사이트,
비교사이트, 유저블로그 (Referral Sites)

인플루언서
Influencers in Social Media

인플루언서
Influencers in Community Site

소셜 미디어
81.63%   7.94%   5.80%   3.01%   1.57%   0.05%

커뮤니티

0.33%   0.9%   0.8%   1.08%   8.8%   64.24%

→ 콘텐츠 조형
→ 트래픽 조형
→ 트래픽 발송

출처: 어센트코리아(2023)

인텐트 마케팅으로 파동의 급수를 찔러라

성공적인 마케팅 캠페인은 트리플 미디어의 랜드스케이프(landscape) 위에서, 누가 가장 효율적으로 많은 양의 트래픽을 이동시킬 것인가로 결정된다. 그렇기 위해서는 풀 퍼널(full-funnel) 마케팅 설계가 중요하다.

다양한 디지털 채널을 운영하다 보면, 채널이 연결되지 못하고 각자 분산되어 돌아가는 근시안적인 문제에 직면한다. 마케터의 유형도 그 역할에 따라 퍼포먼스 마케터, 브랜드 마케터, 콘텐츠 마케터, 커머스 마케터 등으로 나뉘는데, 각자의 역할에만 충실하다 보니 고객 여정의 특정 단계가 그다음 단계로 연결되지 않는 일이 자주 일어난다. 그 결과 디지털 여정 안에 있는 고객이 궁극적으로 구매로 연결되지 못하므로, 아무리 비싼 돈을 들여 디지털 광고를 하더라도 광고 효과가 분절되는 참사가 발생한다.

모든 것이 결합되는 디지털 생태계에 적합한 마케터는 브랜드 마케터, 콘텐츠 마케터, 퍼포먼스 마케터, 커머스 마케터 등의 영역 구분이 아닌, 소비자에게 다가가 우리 브랜드의 메시지를 널리 알리고 확산시켜 더 많은 잠재 고객들을 데려올 인재여야 한다. 그러기 위해서는 고객의 마음을 읽고 반응하는 사람이 필요하다. 이러한 필요는 디지털 맥락 안에서 고객 중심의 마케팅을 펼치는 '인텐트 마케팅(Intent Marketing)'의 흐름으로 진화하고 있다. 자연스러운 브랜드의 성장을 위해서는 유료 광고뿐만 아니라 오가닉 트래픽을 만들 수 있도록 고객의 마음을 읽고 반응하는 사람이 점점 더 중요해진다. 이는 검색엔진 최적화를 통해 콘텐츠를 제작하고 확산시키려는 고객 지향의 디지털 마케팅 철학과 맞닿아 있는 접근이다.

레거시 마케팅과 뉴노멀 마케팅의 결합

기존 시장은 공룡의 머리(head)만 존재하는 곳이었다. 여기에 디지털이 들어오면서 공룡의 꼬리, 즉 롱테일(long-tail) 마켓이 생겼다. 따라서 디지털을 잘 활용하기 위해서는 헤드와 롱테일을 함께 움직일 수 있어야 한다.

ATL(4대 매체 중심의 전통 광고) 시대에는 빅 메시지를 하나 만들어서 매스 미디어에 뿌리면 됐지만, 디지털은 흩어져 있는 채널들을 모아서 트래픽의 흐름을 우리 것으로 가져오는 이야기이다. 따라서 디지털에서는 만들어 놓고 기다리면 안 된다. 한마디로 디지털은 '작업'이 필요한 곳이다.

그렇다면 이제 더 이상 STP는 필요 없는가? 그렇지 않다. 적용되는 시점이 다를 뿐이다. STP가 타깃을 잡기 전에 어떤 시장을 공략할 것인지에 대한 방법이라면, AARRR은 타깃한 개인을 구매로 몰아가는 방법이라고 할 수 있다. 즉, 시장에 대응하는 방법이라는 공통점 아래서, STP는 '시장' 전체를 상대하는 거시적인 마케팅 전략이라면, AARRR은 '개인' 고객을 공략하는 미시적인 디지털 전술에 가깝다.

STP			AARRR
	전통적 접근	디지털 접근	
	거시적 전략	미시적 전술	
	전략적 안목	디지털 기술+감각	
	타기팅 직전 공략할 마켓 결정	타기팅 후 구매까지의 여정 관리	

ListeningMind

SEE THE UNSEEN
INTENT MARKETING

"결국 마케터는 제품, 혹은 자신의 브랜드와 고객 사이를
연결해 주는 역할을 하는 사람이라고 생각해요. 그런데 그 연결이
어디에서 막히고 있는지를 고민하는 사람들은 많지 않다고 생각해요.

고객이 우리에게 어떤 질문을 하는지 제대로 이해하려 들지 않고
그저 많은 사람에게 노출할 방법만 고민하는 건 올바른 접근이 아니라고 생각해요.

가장 중요한 건 고객이 우리에게 무슨 질문을 하고 있느냐는 거예요.
우리 서비스가 아닌 고객과 직면하라고 말씀드리고 싶어요.
진짜 '리스닝마인드'하는 태도를 가져야 한다고
젊은 마케터들에게 꼭 말해주고 싶습니다."

출처: 리스닝마인드 브랜드북 – 박세용 대표 인터뷰 中

실시간 관리에 따라 파동의 크기 · 속도 · 길이가 달라진다

돌을 던지면 파장이 생긴다. 여기에 돌을 하나 더 던지면 간섭과 강화가 동시에 일어난다. 이와 같이 디지털 마케팅 역시 중간에 생기는 예측 불가능한 변수들에 대응하며 진행 과정을 살피는 것이 매우 중요하다. 마케터는 가장 중요한 첫수를 둔 후, 그 반응을 보고 그 다음 스텝을 결정해야 한다.

마케팅 과정을 관리하기 위해 디지털 마케팅에서는 '실험'과 '피드백'을 운영의 툴로 사용한다. 실험은 테스트한 결과를 통해 좋은 것은 확대 적용하고 나쁜 것은 제거하는 과정을 반복하는 것이다. 따라서 퍼포먼스 마케팅을 운영하는 동안 마케터는 끊임없는 반복을 거치며 성과를 최적화해 나가게 된다. 이것이 '애자일 마케팅(Agile Marketing)'이라고 부르는 마케팅의 새로운 방식이다.

중요한 것은 '단기 매출(sales)'이 아니라, '지속 가능한 성장(growth)'이다. 디지털을 최대로 레버리지하는 아마존의 '플라이휠(Flywheel)'을 떠올려 보자. 과거의 커머스는 '구매'가 목표였지만, 지금의 이커머스는 '성장'이 목표여야 한다. 따라서 마케터는 성장 모멘트를 어디서 찾을 것인지를 고민해서 마케팅 성과를 개선하고 수익을 창출해 가는 사람이어야 한다.

아마존의 플라이휠과 그로스 마케팅

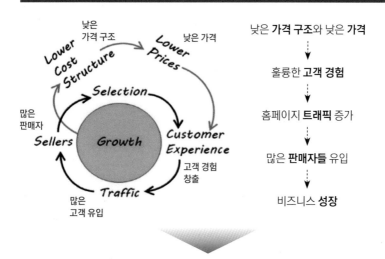

낮은 가격 구조와 낮은 가격

↓

훌륭한 고객 경험

↓

홈페이지 트래픽 증가

↓

많은 판매자들 유입

↓

비즈니스 성장

실험과 피드백의 반복
성장하기 위해 끊임없이 세팅과 실행을 반복해야 하는 과정

- 다양한 가설 아이디어를 최대한 빠르게 테스트할 수 있는 시스템을 구축하고, 데이터 분석을 통해 **새로운 가설을 설정·검증하며 성과를 최적화**해 나가는 과정의 반복
- 디지털 신규 채널이 계속 생성되면서 **연속성 있는 데이터 확보**가 중요
- 한 번에 큰 예산으로 집행하기보다 **적은 예산이라도 꾸준히 진행해서 연속성**을 만들어 나가는 것이 필요

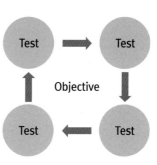

17장

디지털 기반의
뉴노멀 마케팅 전략

———

디지털 마케팅 실행 프로세스
뉴노멀 마케팅 패러다임 변화

MARKETING
WAVE

디지털 마케팅 실행 프로세스

디지털 마케팅은 소비자의 디지털 여정 속에서 다양한 고객 접점을 만들어 커뮤니케이션하고, 그 과정을 측정해서 체계적으로 관리하는 활동이다. 이를 수행하기 위해 마케터는 목표에 따라 대상 고객을 선정하고, 고객 여정에 맞게 통합 캠페인을 기획한 후에, 다양한 고객 접점에 맞는 콘텐츠를 발신하는 과정을 반복하며 성과를 극대화하는 프로세스(문제 인식 → 목표 설정 → 타깃 선정 → 고객 여정 분석 → 통합 캠페인 설계 → 미디어 믹스 → 콘텐츠 제작 → 성과 트래킹)를 진행한다.

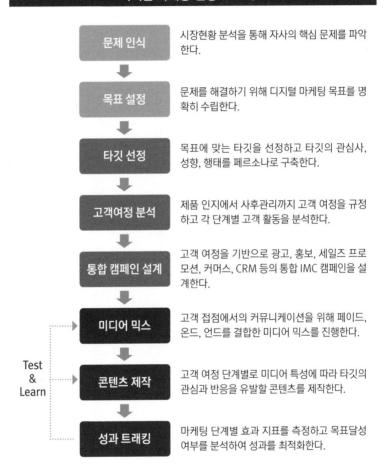

디지털 마케팅 실행 프로세스

문제 인식 — 시장현황 분석을 통해 자사의 핵심 문제를 파악한다.

목표 설정 — 문제를 해결하기 위해 디지털 마케팅 목표를 명확히 수립한다.

타깃 선정 — 목표에 맞는 타깃을 선정하고 타깃의 관심사, 성향, 행태를 페르소나로 구축한다.

고객여정 분석 — 제품 인지에서 사후관리까지 고객 여정을 규정하고 각 단계별 고객 활동을 분석한다.

통합 캠페인 설계 — 고객 여정을 기반으로 광고, 홍보, 세일즈 프로모션, 커머스, CRM 등의 통합 IMC 캠페인을 설계한다.

미디어 믹스 — 고객 접점에서의 커뮤니케이션을 위해 페이드, 온드, 언드를 결합한 미디어 믹스를 진행한다.

콘텐츠 제작 — 고객 여정 단계별로 미디어 특성에 따라 타깃의 관심과 반응을 유발할 콘텐츠를 제작한다.

성과 트래킹 — 마케팅 단계별 효과 지표를 측정하고 목표달성 여부를 분석하여 성과를 최적화한다.

Test & Learn

문제 인식 ▸ 목표 설정 ▸ 타깃 선정 ▸ 고객 여정 분석 ▸ 통합 캠페인 설계 ▸ 미디어 믹스 ▸ 콘텐츠 제작 ▸ 성과 트래킹

· 상황 분석은 시장을 둘러싼 브랜드를 둘러싼 상황에 대한 분석을 의미하는데, 시장 분석, 경쟁 분석, 제품 분석, 소비자 분석 등을 포함
· 시장 트렌드 진단, 경쟁 상황 진단, 자사 제품·브랜드 진단, 소비자 관한 진단을 통해 자사의 핵심 문제 파악을 목적으로 함

경쟁사의 주요 동향을 분석하기 위해서
시장 점유율 등 업계 자료 분석이 필요
이를 위해서 주주들에게 제공되는
공시자료나 증권사에서 각 사의
공시자료를 분석하거나 가니 카테고리를
유망종목 등을 리포트한 내용을 참고하면
시장 내의 움직임을 파악하기에 용이

시장의 전체적인 움직임을
파악하기 위해서 기업 및 브랜드에
거시적으로 영향을 미칠 수 있는
외적·내적인 환경요소를 분석

경쟁
분석

시장
분석

고객
분석

자사
분석

정확한 경쟁사들의 제품 특성 분석을 위해서
관련된 제품들에 대한 조사, 분석이 필요

다양한 리서치 방법(서베이, 좌담회, 트래픽 분석,
구매 분석 등)을 활용하여 소비자 분석 실시
소비자 인지 및 사용 행태, 관심, 감정, 충거기도,
만족/불만족, 니즈/언맷니즈, 경험 등 파악

문제 인식　목표 설정　타깃 선정　고객 여정 분석　통합 캠페인 설계　미디어 믹스　콘텐츠 제작　성과 트래킹

- 마케팅 목적에 따라 마케팅 활동이 달라지기 때문에 광고 캠페인을 진행하기 위해서 먼저 마케팅 목표부터 선정
- 자사 문제 해결을 위한 마케팅 목표(KPI) 선정 → 구매여정에 대한 이해를 바탕으로 '구입 → 전환 → 구매'를 기반으로 한 퍼널 설계 필요

[퍼널별 광고 목표 설정 방식]

현재 자사 브랜드 및 서비스가 마케팅 퍼널 내에 어디에 위치해 있으며, 현재 가지고 있는 비즈니스 목표에 부합하도록 캠페인 목표를 설정

고객 유입	• 광고, 검색, SNS 등에 제품과 브랜드를 노출시켜 기업의 채널로 신규 고객을 유입시킴(예) 키워드/배너 광고, 검색엔진 최적화(SEO), 콘텐츠 마케팅, 소셜미디어 마케팅 등 활용)
구매 전환	• 채널에 유입된 사람들을 추가 검색 및 구매 전환시키는 작업 (예) 전환이란? 상품 구매, 회사소개서 다운로드, 콜센터 전화 등)
재구매	• 고객을 일회성으로 바라보기보다 장기적 관계를 형성하는 대상으로 볼 것 • 재구매 고객, 충성구매 고객이 있어야 수익률 개선에 큰 도움이 됨

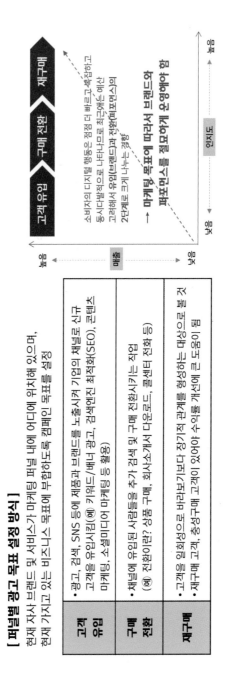

고객 유입　구매 전환　재구매

매출 : 높음 ↔ 낮음
인지도 : 높음 ↔ 낮음

소비자의 디지털 행동은 점점 더 빠르고 복잡하고 동시다발적으로 나타나므로 최근에는 예산 고려해서 유입(트렌드)과 전환(퍼포먼스)의 2단계로 크게 나누는 경향

→ 마케팅 목표에 따라서 브랜드 미디어와 퍼포먼스를 절묘하게 운영해야 함

문제 인식 〉 목표 설정 〉 타깃 선정 〉 고객 여정 분석 〉 통합 캠페인 설계 〉 미디어 믹스 〉 콘텐츠 제작 〉 성과 트래킹

- KPI를 극대화하기 위해서는 목표 타깃을 규정하고, 타깃에 대한 이해를 기반으로 캠페인을 집행하는 과정이 필요함
- 타깃에 대한 이해는 타깃 페르소나 정의, 타깃의 고객 여정 지도를 구체화함으로써 퍼포먼스 마케팅에 활용됨

타깃 페르소나 정의
타깃 설정 → 광고 캠페인 기획 시 가장 중요한 부분

- 효과적인 목표 고객 유입을 위해 타깃 페르소나를 정의하여 캠페인을 집행
- 실제 유입된 고객과 목표 고객이 어느 정도 일치하는지 검증하여 캠페인 세부 사항을 재조정

출처: Medium

문제 인식 / 목표 설정 / 타깃 선정 / 고객 여정 분석 / 통합 캠페인 설계 / 미디어 믹스 / 콘텐츠 제작 / 성과 트래킹

- 타깃 고객이 누구이고 어떤 특성이 있는지 정의하였다면, 다음은 이들이 우리 브랜드를 어떻게 인지하고 구매를 결정하게 되는지 그 과정(고객 여정: Customer Journey)을 분석해야 하며, 이때는 각 단계별로 고객의 필요와 불편함을 분석하여 이상적인 마케팅 흐름을 설계하는 것이 중요

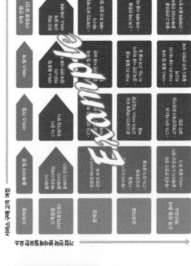

타깃 선정 및 정의

↓

고객 여정 분석

고객의 제품·브랜드를 처음 접한 뒤 구매에 이르는 일련의 과정을 살펴 각 단계에서의 효과적인 선택 요인들을 파악

↓

고객 여정 지도 작성

고객여정 단계별로 기업의 주요 미디어 접점, 고객의 필요/니즈, 마케팅 활동, 기획 요인 등을 체계적으로 정리한 표

광고 노출에서
최종 전환까지
백저니(Back Journey)를
설계하는 것이 중요

- 고객 구매 여정의 각 단계(인지→탐색→경험→구매→공유→옹호)에서 어떤 채널을 접속하게 되는지를 파악해야 함

- 각 단계에서 전환율을 높이고 이탈률을 최소화할 수 있는 요인을 찾아, 최종 구매까지가는 백저니를 설계하는 것이 중요

- 고객 여정을 기반으로 광고, 홍보, 세일즈 프로모션, 커머스, CRM 등 풀퍼널기법을 활용하여 통합 캠페인을 설계
- 파편화된 통태일 재널에 대응하기 위해 **다양한 디지털 마케팅 툴킷을 활용**하여 캠페인 전략을 수립하는 기획이 중요

[디지털 광고 유형]

검색 검색 광고 / 리타기팅 광고 / 네이티브 광고 / 배너광고 / 이미지 / 동영상

디스플레이

다음 리워드 광고 / 콘텐츠 광고

콘텐츠 SNS 광고

Example

DIGITAL BROADCASTING

프로모션/이벤트 광고노출 / 광고주 바이럴 및 유사 타겟 확보 / 2차 참여 유도

대학생, 여성/육아, 자동차, 여행/항공

엑터 네트워크 / 통영상/롱폼/숏폼

포털 / SNS / 도달인

미디크로 인플루언서 발굴운

문제 인식 | 목표 설정 | 타깃 선정 | 고객 여정 분석 | 통합 캠페인 설계 | **미디어 믹스** | 콘텐츠 제작 | 성과 트래킹

• 마케팅 최적화를 위해서는 광고비를 써야 하는 페이드 미디어(paid media), 자사가 보유한 온드 미디어(owned media), 비용 없이 노출 효과를 얻을 수 있는 언드 미디어(earned media)를 적절히 혼합(mix)하여 사용하는 전략이 필요

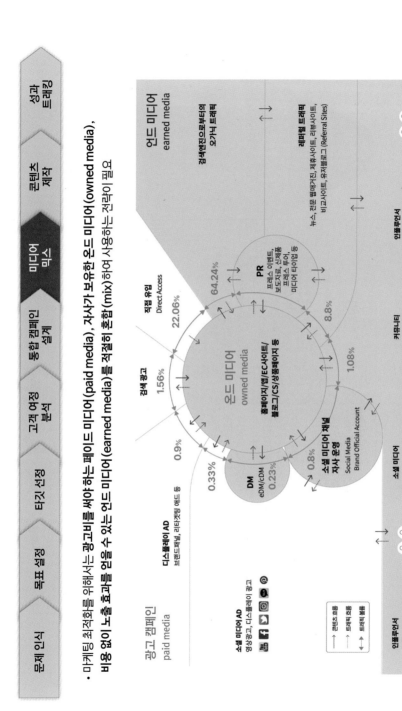

광고 캠페인
paid media

소셜 미디어 AD
영상광고, 디스플레이 광고

디스플레이 AD
브랜드메일, 리타깃팅 애드 등

인플루언서
Influencers in Social Media

DM
eDM/cDM
0.23%

소셜 미디어 채널 자사 운영
Social Media
Brand Official Account
0.8%

온드 미디어
owned media
홈페이지/몰/ECA사이트/
블로그/CS/상품페이지 등

검색광고
1.56%

직접 유입
Direct Access
22.06%

PR
프레스 이벤트,
보도자료, 신제품
프레스 투어,
미디어 타이업 등

언드 미디어
earned media

64.24%

8.8%

1.08%

검색엔진으로부터의 오가닉 트래픽

레퍼럴 트래픽
뉴스, 전문 웹매거진, 제휴사이트, 리뷰사이트,
비교사이트, 유저블로그 (Referral Sites)

소셜 미디어
81.63% 7.94% 5.80% 3.01% 1.57% 0.05%

커뮤니티

인플루언서
Influencers in Community Site

0.9%
0.33%

→ 콘텐츠 흐름
→ 트래픽 흐름
↔ 트래픽 복원

출처: 어센트코리아(2023)

| 문제 인식 | 목표 설정 | 타깃 선정 | 고객 여정 분석 | 통합 캠페인 설계 | 미디어 믹스 | 콘텐츠 제작 | 성과 트래킹 |

- 마케팅 퍼널에서는 고객이 제품을 인지하는 단계에서 구매로 전환되기까지의 과정을 크게 3개의 단계(ToFu: 인지 단계 → MoFu: 고려 단계 → BoFu: 구매/로열티 단계)로 나눌 수 있으며, 고객 구매 여정을 반영한 퍼널별 광고 목표 달성을 위한 콘텐츠 기획이 필요함

마케팅 퍼널 / ToFu / MoFu / BoFu

"마케팅 퍼널 별로 어떤 디지털 콘텐츠를 구사해야 할까?"

마케팅 퍼널	마케팅 목표	콘텐츠 예시	솔루션 예시
ToFu	• 브랜드 인지도 향상 - 제품에 대한 인지/기대감 조성 - 자사 사이트로 유입 유도	• 제품 소개 • 브랜드 고지 광고 • 브랜디드 콘텐츠	• 검색/배너/동영상 광고 • 보도자료/기사 • SEO(검색엔진최적화)
MoFu	• 제품에 대한 궁금증 해소 - 제품에 대한 상세 설명과 스토리텔링 기반의 콘텐츠로 구매 욕구 제고 및 신뢰 형성	• 제품 사용법 • 사용자 구매 후기 • 스토리 기반 콘텐츠 광고	• 페이스북/인스타그램 라이브 • 제품 구매 및 사용 후기 • 사용자-전문가 가이드
BoFu	• 구매 행동 촉구 및 로열티 형성 - 할인/샘플 제공 - 오프라인 매장 유도	• 할인 쿠폰/프로모션 • 샘플, Test 버전 제공 • 데모 영상 • 경험 리뷰	• 쇼핑몰 콘텐츠 광고 • 세일즈 포인트 제공 • 제품 비교/시험판 다운로드

· 콘텐츠는 소비자의 구매 유형에 따라 검색형(Search)과 발견형(Discover)으로 나눠서 개발 가능함
· 검색형은 개인 큐레이션 콘텐츠의 Push 전략으로, 발견형은 공감 바이럴 콘텐츠의 Pull 전략으로 접근할 수 있음

2가지 유형의 콘텐츠
검색(개인화 큐레이션 콘텐츠) vs. 발견 (공감 바이럴 콘텐츠)

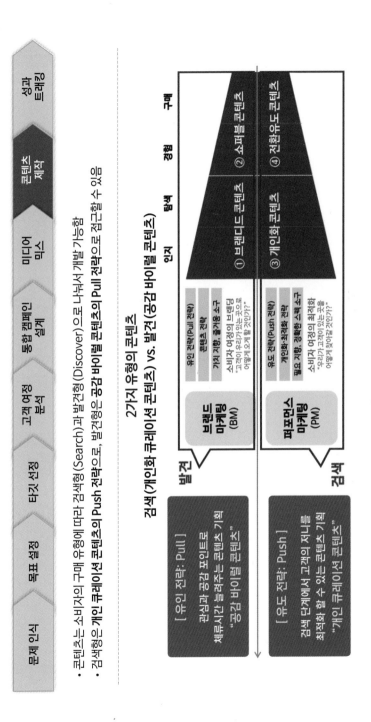

- 마케팅 성과 분석을 위해서는 퍼포먼스 마케팅의 효과를 측정할 수 있는 KPI 지표를 선정하고 관리할 수 있어야 함
- 다양한 KPI 지표들은 누가, 언제, 얼마나 오래, 얼마나 자주 우리 사이트에 노출/유입/체류/경유/구매하느냐로 정의되는 특정 기점

퍼포먼스 마케팅의 효과 측정 기준: KPI 지표들

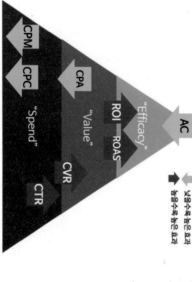

낮은수록 높은 효과 ◀

높을수록 높은 효과 ▶

※ CTR vs. CVR

- CTR은 높지만 CVR이 낮은 경우,
 고객 흥미는 끌었지만 행동 유인은
 얻어내지 못한 타기팅 검토 필요

- CTR은 낮지만 CVR이 높은 경우, 광고로 행동 전환은
 얻어냈지만 흥미 유도는 낮아 적합한 채널에
 노출되었는지 채널 점검 필요

- CTR: Click Through Ratio (클릭률)
- CVR: Conversion Rate (전환율)
- CPM: Cost Per Mille (1,000회 노출당 비용)
- CPC: Cost Per Click (클릭당 비용)
- CPA: Cost Per Action (행동당 비용)
- AC: Acquisition Cost (고객획득비용)
- ROI: Return On Investment (투자 수익률)
- ROAS: Return On Ad Spending (광고비 대비 매출 비율)

| 문제 인식 | 목표 설정 | 타깃 선정 | 고객 여정 분석 | 통합 캠페인 설계 | 미디어 믹스 | 콘텐츠 제작 | 성과 트래킹 |

- 퍼포먼스 마케팅의 **최종 단계는 성과 분석 및 전략 조절임**
- 이 과정에서는 어떤 콘텐츠에 타깃 고객이 반응하는지, 콘텐츠를 어떤 채널을 통해 유통했을 때 가장 효과적인지를 검토하며 **전략을 보완하고 강화**

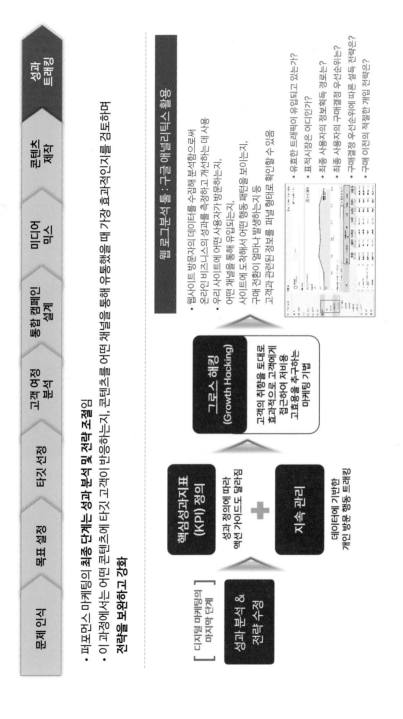

웹 로그분석 툴 : 구글 애널리틱스 활용

- 웹사이트 방문자의 데이터를 수집해 분석함으로써 온라인 비즈니스의 성과를 측정하고 개선하는 데 사용
- 우리 사이트에 어떤 사용자가 방문하는지, 어떤 채널을 통해 유입되는지, 사이트에 도착해서 어떤 행동 패턴을 보이는지, 구매 전환이 얼마나 발생하는지 등 고객과 관련된 정보를 퍼널 형태로 확인할 수 있음

[디지털 마케팅의 마지막 단계]

성과 분석 & 전략 수정

핵심성과지표 (KPI) 정의
성과 정의에 따라 핵심 가이드도 달라짐

+

지속 관리
데이터에 기반한 개인 방문 행동 트래킹

그로스 해킹 (Growth Hacking)
고객의 취향을 토대로 효과적으로 고객에게 접근하여 저비용 고효율을 추구하는 마케팅 기법

- 유효한 트래픽이 유입되고 있는가?
- 표적시장은 어디인가?
- 최종 사용자의 정보탐색 경로는?
- 최종 사용자의 구매결정 우선순위는?
- 구매결정 우선순위에 따른 설득 전략은?
- 구매 이전의 적절한 개입 전략은?

뉴노멀 마케팅 패러다임 변화

디지털로 인해 세상을 접하고 소통하는 방식이 크게 바뀌고 있다. 하루가 다르게 등장하는 신기술이 마케팅 생태계의 지각변동을 일으키고 있는 만큼 마케팅 커뮤니케이션에 대한 접근도 정비가 필요하다. 마케팅의 4P 역시 디지털에서 유기적으로 연결되면서, 너도나도 광고 기술을 습득하려는 움직임이 많아졌다. 사람을 모으는 기술이 무엇보다 중요해진 시대가 된 것이다.

디지털에 있는 무수한 사이트들은 소비자에게는 생활의 장이지만 기업에게는 광고와 유통의 접점이 된다. 무수히 떨어져 있는 접점에 다가가려는 마케터의 노력은 타기팅으로 이어지며, 온라인과 오프라인을 넘나들며 더욱 윤택한 삶을 살려는 소비자와의 본격적인 밀당이 펼쳐지고 있다.

이제 마케터가 팔아야 할 것은 제품이 아닌 소비자 라이프스타일이다. 그러기 위해서는 고객에게 다양한 삶의 옵션을 제시해 줄 수 있어야 하며, 고객 중심의 빅데이터를 활용해서 기업의 마케팅 활동을 소비자의 욕구에 싱크로나이즈(synchronize)시켜야 한다. 브랜드와 퍼포먼스를 손에 쥔 마케터는 이 모든 과정을 소비자와 함께 만들어 나가야 한다.

디지털이 가져온 마케팅 커뮤니케이션의 변화

마케팅 커뮤니케이션 중요성의 증가	플랫폼 비즈니스의 성공을 위해서는 사람 모집이 중요(마컴 역할의 증대)
마케팅 커뮤니케이션 메커니즘의 증가	메시지 '노출'에서 타깃 '접근'으로
마케팅 커뮤니케이션 목표 관리의 증가	인지 → 탐색 → 경험 → 구매 → 공유 → 옹호의 '고객 여정 관리'가 중요
마케팅 커뮤니케이션 관점의 증가	제품 판매보다 '소비자 라이프스타일'을 제안하는 마케팅(제품 아닌 소비자가 주인)
마케팅 커뮤니케이션 대상의 증가	'제품을 매개'로 콘텐츠를 파는 시대
마케팅 커뮤니케이션 활성화의 증가	'소비자 참여'를 통한 디지털 레버리지 전략 활용
마케팅 커뮤니케이션 전략 고도화의 증가	'브랜드와 퍼포먼스 결합형'의 디지털 마케팅 전략 구축
마케팅 커뮤니케이션 최적화의 증가	다양한 빅데이터를 활용하여 성과를 최적화하는 '애자일 마케팅' 수행

[마케팅 커뮤니케이션 중요성의 증가]
"일단 사람부터 모아야"

과거의 마케팅과 지금의 마케팅은 접근이 다르다. 디지털에서는 실시간 무수한 사이트와 콘텐츠가 생성되기 때문에 디지털 마케팅을 하는 데 있어서 가장 중요한 일은 '트래픽을 만드는 일'이다. 소비자가 '자발적으로 우리 사이트에 방문할 이유'를 만들어 주는 일이 무엇보다 우선이다.

이제 마케터는 사람을 모아서 시장을 형성하고 바이럴을 통해 시장을 확대하는 소비자 레버리지 마인드를 갖추어야 한다. 고객의 영향력이 커질수록 사람을 모은 자가 돈을 버는 시대이다. 마케팅의 이슈가 '관심 유도' '참여 유도' '구매 전환' '공유 확산' '유지 충성'의 고객 인 게이지먼트 강화로 심화되는 만큼 선순환으로 옮겨지고 있는 만큼, 디지털에서 잠재 고객들을 불러 모으고 관계를 맺어가는 마케팅 커뮤니 케이션의 역할은 어느 때보다 중요해지고 있다.

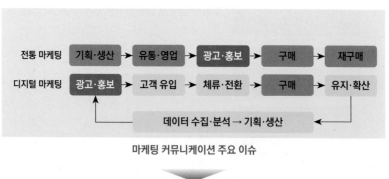

마케팅 커뮤니케이션 주요 이슈

[마케팅 커뮤니케이션 메커니즘의 변화]
"메시지 노출에서 타깃 접근으로"

소비자는 자신의 진로를 방해하는 푸시형 광고를 싫어한다. 그렇기에 광고를 기피하는 타깃에게 어떻게 접근할 것인지가 마케팅의 성패를 좌우한다. 앞으로의 마케팅은 누가 '더 정확하고 관련성 있는 정보를 타깃 고객에게 전달할 수 있느냐'의 타기팅 전쟁으로 이뤄질 것이다. 과거와 다른 타기팅 기법의 변화는 광고 인벤토리를 파는 '미디어 바잉(media buying)'에서 타깃 유저 행동에 기반한 '오디언스 바잉(audience buying)'의 개인화 마케팅으로 더 정교화된다는 점이다. '미디어'에서 '소비자'로, 매체 환경이 철저히 소비자 중심으로 바뀌게 되면서, 소비자의 이동 경로를 파악하는 것이 중요해지고 있다. '고정 매체'가 아닌 '이동 매체'로의 이동은 점점 더 '매스 마켓'이 아닌 '퍼스널 마켓'으로 시장 작동의 원리가 진화하고 있음을 나타낸다.

메시지 〈노출〉에서 타깃 〈접근〉으로

정보 폭증으로 인해 소비자의 광고 기피 현상 증가
**디지털에서는 메시지를 '노출'시키는 것이 아닌
콘텐츠를 통해 소비자에게 '접근'하는 방식이 유리**

[타기팅 기법 변화]

| MASS MARKETING | TARGETED MARKETING |
| Inventory Buying | Audience Buying |

미디어에서 소비자 중심으로
고정 매체에서 이동 매체로
매스 마켓에서 개인화 마켓으로

소비자의 디지털 구매 여정을 파악하여
개별적으로 접근하는 것이 필요

[마케팅 커뮤니케이션 목표 관리의 변화]
"고객 여정 관리의 중요성"

모든 것의 디지털화가 진행될수록 마케팅은 고객의 여정을 그리고 관리하는 퍼널 마케팅(Funnel Marketing)이라는 기술적 인프라 위에서 작동하게 되었다. 퍼널 마케팅의 목표는 가급적 많은 소비자들을 유입시켜서 각 퍼널에서 고객의 이탈을 최소화하고 전환을 극대화하는 것이다.

이 맥락에서 디지털 마케팅의 핵심 과제는 '트래픽 만들기'로 귀결된다. 어떻게 고객을 유입시킬 것인지의 과제부터 풀어야 한다. 크게 유입에는 2가지 방법이 있다. 찾아가는 마케팅인 '유도(induce) 전략'과 찾아오는 마케팅인 '유인(attract) 전략'이다.

유도 전략은 채널이 고객을 찾아가는 방식이다. 고객이 다니는 여정 속에 그들이 필요한 메시지를 노출시키는 기업 주도적인 푸시형 마케팅으로, 타기팅 알고리즘으로 고객을 유도하는 행동 기반의 퍼포먼스 마케팅으로 실행된다.

반면, 유인 전략은 고객이 채널을 찾아오는 방식이다. 마케터가 관심과 공감을 일으키는 콘텐츠로 고객을 유인해야 하므로 소비자 주도적인 성격을 띤다. 브랜드의 매력을 어필하는 콘텐츠 마케팅 제작이 관건이며, 최근에는 검색엔진 최적화 기법을 활용하는 추세이다. 궁극적으로는 브랜드의 팬을 중심으로 취향 커뮤니티를 작동시켜 바이럴을 일으키는 것이 효과적이다.

이렇게 확보한 고객들은 마케팅 퍼널로 관리된다. 마케터는 AARRR이란 퍼널로 고객 행동을 유도하며, 고객을 획득하고, 활성화시키고, 유지시키고, 구매하게 하고, 추천하게 하면서 우리의 진정한 고객으로 육성시킨다.

"디지털상에서 어떻게 고객을 확보할 수 있을까?"

Push Marketing

- 기업 주도적인 방법
- 구매 여정 중에 메시지 노출
- 타기팅 알고리즘으로 고객 유도
- 행동 기반 퍼포먼스 마케팅

유도 전략
찾아가는 마케팅

유인 전략
찾아오는 마케팅

Pull Marketing

- 소비자 주도적인 방법
- 브랜드 콘텐츠로 고객 유인
- 검색엔진 최적화로 콘텐츠 제작
- 취향 커뮤니티 통한 바이럴 유도

획득

활성화

유지

수익

추천

고객 육성
customer nurturing

[마케팅 커뮤니케이션 관점의 변화]

"제품 판매보다 소비자 라이프스타일 제안으로"

　모바일을 중심의 디지털이 쇼핑을 넘은 생활의 공간으로 확대되면서, 마케터의 노력은 소비자의 생활로 침투하는 것으로 집중되고 있다. 제품을 배경에 두고 소비자를 주인공으로 하는 소비자 중심의 마케팅 활동들이 디지털에서 널리 회자되며, 제품 판매보다 소비자 라이프스타일을 제안하는 마케팅으로 진화하는 중이다.

'구매'에서 '생활'로 확장되는 마케팅 영역

"디지털은 쇼핑을 넘은 생활의 공간이다."

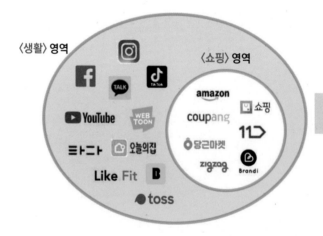

마케팅은 점점 더 고객 지향이 되고 있다. 마케터는 고객의 문제를 해결하고 그들에게 더 나은 삶을 제공하는 데 초점을 맞추어야 한다. 한쪽에는 기술의 발전으로 개인에게 다가가는 '마케팅 자동화(Marketing Automation)'가 구현되고 있지만, 다른 한쪽에서는 브랜드 철학을 어떻게 고객의 생활에 녹일 것인지의 '라이프 플래닝(Life planning)'을 기획하는 마케팅의 본질적 영역이 작동되고 있다.

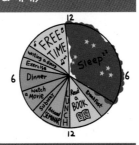

"생활로의 침투"
제품은 배경, 소비자가 주인공인 시대

소비자 중심 마케팅
(연결 & 매개)

· 고객 구매 여정
  CDJ Consumer Decision Journey

· 고객생애가치
  CLV Customer Lifetime Value

Life Share → Life Planning

[마케팅 커뮤니케이션 대상의 확대]
"제품을 매개로 콘텐츠를 파는 시대"

　디지털에서는 '제품' 본연의 기능 이상으로 재미와 의미의 '가치'가 소비된다. 지금 시대에 광고가 아닌 콘텐츠가 필요한 이유이다. 과거의 마케팅이 '차별화 포인트로 경쟁 우위'를 선점했다면, 지금의 마케팅에서는 '우리만의 스토리로 독보적 지위'를 확보하는 것을 목표로 삼아야 한다.

타깃을 어떻게 모으고 참여시킬까?

- '제품' 이상의 '가치(재미+의미)' 판매 시대
- '광고'가 아닌 '콘텐츠'로 커뮤니케이션할 것
- 제품을 콘텐츠의 소재로 삼아서 어떻게 놀게 할 것인지를 기획할 것

제품은 '판매'의 대상
제품 속성/장점/혜택 어필

▼

제품은 '놀이'의 대상
제품은 콘텐츠의 소재

"제품의 콘텐츠化"

이제 제품을 바라보는 시각을 좀 더 확장해야 한다. 제품은 '판매의 대상'이 아닌, '놀이의 대상'으로 진화하고 있다. 따라서 앞으로의 마케터는 제품을 콘텐츠의 소재로 삼아서 어떻게 소비자를 놀게 할 것인지를 기획할 수 있어야 한다. 그냥 콘텐츠를 파는 것이 아니라 '제품을 매개로 한 콘텐츠'를 파는 접근으로 다가가는 것이다.

제품을 어떻게 콘텐츠로 만들까?

- 제품 본연의 기능이 아닌 다른 시각으로 제품을 바라볼 것
- 제품에 내러티브(서사)를 입혀서 스토리화할 것
- 브랜드 철학과 가치로 우리만의 오리지널리티(Originality)를 구축할 것

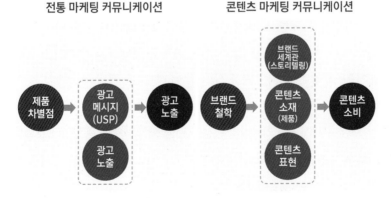

"제품을 매개로 콘텐츠를 파는 시대"

[마케팅 커뮤니케이션 활성화 방안]
"소비자 참여를 통한 디지털 레버리지"

디지털 레버리지를 위해서는 유저의 지속적인 참여가 필요하다. 이를 위해서 마케터가 주목해야 할 디지털 마케팅의 3가지 흐름이 있다.

첫째, 소비자 경험의 공유를 위한 '리뷰 마케팅'이다. 점차 소비자의 구매의사결정에 기존 고객의 리뷰 정보가 중요하게 활용되기 시작했다. 브랜드나 상품의 진정성은 기업이 정할 수 있는 것이 아니라 소비자들에 의해서 결정된다. 기업의 마케팅 목적은 소비자가 기업 활동에 참여하면서 그들의 진정한 경험 정보를 생성해 내도록 유도하는 방식으로 진화한다. 자발적인 고객의 후기를 독려하기 위해 소비자가 떠들게 해야 하며, 리뷰를 통해 고객의 삶을 드러낼 수 있게 리뷰 캠페인을 연출할 수 있어야 한다. 이제는 단순한 제품 리뷰가 아닌 사용자의 스토리 맥락에 리뷰를 포함시켜 보자.

둘째, 취향 커뮤니티로 모이는 '팬덤 마케팅'이다. MZ세대를 중심으로 '재미'가 중요한 구매 요인으로 등극하면서 상품 마케팅이 아닌 콘텐츠 마케팅이 인기를 끌고 있다. 제품을 콘텐츠로 승화시키기 위해서는 '콜래보레이션' '제품 의인화' '브랜드 IP' '세계관 마케팅' 등의 다양한 디지털 마케팅 기법이 활용된다. 팬덤 마케팅이 작동하는 원리는 '브랜드 세계관→ 커뮤니티 형성→ 팬덤 형성→ 구매 증진이나 로열티 강화'의 흐름을 띤다. 어떤 것도 팬덤만큼 소비자의 강력한 참여를 이끌어 낼 수 있는 것은 없다.

셋째, '디지털 경제 생태계 구축'을 통한 디지털 레버리지 전략이다.

디지털 생태계는 오프라인의 중앙 통제 시스템과는 달리 탈중앙화의 선순환 에코 시스템으로 구축·운영되는 곳이다. 이를 극명하게 보여 준 것이 메타버스 생태계이다. 디지털 생태계가 경제 생활권으로 확대되면 소비자 참여를 독려하기 위한 방법으로 개인 투자 방식의 클라우드 펀딩이나 NFT를 통한 창작물의 디지털 자산화를 시도해 볼 수 있다. 앞으로의 마케터는 1인 창작자들이 마음껏 생산 활동을 할 수 있도록 롱테일 경제 생태계의 기획자가 되어야 한다.

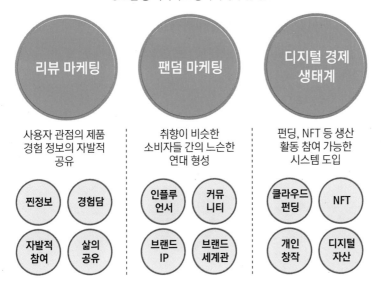

롱테일을 움직일 수 있는 소비자 참여 방법

자발적 참여를 위해서는 ① **영향력**, ② **재미**, ③ **보상**이라는
3요건 중 하나라도 충족되어야 한다.

리뷰 마케팅	팬덤 마케팅	디지털 경제 생태계
사용자 관점의 제품 경험 정보의 자발적 공유	취향이 비슷한 소비자들 간의 느슨한 연대 형성	펀딩, NFT 등 생산 활동 참여 가능한 시스템 도입
찐정보 / 경험담 / 자발적 참여 / 삶의 공유	인플루언서 / 커뮤니티 / 브랜드 IP / 브랜드 세계관	클라우드 펀딩 / NFT / 개인 창작 / 디지털 자산

[마케팅 커뮤니케이션 전략 고도화]
"브랜드와 퍼포먼스의 결합"

    디지털에서 마케팅을 해야 하는 담당자에게 주어지는 과업은 '얼마나 많은 사람들을 모아서, 이탈을 최소화하며, 이들을 구매로 전환시킬 것인가'일 것이다. 이를 위해 마케터의 손에는 퍼포먼스 마케팅과 브랜드 마케팅이라는 무기가 들려졌다. 퍼포먼스 마케팅은 정확한 타기팅으로 마케팅 효율을 높이고 성과를 최적화하는 장점이 있으나, 퍼포먼스의 정체기에서 오가닉 트래픽을 만들어 낼 수 있는 것은 사람들을 끌어당기는 브랜드의 매력이다. 무수히 파편화된 공간에서 개인들을 저격해서 공략하기 위해서는 퍼포먼스 마케팅이 필요하고, 자발적으로 끌어오고 이탈을 방지하며 장기 관계로 유도하기 위해서는 브랜드가 필요하다. 이를 위해 마케터는 브랜드와 소비자를 보는 두 개의 눈을 함께 작동시켜야 한다.

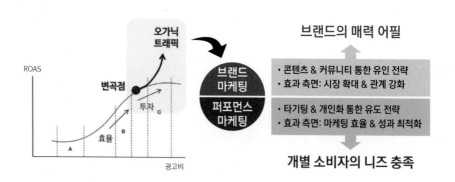

[마케팅 커뮤니케이션 최적화 전략]
"성과를 고도화하는 애자일 마케팅"

데이터가 아닌 경험과 직관에 의존하는 전통적인 마케팅 방식은 비효율적이라는 인식이 커지고 있다. 그만큼 고객 데이터를 활용하여 최적화된 마케팅을 전개할 수 있는 퍼포먼스 마케팅이 디지털 마케팅의 핵심 기술이 되고 있다.

브랜드와 퍼포먼스를 통합하는 디지털 마케팅은 실험과 피드백의 끊임없는 반복을 통해 성과를 최적화하는 과정으로 수행된다. 이러한 업무 방식은 실시간 데이터 분석을 통해 가설을 반복 설정하고 검증하는 과정을 통해 이루어진다. 이때 '꾸준함'과 '연속성'은 마케팅의 승률을 결정하는 주요한 요인이다.

이러한 애자일 마케팅을 진행하기 위해서는 퍼널의 단계별 지표를 실시간 측정하고, 지속적인 A/B 테스트를 거치며 성과를 최적화해야 한다. 이때 한 번에 큰 예산으로 집행하기보다 적은 예산이라도 꾸준히 진행해서 연속성을 만들어 나가는 끈기가 중요하다.

다양한 가설을 빠르게 테스트할 수 있는 시스템을 구축하고,
데이터 분석을 통해 새로운 가설을 설정·검증하며 성과 최적화

KPI 설정	매체 선정	가설 설정	가설 검증
상황에 맞는 마케팅 목표 수립	고효율 매체 트래킹 코드	A/B 테스트 통한 데이터 분석	성과 분석에 따른 광고 최적화

과정의 반복

가장 인간적인 마케팅이 온다

서두에 디지털은 '기술'이 아닌 '생태계'라는 이슈를 던지며 이 책의 포문을 열었다. 저자 역시 기술을 걷어 냈을 때 드러나는 디지털 마케팅의 속살을 보고 싶은 간절함으로 이 글을 시작했다.

초연결 생태계에서의 마케팅. 새로운 환경은 마케팅의 패러다임을 '과녁(target)'에 메시지를 꽂는 주도면밀한 활동에서, 소비자의 흐름을 만들며 에너지를 확대 재생산하는 '파동(wave)'의 움직임으로 바꾸었다. 이제는 디지털 유입을 일으킬 자극을 던져 디지털 물결을 만들고, 그 물살의 흐름을 타면서 고객을 창출하는 새로운 마케팅을 해야 한다.

파동의 출발은 '개인'에서부터 시작한다. 이미 디지털은 '정보' 생태계와 '거래' 생태계를 거쳐 '생산'과 '생활'의 생태계로 진입하고 있다. 철저히 개인화된 공간에서 소비자가 원하는 것은 누구에게나 제공되는 브랜드 경험이 아닌 개인화된 브랜드 경험이다. 알고리즘이 개인의 관심과 취향에 따라 정보를 필터링하고 오직 그를 위한 디지털 세상을 펼쳐 준다. 고객의 콘텍스트에 기반하여 디지털에서의 고객 경험을 더욱 세밀하게 설계해야 한다. 그들이 원하는 경험을 일상에 채워 주면 매출은 그 보상으로 나타난다.

나만의 감성과 스타일을 드러낼 수 있는 디지털에서 취향으로 묶인 커뮤니티 공동체와의 소통은 그들의 행동을 강화하는 촉진제가 된다. 디지털은 이미 마케팅의 장이 아니다. 오늘날의 인류가 만나고, 교감하고, 소통하고, 생활하는, 움직이는 삶의 생태계이다.

브랜드 마케터, 퍼포먼스 마케터, 콘텐츠 마케터, 바이럴 마케터, 그로스 마케터. 디지털 마케팅이란 영역에서 일하는 마케터들도 다양하다. 이들이 만나면 디지털 마케팅에 대해 무슨 이야기를 할까? 아마도 공통적인 소재는 '광고'가 아닌 '콘텐츠'일 것이다. 어떤 콘텐츠를 만들어야 사람들의 클릭을 받을 수 있을까? 어떤 콘텐츠를 만들어야 자발적인 바이럴을 일으킬 수 있을까? 어떤 콘텐츠를 만들어야 구매를 일으키고 매출을 증진시킬 수 있을까?

삶이 콘텐츠가 된 세상에서 소비자들에게 관심받고 선택받는 콘텐츠는 '삶 그 자체'이다. 고객과 적극적으로 관계를 맺고 그들의 삶을 도울 때 기업에게도 기회가 온다. 이것이 기업과 소비자가 함께 마케팅을 펼쳐야 하는 진실이다. 이제 마케팅은 고객과 함께 춤을 추는 행위가 되었다.

필립 코틀러(Philip Kotler)는 저서 『마켓 5.0』에서 앞으로의 마케팅에 대해 이런 인사이트를 언급한 바 있다. '고객 여정 내내 가치를 창출, 전달, 제공, 강화하기 위해 인간을 모방한 기술을 적용하는 것'. 이 글귀에서 그가 바라보는 미래의 시장 작동 원리에 대한 고견을 얻을 수 있다. 새로운 디지털 기술들이 하나둘씩 상용화되면서 이미 인간 이상의 능력을 발휘하고 있다. 인공지능의 스마트함을 탑재한 기술은 인간의 무엇을 도울 수 있는 인간의 부품으로 점점 더 고도화될 것이다. 기술을 장착한 인간의 육체는 이제서야 진정으로 '사람을 위한 무언가'를 할 수 있게 되었다.

지금은 누구나 마케팅을 할 수 있는 시대이다. '유료의 광고'와 '무료의 콘텐츠'를 통해 기업은 다각도의 접근으로 소비자를 불러 모으고, 소비자는 브랜드 가치를 나누고 즐기면서 브랜드와 연결되어 살아간다. 제품에서 소비자로 관점만 바꾸면 이 모든 것이 가능한 뉴노멀 디지털 마케팅의 세계이다. 마케팅의 본질이 '고객'에 있는 것처럼 디지털의 본질은 기술이 아닌 '사람'에 있다. 긴 고민 끝에, 디지털 마케팅의 속살을 보고 싶어 했던 저자의 여정을 이렇게 마무리 짓고 싶다. 마케팅에도 디지털 트랜스포메이션이 필요하듯, 마케터의 자세도 '가장 인간적인 마케팅'을 향해 이제 디지털 트랜스포메이션해야 할 타이밍이라고.

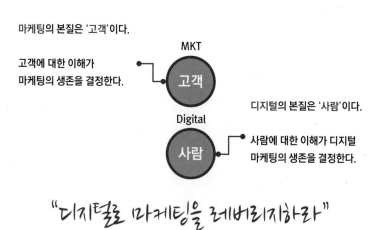

마케팅의 본질은 '고객'이다.

고객에 대한 이해가
마케팅의 생존을 결정한다.

MKT

고객

Digital

사람

디지털의 본질은 '사람'이다.

사람에 대한 이해가 디지털
마케팅의 생존을 결정한다.

"디지털로 마케팅을 레버리지하라"

저자 소개

김유나(Kim Yu Na)

현재 서울예술대학교 커뮤니케이션학부 광고창작과 교수로 재직하고 있다. 어릴 적에는 숫자와 논리로 세상의 질서를 설명하는 것이 좋아 이화여자대학교 수학과에 진학하였고, 졸업 이후에는 사람들의 내면 심리 세계의 질서를 정립해 보고자 고려대학교 심리학 석사 과정에 입학하였다. 분석과 통찰이라는 두 가지 도구를 가지고 한양대학교 광고홍보학 박사 과정에 진학하여 마케팅 커뮤니케이션에 대한 솔루션을 연구하던 중, 문과와 이과의 성향을 융합할 수 있는 '빅데이터'라는 테마를 만나 현재는 디지털 세상을 움직이는 새로운 질서를 세우는 데 그동안의 경험과 역량을 쏟는 중이다. Kantar Korea에서 데이터로 소비자를 읽고 마케팅의 자원으로 활용하는 기술을 익혔으며, 하쿠호도제일과 대홍기획에서 소비자와 브랜드를 연결시키는 전략적 정교화를 터득했다. 대홍기획에서 빅데이터마케팅센터장을 역임하던 중 4차 산업혁명의 파고에서 마케팅의 새로운 질서를 찾고자, 학교로 적을 옮겨 디지털 네이티브인 Z세대와 뉴노멀 마케팅과 브랜딩에 대해 연구하고 있다. 현재 한국마케팅협회 상임이사와 자문 교수를 겸하면서 현업의 마케팅을 디지털로 옮기는 일에도 역량을 펼치고 있다. 인간 중심의 디지털 마케팅 전략, 뉴노멀 브랜딩 전략, 브랜드 플랫폼 구축, 데이터 기반 고객 경험 설계에 대해 연구 중이다. 주요 저서로는 『브랜드 유니버스 플랫폼 전략』(학지사, 2021)이 있다.

이메일: yuna.kim@seoularts.ac.kr

마켓 5.0 시대 마케터를 위한 디지털 마케팅 인사이트

마케팅 웨이브
MARKETING WAVE

2023년 12월 25일 1판 1쇄 인쇄
2023년 12월 30일 1판 1쇄 발행

지은이 • 김유나
펴낸이 • 김진환
펴낸곳 • **학지사비즈**

　　　　04031 서울특별시 마포구 양화로 15길 20 마인드월드빌딩
대표전화 • 02-330-5114　　팩스 • 02-324-2345
등록번호 • 제313-2006-000265호

홈페이지 • http://www.hakjisa.co.kr
인스타그램 • https://www.instagram.com/hakjisabook

ISBN 979-11-984792-5-9　03320

정가 22,000원

출판미디어기업 **학지사**

간호보건의학출판 **학지사메디컬** www.hakjisamd.co.kr
심리검사연구소 **인싸이트** www.inpsyt.co.kr
학술논문서비스 **뉴논문** www.newnonmun.com
교육연수원 **카운피아** www.counpia.com